广视角·全方位·多品种

权威·前沿·原创

皮书系列为
"十二五"国家重点图书出版规划项目

会展经济蓝皮书

BLUE BOOK OF
CONVENTION & EXHIBITION ECONOMY

中国会展经济发展报告
（2013）

ANNUAL REPORT ON CHINA'S CONVENTION &
EXHIBITION ECONOMY (2013)

主　编／过聚荣

社会科学文献出版社
SOCIAL SCIENCES ACADEMIC PRESS (CHINA)

图书在版编目（CIP）数据

中国会展经济发展报告. 2013/过聚荣主编. —北京：
社会科学文献出版社，2013.9
（会展经济蓝皮书）
ISBN 978 - 7 - 5097 - 4857 - 2

Ⅰ.①中… Ⅱ.①过… Ⅲ.①展览会 - 服务经济学 -
研究报告 - 中国 - 2013 Ⅳ.①G245

中国版本图书馆 CIP 数据核字（2013）第 156395 号

会展经济蓝皮书
中国会展经济发展报告（2013）

主 编／过聚荣

出 版 人／谢寿光
出 版 者／社会科学文献出版社
地 址／北京市西城区北三环中路甲 29 号院 3 号楼华龙大厦
邮政编码／100029

责任部门／皮书出版中心（010）59367127 责任编辑／陈 颖
电子信箱／pishubu@ ssap. cn 责任校对／高忠磊
项目统筹／陈 颖 责任印制／岳 阳
经 销／社会科学文献出版社市场营销中心（010）59367081 59367089
读者服务／读者服务中心（010）59367028

印 装／北京季蜂印刷有限公司
开 本／787mm×1092mm 1/16 印 张／18.75
版 次／2013 年 9 月第 1 版 字 数／251 千字
印 次／2013 年 9 月第 1 次印刷
书 号／ISBN 978 - 7 - 5097 - 4857 - 2
定 价／69.00 元

2013 会展经济蓝皮书编委会

主编简介

过聚荣 管理学博士，第十一届"孙冶方经济科学奖"获奖者，现任商务部国际贸易经济合作研究院科研处处长。西藏自治区科技与经济发展促进会高级顾问，国际商务会展管理培训认证考试工作专家委员会委员。多次赴美国、加拿大、法国、德国、意大利等国进行学术交流。具有多学科背景，研究兴趣广泛，涉及政治、经济、历史、哲学、军事、宗教等领域。主要研究国际经济、国家战略、中国哲学、管理思想史，主持完成多项国家和省级课题项目，出版著作、教材10多部（含主编、合著），在 *Tourism Management*、《管理世界》、《中国软科学》、《中国管理科学》、《南开管理评论》等国际、国内顶级学术期刊上发表论文数十篇。

摘　要

　　《中国会展经济发展报告（2013）》是由过聚荣博士领衔，包括业内专家、理论工作者和教学科研人员对中国会展经济发展的最新研究成果。研究报告通过收集第一手资料和采用问卷调查等实证研究方法，分析了中国会展经济的发展特征、相关问题以及变化趋势，探索了中国会展经济内在发展的基本规律及其表现方式，提出了中国会展经济发展的专家建议。年度报告将对希望了解中国会展经济发展现状及其特征、规律的团体和个人有较大的帮助，也将对中国会展经济的发展产生积极的影响。

Abstract

Annal Report on China's Convention & Exhibition Economy (*2013*), is a result of the collaborative research by a team of experts, scholars, teachers and researchers headed by Dr. Guo Jurong on China's CEE development. On the basis of first-hand data and questionnaires, the Report analyzes such things as the characteristic features, relevant issues as well as the tendency of the change with regard to CEE development, explores the basic law and the ways of demonstration lying in the process of its growth and makes some expert suggestions on the basis of the comparison with CEE industry in overseas countries. The Report will be of special value to those who wish to learn about the status quo, specific features and general law of CEE in China and also exert positive impact on the future development of CEE in China.

目 录

ⅢⅠ 总报告

ⅢⅡ 宏观观察

ⅢⅢ 专家视点

B Ⅳ 区域报告

B Ⅴ 大事记

皮书数据库阅读 使用指南

CONTENTS

Ⅰ   General Report

Ⅱ   Macro-survey

B III   Experts' Perspectives

B IV   Regional Reports

B V   Chronicle of Events

总 报 告

General Report

B.1

抓住机遇，推动中国会展
经济的科学发展

过聚荣*

摘 要：

2012 年，全球经济延续了 2011 年下行趋势，中国会展业也
表现出一致的趋势特点。但以绿色、智能、可持续为特征，以新
能源、信息技术为主导的新一轮科技革命和产业发展的会展活动
有所增长，并愈发凸显会展业态的现场聚集特征。各地政府更加
关注会展经济，给予政策引导、资金支持、税收优惠等扶持措
施，而中央政府对"三公"开支预算管理的加强，有望使中国
会展经济在良好的市场竞争基础上培育出优秀的会展企业。展望

* 过聚荣，管理学博士，第十一届"孙冶方经济科学奖"获奖者，现任商务部国际贸易经
济合作研究院科研处处长。

2013 年，中国会展经济将平稳发展，会展企业兼并重组趋于活跃，由于劳动力成本上升等原因，会展企业总体赢利水平将下降。

关键词：

会展经济　科学发展　新一轮发展

2008 年下半年爆发的国际金融危机引发了世界经济最严重的衰退，发达国家经济陷入深度衰退，新兴市场和发展中国家经济增速大幅放缓，全球贸易大幅下降。至 2012 年，危机的影响仍在演化和发酵，中国经济增速大幅下滑。2012 年，中国经济的表现形式是外部需求急剧收缩导致出口大幅回落、国内工业生产快速回落和就业率下降。深层原因主要是中国原有经济发展方式积累的结构性矛盾不断加剧，这不仅表现在需求结构上：内需和外需不平衡、投资和消费不协调、消费对经济增长贡献率偏低；而且表现在供给结构上：低附加值产业比重过大、自主创新能力不强、科技进步和创新对经济增长的贡献率偏低。2012 年中国会展经济也呈现较为明显的特征。

一　2012 年中国会展经济发展的基本特点

1. 与总体经济发展趋势相一致

回顾 2012 年，全球经济延续了 2011 年下行趋势，经济复苏步履蹒跚，挑战超出预期。联合国、世界银行和国际货币基金组织等国际机构不得不多次下调全球经济增长预期。会展经济也表现出与全球经济趋势相一致的特点。比如，中国的广交会就是一个显示器。2012 年 11 月 4 日，为期 20 大的第 112 届广交会落下帷幕。本届广交会境外到会采购商人数为 189226 人，来自 211 个国家和地区，与会人数比第 111 届同期减少 10.26%，出口成交额 326.8 亿美元，比上届下降 9.3%，出现双下滑。

会展经济发展的大背景在发生着深刻的变化。虽然中国传统制造业的产能过剩在金融危机后凸显，但服务业和新兴产业发展空间仍然很人。作为一个正在由中低收入向中高收入迈进的经济人国，中国服务业发展空间将随着国内居民收入水平提高和服务需求扩大而迅速拓展。同时，2012 年是"十二五"发展的关键之年，党的十八大提出的加快转变经济发展方式离不开服务业发展，中国正在实现增长方式从投资驱动转向创新驱动，产业结构从制造业为主转向以服务业为主，城市功能从以经济为中心转向经济社会文化生态全方位发展，从服务自身转向立足城市、服务全国、面向世界，在全方位服务中求发展。

因此，在会展经济发展的内涵中，我们观察到 2012 年中国会展经济逐步表现出担当转型调整的工具杠杆，特别是以政府主导和市场化运作相结合为特征，体现公共干预目的性和市场机制规律性的双重特征。比如，2012 年，以绿色、智能、可持续为特征，以新能源、信息技术为主导的新一轮科技革命和产业发展的会展活动有所增长。

2. 会展业态自身特点日益明显

2012 年，中国会展经济的发展呈现新的特点，其自身的发展规律得到了较好的体现。其中一个明显的特征是现场聚集，即参与各方由不在场的第三者，转变为在场的合作者，彼此间形成了一种互为顾客、互为上帝的个性化供需关系。这是一种相互依赖、共同发展的伙伴关系，不是以自我为中心的零和博弈，而是互利共赢做大蛋糕。正是有赖于这种关系，合作创造了价值。

一些新的会展形式得到了加强，比如会展经济与媒体经济的融

合。2012 年，由南京市贸促会、南京市会展办联合南京"三五互联"科技信息公司合作开发的"南京会展官方网站"（网址：http：//www. njce. cn）在南京市贸促会会议室举行开通仪式。开通后的南京会展官方网站对南京市会展方面的新闻、快讯予以及时报道；将政策法规、管理规定、"一站式"服务等程序及市会展业办公室的职能、联系电话都在网上予以公布；网站还提供一定的技术支持，方便社会各界了解南京会展。会展经济的媒介功能与新的市场工具相结合，强化了会展经济的媒介整合作用。

3. 政府推动与制约交相作用

2012 年，各地政府比以往倾注了更大的力量，通过政策引导、资金支持、税收优惠等措施促进会展经济的发展。比如，为优化会展业发展环境，海口海关在系统梳理国家赋予海南相关优惠政策的基础上，结合海南的具体实际，制定了 7 项个性化支持措施，海南入境参展展品可获通关便利。2012 年 2 月，马鞍山市委、市政府出台促进产业转移若干政策通知，大力扶持会展业发展，每项活动补助最高达到 30 万元。

一个值得指出的现象是，中央政府加强了对"三公"开支预算的管理，政府在会议支出的经费将受到严格控制，党中央倡导节俭办会，不少会议在 2012 年的下半年被临时取消。业内对此有不同观点，课题组认同并乐见党中央和中央政府出台的政策，我们深深感到这将使中国会展经济的发展建立在良好市场竞争的基础上，从而在竞争中培育出更多规范高端的会展企业。

4. 会展企业经营管理能力较弱

课题组的研究表明，2012 年中国会展企业的经营管理能力仍然比较薄弱。会展企业大都没有企业的总体发展战略，即便有的企业制定了战略也是形式化的规划，与企业战略本质还相距较远。同时，企业的日常管理多处在初级阶段，只重视企业的成本控制，忽视了会展企业的科学系统管理。比如，有的会展主办企业因为会展的时间集中，抱着"一年办一展，一展吃一年"的老思想。不少场馆企业因为本身产权不明晰等特点，缺乏自主的经营创新驱动力。

5. 探索会展业发展的行业标准有新突破

会展经济发展相关的行业标准一直是业内关注的重点，近年来，一些行业开始制定行业内的标准体系，并在行业内产生了积极的影响。2007 年底，由农业部有关部门开始筹划开展行业性会展分类认定工作，上海市会展行业协会对展会进行了认证规范，积累了经验。

2012 年 9 月，中国贸促会农业行业分会发布了 2010～2011 年《中国农业会展指南》中英文版，共有 81 个中等规模以上农业会展项目申请参与认定，经数据收集分析、专家组审定和网上公示等环节，40 个农业会展项目通过了分类认定，综合展和专业展各占半壁江山。《中国农业会展指南》获得 AAA 级以上认定的农业会展项目基本上代表了中国农业会展业的发展水平。

应该看到，行业会展标准体系建设有助于引导会展组织者强化品牌意识、加强规范管理、提高办展效率。如农业展指南等行业会展认证必将成为该行业品牌产品加工、高效商贸流通、展示平台推广的有力依据。可以预见，优秀的农业展会将通过认证而获得更大的发展空间，进而促进农业会展行业资源整合和健康发展。

二 2013 年会展经济的发展展望

1. 会议节庆偏冷、展览平稳发展

会议节庆市场由于发育得比较晚，有市场竞争力的节庆活动和品牌会议还没有真正打造出来，原由政府主导下的节庆会议活动将受到巨大的影响。但是也应该看到，有两个现象值得业界关注。一是中国会议产业的世界认同度得到提高。根据 ICCA 2012 年 5 月公布的 2011 年接待国际会议国家排名显示，中国居全球第 8 位、亚太地区第 1 位，会议总量为 302 个，延续排名在世界前十强。这一迹象表明，中国会议产业的发展和进步令人振奋，中国的会议组织能力日益得到全世界的认可。二是城市营销青睐国际性会议。《财富》杂志 2012 年 4 月宣布 2013 年《财富》全球论坛将落户成都，这是该论坛首次选择中国中西部城市。分析表明，城市发展与举办国际会议互动促进，也给会议市场带来了机遇。

预计 2013 年展览市场将总体呈现平稳发展的基本格局，内需型展会逐渐增多，出口型展会增长势头减弱或有可能下降。对中国会展企业来说，既有机遇又有挑战，机遇在于内需型展会所需主体本土展览公司拥有得天独厚的优势，它们不仅了解市场需求，而且了解展商的需求及其分布；挑战在于国外会展巨头布局中国会展业已有数年，它们积累了相当丰富的客商资源，也已经熟悉了中国的会展市场。因此，机遇与挑战并存，考验着中国会展企业的竞争能力。

2. 兼并重组将活跃

随着实体经济的转型变革，会展企业兼并重组将日益活跃。一方面，国外会展企业将转移力量投入中国会展市场。比如，慕尼黑展览（上海）有限公司表示，在未来的市场发展中，展会并购是公司 8 项发展策略之一。而英国英富曼会展集团亚太区首席运营官 Joho Hassett 同样表示，在中国市场，英富曼集团将实施收购会展公司或会展项目的计划。另一方面，中国会展企业发展将面临更加严峻的挑战。从而预测 2013 年会展企业兼并重组将趋于活跃。

3. 会展企业总体赢利水平将下降

劳动力成本上升，市场需求变化，会展企业反应滞后，将共同作用使会展企业的总体赢利水平下降。

三　推动中国会展经济科学发展的若干思考

1. 政府主导展会增多的现象说明了什么？

中国政府主导型展会具有中国特色，不少地方性展会把升级为国家级展会作为发展的目标。2012 年全国首个政府主导型展会执行单位会议在桂林召开，商务部外贸发展事务局、商务部投资促进事务局、中国对外贸易中心、广西国际博览事务局、吉林省博览事务局、四川博览事务局、宁夏回族自治区博览局、新疆国际博览事务局等单位的负责人及代表参加了会议。会展业的基础设施和会展活动具有显著的公共外部性，需要大规模公共投入来启动。如世界先进制造业中心德国，其会展业受政府支持，多年来在全球居领军地位，被称做欧洲发展的引擎。但是，对政府主导型展会，业内支持与反对声音并存，值得大家思考。

2. 地方如何支持会展发展？

地方政府在支持会展发展的措施上大致有成立机构、制定规划、兴建场馆以及出台政策等。

成立机构。比如，厦门组建厦门市会议展览事务局相关登记获批准，这一机构由中国（厦门）国际投资促进中心（厦门市对台贸易促进中心）变更升格而来，上级单位也由厦门市人民政府办公厅变更为厦门市人民政府。2012 年 6 月，海南省海口市成立以会展业命名的职能单位——海口市会展局。

制定规划。比如，西安市发展会展业领导小组会议确定，"十二五"期间西安将不断推进"大会展"格局形成，将会展业作为现代

服务业的先导产业，初步建成立足大关中、带动大西北、辐射欧亚的区域性国际会展中心。2012 年初，《河北省会展业"十二五"发展规划》出炉。按照规划，到 2015 年，河北省展览总面积将达 400 万平方米以上，比 2010 年增加一倍以上。为此，河北省计划打造以石家庄为核心的"一核五极多点"会展格局，70% 以上的设区市将有专业会展场馆。

兴建场馆。比如，2012 年 12 月，洛阳市会展办公布，总投资约 4.3 亿元的洛阳会展中心将于月底投入使用。洛阳会展中心位于新区体育馆南侧，主体工程建筑面积 10.1 万平方米，设有展览厅、大型会议中心、同声传译会议中心、学术报告厅、餐饮中心和地下停车场等。

出台政策。比如，2012 年 10 月，桂林市出台的《桂林市会展业发展资金使用管理暂行办法》规定，市财政每年安排专项预算资金 1000 万元，扶持桂林市会展业发展，2 万平方米以上展会最高可获 15 万元的资金补助。

引起我们思考的是，这些措施对会展经济的健康科学发展意义何在？效果如何？

3. 会展企业理性发展的模式有哪些？

会展企业如何才能发挥风向标和助推器的作用？这是中国会展企业需要认真思索的大问题。从全球经济发展看，2012 年是一个值得重视的年份，这一年发达国家经济重心正在转向服务业，产业结构呈现从工业型经济向服务型经济转型的总体趋势。世界服务业正向跨国化、规模化、网络化、专业化、外包化、标准化、品牌化方向发展，成为经济全球化中新的亮点。越来越多的跨国公司更加注重核心业务的发展，将非核心的服务环节，如后勤、财务、寻呼中心、研究开发、软件设计、经营管理、金融财务分析、办公支持、售后服务等，外化为一个投资项目或专业服务公司后再外包出去，从而达到截取价值链中高利润环节、降低企业运行成本、突出企业竞争优势的目的。服务业转移加快，体现在服务业利用外资迅速占据主导地位上。

从企业成长规律上分析，会展企业发展可以从内生型发展、联合式发展以及蜕变型发展等方面探索企业的发展道路。

宏观观察

Macro-survey

B.2
2012：中国会展业形势的
六 "大" 看点

陈泽炎*

摘 要：

　　2012 年，中国会展业发展颇有建树，尤其在大布局、大场馆、大项目、大发展、大视野、大会展方面有六 "大" 看点。由此，可以观察到，中国会展业正处在良性发展中。

关键词：

　　中国会展业　六 "大" 看点　良性发展

　　2012 年党的十八大胜利召开成为年度亮点，中国会展业在这一

* 陈泽炎，中国会展经济研究会常务副会长。

年也颇有建树，值得总结。如果从会展业形势发展的大局观察，2012年至少有以下六"大"看点。

一　大布局

2012 年，作为全国会展业主管部门的商务部明显加强了对会展业的指导和管理。这些工作的基础是商务部于 2011 年 9 月联合中共中央宣传部、发改委、教育、科技、工信等 33 个部门制定的《服务贸易发展"十二五"规划纲要》（以下简称《规划纲要》）和 2011 年 12 月发布的《商务部关于"十二五"期间促进会展业发展的指导意见》（以下简称《指导意见》）。

《规划纲要》确定了"十二五"时期中国服务贸易重点发展的 30 个领域，其中就包括"会展服务"。

《规划纲要》明确指出，会展服务的发展目标是，本着"控制总量、提升质量"的原则，通过行业评审、市场筛选等手段抓大放小、扶优选强，着力做大做强几个综合性的龙头展会，搞好搞活几个地域性重点博览会，做精做实若干个知名专业展会，培育推动几个有影响力的中国产品境外展，形成若干展览中心城市或核心展馆，打造一批大型办展主体，使之形成效益、形成规模、形成品牌，形成与国际水平接轨、服务体系完备、服务质量优良、市场竞争有序、专业化程度高的发展格局，实现展览业的持续健康发展。

《规划纲要》确定的会展业重点工作是，完善会展行业法律法规体系，建立统一的会展业管理体制；建立并完善行业规范和标准，优化会展规划布局，集中资源，合理分布，错位发展；研究出台会展业促进政策措施，培育品牌展会，扶持优秀办展机构，推动优质展馆和展会中心城市建设，加强会展业人才培养；鼓励和推动会展业中介机构发展，研究成立全国性会展业行业协会；建立行业统计制度，探索

信息化管理模式；加强会展业国际合作和交流，鼓励和引导具有国际竞争力的国内会展企业"走出去"。此外，《指导意见》还从重要意义、基本状况、指导思想、总体目标、基本原则、主要任务、保障措施等七个方面进行了更为详细的论述和安排。

2012年，商务部领导对会展业的工作指导和具体部署都充分体现了上述《规划纲要》和《指导意见》的精神。

商务部部长陈德铭在商务部的全局工作部署中多次提到会展业的工作任务。他在全国各地调研时具体了解会展业发展情况；向国务院领导同志专题汇报全国会展业工作；布置收集欧美会展业的做法与经验的任务；批示筹备成立中国展览业协会；先后与上海市、天津市、广东省的负责同志商议如何推进当地会展业发展等重大问题；代国家起草全国性会展管理文件的工作也在进行之中。

商务部服务贸易司按照部领导的工作要求进行调查研究，掌握各地动态，联系业界人员，推动政策落实。仅2012年第四季度就先后在广州、北京、天津等地召开三次专题座谈会，讨论开展会展统计、项目补贴、工作落实等事项。司领导大量参加全国重要的会展活动，接触会展业界同志；也与一些国际会展公司要员会见和会谈。

目前，商务部关于全国会展工作的布局已经逐步清晰：一是基本形成了促进货物贸易、服务贸易、技术贸易、投资贸易、加工贸易等不同贸易形式的骨干会展项目，即广交会（广州）、京交会（北京，2012年5月首办）、上交会（上海）、投洽会（厦门）、加博会（东莞，2012年9月首办）。二是按照对外开放的不同重点形成具有区域特色的一批会展项目，即中国—东盟博览会、中国—东北亚博览会（2012年改名升格）、中国—亚欧博览会、中国—南亚博览会、中国—阿拉伯论坛暨博览会以及中国西部博览会等。三是根据各地不同的产业优势，支持形成一些主要的会展项目，比如大连软件博览会、青岛消费电子展览会、沈阳装备制造业博览会、武汉机电产品博览会、义乌小商品博览会、宁波食品博览会、贵州酒类博览会（写入2012年2月的国务院2号文件）、呼和浩特民族商品博览会、青海清真食品博览会等。四是支持广交会进一步做大做强，使之成为中国会展业的旗舰；努力把广州打造成为具有全球影响力的会展中心城市，并通过广交会集团向上海、天津、北京等重点城市辐射延伸。

二　大场馆

据国际展览协会（UFI）统计，2006～2011年六年间，全世界增加展览馆面积在5万平方米以上的国家有13个，新增面积约350万平方米。其中，中国新增面积160万平方米，占46%，名列第一。在中国160万平方米面积中，新建场馆面积约为112万平方米，占70%；老场馆扩建占30%。美国排在第二位，新增面积约30万平方米（新建22万平方米，扩建8万平方米）。第三位是西班牙，场馆全部为新建的，面积约18万平方米。如果再加上2012年的新建场馆，则中国新增的展馆面积将占全世界新增量的一半以上，中国场馆建设势头持续高涨。

仍是根据上述UFI的统计，在世界面积前20名的展馆排名中，德国有5个，美国、中国、西班牙各3个，法国、意大利各2个，英国、俄罗斯各1个。其中最大的是德国汉诺威展览中心，面积46万平方米；最小的是德国新慕尼黑展览中心，面积18万平方米。中国广州、上海、武汉三个展馆分别以34万平方米、20万平方米、18万平方米排在第3、15、18位。

但是，2012年中国建成和在建的一批展馆将使上述情况发生很大变化。因为中国即将增加：重庆悦来国际会展中心（20万平方米展览面积及其会议中心、酒店和配套商业设施共计100万平方米），上海中国博览中心（将一次建成具有40万平方米展览面积及其另外

配套设施），天津国家会展中心（先建 20 万平方米展览面积、留 20 万平方米展览面积、计 100 万平方米的综合性设施），长沙展馆（按照 20 万平方米展览面积外加相关配套设施设计），成都的新展馆（计划 30 万平方米展览面积），广交会场馆扩建三期，建成后总面积超过 50 万平方米，将排位世界第一。

此外，在 2012 年中国一些地级城市或县级城市也把会展中心作为城市公共性文化设施予以规划安排，从而建成集体育、文化、会展于一体的综合性设施。2012 年 5 月，中国会展经济研究会还成立了县域会展经济研究工作委员会，专门关注一种称为"县级城市会展综合体"的场馆建设模式。目前，浙江一些县级市正在酝酿以这样的模式发展县域会展经济。事实上，这些中小城市兴建的会展场馆也形成了对大场馆的补充和辅助。

三　大项目

一批大型会展中心建成，首先要考虑的就是拿什么项目来充实其中，以满足经营的需求。

以上海中国博览中心项目为例，它将一次建成 40 万平方米的大体量展馆。根据 2012 年策划方案，中国博览中心一年至少办成两个各 40 万平方米的超大型展会——上半年要办一个以轻工业产品为主的中国消费品博览会，下半年要办一个以资本货物为主的中国工业博览会。由此也会引发上海市展览业一番新的洗牌和运作。

此外，由于是广交会集团参与投资建设上海和天津的会展中心项目，所以，根据陈德铭部长的指示精神，广交会集团也会将现有的一些成熟展会项目向两地转移。同时，在商务部的支持下，现在正在由广交会集团牵头酝酿成立展馆展览业协会。这些都将带来中国会展业一些新的发展态势。

四　大发展

2012 年，中国会展业继续保持快速发展的势头。据中国会展经济研究会统计工作委员会发布的数据，2011 年全国 90 个城市共举办展会 7333 个，展览面积 8173 万平方米，估计 2012 年展会数量将突破 8000 个，增长 9% 以上，居世界第二位（美国展会数量最多，为 9000 多个）；面积估计突破 9000 万平方米，增长 10% 以上。

另据《中国会展》杂志的数据，2011 年全国 3 万平方米以上展会为 368 个。估计 2012 年可增长到约 400 个，增长率为 8.7%。其中 10 万平方米的超大型展会数量可从 2011 年的约 70 个增长到约 75 个，增长率为 7% 以上。这些超大型展会的数量在世界各国中继续保持领先水平。

2012 年，中国大陆获得 UFI 认证的展会和参加 UFI 单位，继续保持数量最多。2012 年 11 月 6～9 日，UFI 在阿联酋首都阿布扎比召开年会，中国陈先进先生以 UFI 主席身份出席年会。在这次年会上还首次举办了中国的专题论坛。

中国还有一批数量众多、直接面对民众的 B2C 类别的展览会。这些展会在扩大国内消费、满足民众需求方面发挥了主要的作用。以汽车展为例，其民众超高的热情一直不减。有媒体报道，2012 年全国各地的汽车展已达 200 个之多；其中，4 月的北京汽车展和 11 月的广州汽车展又分别创下了观众人数的新高。

五　大视野

所谓会展的大视野，主要是指对于会展业的认识和理解更加宽广和深刻。2012 年，通过第七届中国会展经济研究会学术年会、中国

会展经济研究会年度研讨会、京交会中国会展业发展大会、中国国际会展文化节、中国会议产业大会等活动，业界人士不断交流理论研究的成果。中山大学、南开大学、上海外贸大学、北京第二外国语学院、杭州师范大学等一些高校的会展院系教师也在会展研究探讨方面作出了努力。这些大视野主要体现在三个方面。

一是国际性的大视野：主要表现为中国会展业界对于与外国会展业界"在竞争中合作和在合作中竞争"的心态更加平和；对于外国会展公司在中国的收购与兼并能够按照市场化的原则和相关的法规制度进行审查和管理；中国自己的一些展会品牌也开始扩展到国际市场；中国组展商在国外成功组织了国际性的展会项目，正在逐步实现中国会展业的"走出去"；中国国内一些有实力的会展公司也在按照国际化公司的要求进行现代化企业的机构改造与业务流程的优化；股份化与上市的步伐明显加快。

二是人文性的大视野：2012年中国的文化类会展活动有了进一步的发展。十八大报告指出，文化是民族的血脉，是人民的精神家园。《中共中央关于深化文化体制改革推动社会主义文化大发展大繁荣若干重大问题的决定》明确提出要发展包括会展在内的一系列文化产业。2012年5月10日《文化部"十二五"时期文化改革发展规划》发布，该规划指出，将推动文化产业成为国民经济支柱性产业，并提出包括特色文化产业发展工程在内的九项重点产业工程。

另外，中国会展业界也进一步重视会展文化的宣传与贯彻。2012年中国国际会展文化节研究举办到第八届。主办单位不但编写了《会展人之歌》，还提出了建立"全国会展日"的倡议。2012年12月中旬，江苏省会展业协会举办年会的主题就是"新江苏精神与江苏会展业发展"。

三是理论性的大视野：2012年4月在中国会展经济研究会年会上，围绕会展业的行业属性、会展业的服务机理、会展与传播等问题展开了讨论。上海大学在 2012 年成立了会展研究院；沈阳会展行业协会在 2012 年 11 月组织了沈阳经济区会展高级培训研讨班，也进行了有关会展理论的授课和讨论。2012 年全国社会科学基金支持的研究项目中也开始有了关于会展研究的课题。

六 大会展

2012 年是"大会展"的理论与实践都获得更大发展的一年。这主要得益于各地旅游部门开始重视会议与奖励旅游（会奖）项目的发展。北京市旅游委在 2012 年 9 月正式出台了关于高端旅游项目（商务旅游和会奖旅游）的鼓励政策，北京市统计局也正式把会奖旅游列为会展业的数据统计范围。

2012 年先后有厦门、海口等城市和黑龙江省成立了会展局，目前把推进"大会展"作为工作的重点；贵阳市、海口市在新编制的会展业规划中都是按照"大会展"的口径进行规划安排的；广州市在修订的会展规划中也增强了"大会展"的内容。

在媒体方面，现有的 *MICE*、《商务旅游》、《会展旅游》等杂志正在不断扩大其读者群，其中 *MICE* 还是会展媒体中首个接受美国 BPA 公司媒体发行量认证的杂志，表现出其办刊的正规与信心。2012 年 12 月召开的中国会展经济研究会"2012 年度研讨会"也把"大会展"作为会议议题的主题之一，体现出对中国会展业发展趋势的高度认知。

现在对于"大会展"的认识，研究从狭义的会展（C&E）到扩展的会展（MICE），再到包括培训活动在内的 IMBEST（北京第二外国语学院刘大可教授首先提出），现又扩为包括 8 种类型的"大会展"——会（议）、展（览）、节（庆）、赛（事）、演（艺）、（会）奖、培（训）、（产业）观（光）（中国会展经济研究会陈泽炎常务副会长首先提出）。此外，上海大学张敏教授提出"主题公园"也可以算做"大会展"的内容；中国公共关系协会认为，"公共关系"与"大会展"关系密切；信诺传播集团曹秀华总裁已在着力研究传播活动与"大会展"的关联。这样，在"大会展"的范围里，可以包括的内容就达到 11 项之多，即"会（议）、展（览）、节（庆）、赛（事）、演（艺）、（会）奖、培（训）、（产业）观（光）、主（题公园）、公（关活动）、传（播活动）"。这也充分说明，我们对于会展活动的理解是与时俱进、不断深化的。

从上述 2012 年中国会展业的六"大"看点中，我们可以感受到中国会展业的良好发展态势。

——一些多年存在的老问题或热点问题，譬如成立全国展览业协会的问题，开展全国会展统计的问题，开始进入"破题"和"起步"的阶段。

——一些规模体量很大的会展场馆及其配套项目已经开工建设，说明中国的经济实力和会展业发展前景不可小觑。

——一些政府主导型展会项目的地位日显重要，正在成为中国会展业中具有中国特色的"亮点"之一。

——一些文化类别的会展活动随着中国文化产业的兴起而日渐活跃，成为中国会展业的重要组成部分，颇具中国特色。

——一些会展理论的研究正在出现前所未有的生动局面。这是中国会展业保持健康发展的重要支撑。在党的十八大精神指引下，中国会展业的理论创新也将逐步进入一个新阶段。

B.3

创新理念，北京会展再放异彩

储祥银*

摘　要：

2012 年，北京会展、旅游、文化、体育多业融合，策划、组织了形式多样、题材丰富、内容充实的会展节庆活动，创办了不少可圈可点、在会展发展和产业发展史上都具有相当影响力的活动，在推动北京产业结构升级和世界城市建设方面进行了有益的尝试，迈出了新的步伐，取得了可喜的成绩，同时朝着大都市特色会展发展方向迈出了坚实的一步。

关键词：

京交会　文博会　北京会展

根据北京统计局调查统计，2011 年北京规模以上会展单位实现直接会展收入 212.9 亿元，比上年增长 21.8%。其中，会议收入 125.2 亿元，占全部会展收入的 58.8%，比上年增长 29.0%；展览收入 79.2 亿元，占全部会展收入的 37.2%，比上年增长 11.6%；奖励旅游收入 8.5 亿元，占全部会展收入的 4%，比上年增长 26.3%。北京各宾馆饭店和展览场馆共接待会议 28.6 万场，比上年增长 9.9%；接待会议人数 2033.5 万人次，比上年增长 16.9%。其中国际会议 7998 场，比上年增长 20.9%。服务奖励旅游 30 万人次，比上年增长

---

* 储祥银，北京国际会展协会会长。

40%，其中境内团 23.6 万人次，比上年增长 34.1%，境外团 6.5 万人次，增长 66.5%。各宾馆饭店和展览场馆共接待展览数量为 1380个，比上年增长 32.8%；其中接待国际展览 324 个，比上年增长11.3%。2011 年北京市 GDP 为 16000 亿元，会展直接收入占北京GDP 比重达到 1.33%。2012 年，北京会展紧密围绕"十二五"规划规定的目标和任务，根据"十二五"规划确立的战略定位和发展思路，会、展、节齐头并进，会展、旅游、文化、体育多业融合，策划、组织了形式多样、题材丰富、内容充实的会展节庆活动，创办了不少可圈可点、在会展发展和产业发展史上都具有相当影响力的活动，在推动北京产业结构升级和世界城市建设方面进行了有益的尝试，迈出了新的步伐，取得了可喜的成绩，同时朝着大都市特色会展发展方向迈出了坚实的一步。

一　服务城市发展，北京会展产业功能新定位

2011 年底，北京对外颁布了"十二五"时期会展业发展规划，提出了"十二五"期间的发展目标并明确提出，通过"十二五"的努力，北京将建设成为亚洲会展之都、全球国际会议五强举办地之一、亚洲排名领先的会奖旅游目的地、中国会展行业的引领者，力争实现会展业以高于全市 GDP 增长率的倍增速度发展，2015 年全市会展业收入达到 300 亿元以上。

与既有的会展发展规划相比，北京"十二五"规划在北京会展战略定位、服务对象和发展思路等方面都有了不少新的突破。规划提出了大会展产业的概念和融合发展的思路。规划指出，紧密围绕北京建设"中国特色世界城市""亚洲会展之都"战略目标，坚持市场化、效益化、专业化、国际化和产业化道路，坚持市区（县）统筹、产业集聚、功能强化、优势互补、错位发展；创新会展机制体制、优

化发展环境空间，构建会展服务体系；规划提出了多行业融合与业态创新相结合，创新提出融会议、展览、节庆和奖励旅游等丁一体的"大会展产业"理念。

规划对北京会展业发展的功能定位是，推动首都战略性新兴产业快速增长的重要支撑，实现北京建设中国特色世界城市目标的重要抓手。规划将北京会展的服务功能界定为服务全国和服务首都相结合。发挥国家政治、经济、文化等中心功能，通过理念与发展模式创新、国际合作与交流、资源整合、管理与人才输出等途径，服务国家社会与经济发展战略目标诉求，提升首都服务功能，打造世界知名的会展城市，保持会展业全国领先地位；同时，根据首都城市建设与经济发展需要，将北京会展业打造成为北京战略性新兴产业和文化创意产业创新发展的平台与动力，推动经济发展方式转变、产业优化升级、生产性服务业全面发展。

二　服务国家战略，中国（北京）国际服务 贸易交易会首开先河

2012 年 5 月 28 日至 6 月 1 日，第一届中国（北京）国际服务贸易交易会（以下简称"京交会"）在国家会议中心成功举办，精心策划和举行了论坛、展示、推介、交易等 130 多场活动，中外 1721 家企业参展，注册客商 2.2 万，到会专业观众累计超过 10 万人次。时任国务院总理的温家宝出席开幕式并致辞，时任国务院常务副总理的李克强巡馆并参观了京交会展览会，联合国贸易与发展会议秘书长素帕猜、世界贸易组织总干事帕斯卡尔·拉米、经济合作与发展组织副秘书长理查德·鲍彻到会并发表重要讲话。京交会规模之大、规格之高、内容之丰富，一般展会难以望其项背。

京交会的意义首先在丁创建了世界第一个综合型服务贸易交易平

台，国务院总理温家宝在开幕致辞中表示，京交会是截至目前全球唯一的综合型服务贸易展览会，"希望参会企业不虚此行，收获更多友情、商机"。京交会是经国务院批准，中华人民共和国商务部和北京市人民政府共同主办，每年定期举办，涵盖十二大类服务贸易领域的国家级、国际化综合交易平台。京交会一开始就受到国际社会的高度关注和重视，世界贸易组织、联合国贸易和发展会议、经济合作与发展组织是京交会的永久支持单位。京交会的意义还在于为中国服务业国际交往搭建了一个重要的交流合作平台。

京交会目标在于打造一条中国服务产业"引进来、走出去"的重要通道，一个权威服务贸易政策和信息的发布窗口，一座世界服务企业交流合作的桥梁，一场具有可持续发展和国际影响力的国际盛会。改革开放三十多年来，中国有形货物对外贸易有了巨大的发展，成为世界最大的货物贸易出口国和第二大货物贸易进口国。据海关统计，2012年，中国进出口总值38667.6亿美元，与上年同期相比增长6.2%。其中，出口20489.3亿美元，增长7.9%；进口18178.3亿美元，增长4.3%；贸易顺差2311亿美元，扩大48.1%。中国在世界贸易中的地位不断上升，份额不断增加。根据世贸组织统计，2012年前三季度，中国出口占全球贸易份额增加到11.08%，比2011年的10.47%提高了0.61个百分点。有形货物贸易，特别是出口贸易的快速发展受到一定条件制约：世界贸易保护主义抬头，针对中国的贸易摩擦增多；世界金融经济危机导致世界市场不景气，中国商品出口外需不足，影响了中国经济增长的稳定。中国经济增长和中国对外贸易都必须进行战略性调整，开创内需外需协调发展、有形货物贸易和服务贸易齐头并进的新格局，相对于货物贸易，中国服务贸易近年来表现出良好的发展势头。2002~2011年十年间，中国服务贸易从855亿美元增长到4191亿美元，增长了3.9倍，年均增长19%。在中国对外贸易发展的关键时刻，创办服务贸易交易平台，促进中国服务贸易发展，推动对外贸易战略转型，具有十分积极的意义，其意义不亚于20世纪50年代创办中国出口商品交易会。所以，京交会具有特别重要的意义。一方面，由于资源和城市功能定位的原因，北京服务业相对发达，北京第三产业在经济中的占比已经达到76%，相当于发达国家的水平，但北京服务业的结构和档次不尽如人意。北京宜搭建一个国际交流平台，在家门口学习他人经验，推动服务业结构升级，巩固和提升北京在国际、全国服务贸易中的地位非常必要。另一方面，对于建设具有中国特色的世界城市，打造一个世界级、具有全球影响力的城市也具有非常积极的意义。

三 促进文化振兴，中国北京国际文化创意产业博览会再创辉煌

中国北京国际文化创意产业博览会（以下简称"文博会"）创办于2006年，是经国务院批准，由国家文化部、广播电影电视总局、新闻出版总署和北京市人民政府共同主办，每年定期举办的大型国际文化经贸交流盛会。

第七届文博会于2012年12月19~23日举办。2012文博会是在党的十八大提出"扎实推进社会主义文化强国建设"重要战略部署的新形势下，全国范围内举办的首个大型国际文化交流合作盛会。本届文博会规模空前，海内外参与热情高涨，会场人气旺盛，洽谈交易更加活跃，论坛活动场场爆满，创意热潮处处涌动，隆冬的北京城向来自五湖四海的人们热情地展现社会主义文化大发展大繁荣的美好愿景。2012文博会以"文化融合科技，创新引领转型"为主题，搭建了集综合活动、展览展示、分会场、论坛峰会、推介交易、创意活动"六位一体"的活动架构，设1个主展场和14个分会场，展示总面积约19万平方米，组织活动100多场，共有100多万人次参与了文博

会的有关活动。

北京文博会搭建了一个向世人展示中国文化创意产业发展环境、最新成果和发展空间，彰显中国文化创意产业巨大商机、活力和发展前景的综合性服务平台。北京组委会将其总结为五大平台：全方位战略文化体制改革和文化创意产业发展成果的综合性宣传推广平台；促进产业项目落地、交易、文化投资与贸易服务的平台；引领文化体验和文化消费的示范推广平台；推动文化创意产业学术交流和资讯传播的重要发布平台；深化文化创意产业境内外合作的文化交流平台。创办北京文博会的意义首先在于服务国家发展战略，促进经济发展方式转变和消费结构转型。随着经济全球化趋势的加快和科技水平的提高，文化创意产业正在成为 21 世纪全球最具商业内涵和价值的朝阳产业。中国在 2003 年人均 GDP 超过 1000 美元后，文化消费需求也出现了明显的增长。中国政府及时提出转变经济增长方式和以科学发展观为指导的社会经济发展战略，并在 2006 年 9 月发布了《国家"十一五"时期文化发展规划纲要》，提出了文化事业和文化产业"两手抓、两加强"的发展思路，新兴文化产业因耗能低、附加值高和发展潜力大而备受重视。北京市委九届十一次全会明确提出将文化创意产业作为首都经济未来发展的重要支柱之一，进行重点扶持和发展，并确立了重点建设全国八大文化创意产业中心的发展战略。北京文博会就在此大背景下应运而生，理所当然地承负起"打造文化新引擎，提升文化软实力"的历史使命。基于这样的定位，北京文博会自创办伊始就确立了服务国家发展战略、引领文化创意产业潮流的指导思想。每一届文博会的活动方案都紧扣时代主旋律，把握发展新趋势，提炼出涉及文化创意产业发展战略性和全局性的主题，例如2007 年的"文化创意与人文奥运"、2009 年的"激发文化创新活力，促进经济持续增长"以及 2011 年的"文化融合科技，创新驱动发展"。以同一主题统领文博会各项活动，深入贯彻中央文化改革发的总体部署，紧密围绕中央以及北京市委、市政府的大政方针和工作重点，确保了整体活动体现鲜明的时代特色，切中了社会经济发展的迫切之需，使文博会成为整合文化创意产业资源、对接社会各方需求、推动中国文化创意产业发展的有效平台。

创办北京文博会的意义还在于利用首都文化资源优势，发挥示范引领作用。北京文博会是国内唯一以文化创意为主题的大型国际文化经贸交流盛会，是充分发挥首都特有的文化创意资源优势，为国内外文化创意产业交流合作、资源整合搭建的综合性平台，强调中国优秀传统文化与现代科技、人的创意智慧相结合，关注延伸文化产品的价值链和提升文化产品附加值，关注丰富大众的文化生活和引导文化消费，从而促进中国文化创意产业做大做强。在活动策划中，文博会立足北京文化创意资源要素禀赋，发挥首都文化科技教育人才集聚的独特资源优势和市场辐射力，通过集聚中央和全国的文化资源，吸引国外文化创意产业的高端技术和产品，充分展示中国新兴文化业态、新文化实体、新文化创意产业项目、新焦点话题、新文化产品汇聚和蓬勃发展的态势，打造一个具有中国特色、有世界影响力的国际文化创意产业盛会，突出首都北京作为全国文化中心的重要地位和功能，以及对文化创意产业发展的示范引领作用，为加快建设中国特色社会主义先进文化之都贡献力量。文博会推出的以"北京礼物"为主题的北京旅游商品展，重点推动书画制品向旅游商品转化，很多融合传统元素的现代实用工艺品成为百姓家庭消费的首选。

北京文博会对于推动北京文化创意产业发展，提升北京文化创意产业地位发挥了极为重要的作用，功不可没。根据 2006 年发布的《国家"十一五"时期文化发展规划纲要》，发展文化创意产业是促进北京产业结构升级和经济增长方式转变的战略选择，也是提升首都城市功能、进一步推动北京向国际大都市迈进的重要路径。作为全国的政治、文化中心，北京文化底蕴深厚，人才资源优势明显，发展文

化创意产业得天独厚。2005年末,北京市吹响了打造"创意产业之都"的号角。同时,北京市决定投资5亿元用于建设文化创意产业。2006年,北京把文化创意产业确立为北京重点发展的支柱产业,正式写入北京市"十一五"规划。北京市先后制定出台了促进文化创意产业发展的政策21个,内容涉及金融、财税、集聚区建设、行业发展、知识产权保护、对外贸易等多个方面。2005~2010年,北京市文化创意产业年均增速达到20.2%。2011年北京市文化创意产业全年收入达到9012.2亿元,2012年1~8月,北京市规模以上文化创意产业单位实现收入5203.5亿元,同比增长12.9%。统计数据显示,2012年前三季度,北京规模以上文化创意企业就业人数已达到98.9万,人均文化消费也达到了1204元,增速超过25%。文化创意产业产值在北京经济中的比重已经超过12%,成为仅次于金融业的第二大支柱产业。

四 增强文化自信,北京国际电影季 升格为北京国际电影节

2012北京国际电影节于4月23~28日在北京成功举办。北京国际电影节活动涉及北京众多区域和场地,其核心活动区域是北京奥林匹克公园,主场地设在国家会议中心。北京国际电影节设计策划了开幕式、北京展映、电影魅力·北京论坛等七项主体活动,以及电影企业交流、第十九届北京大学生电影节等相关活动27场,场场活动都获得圆满成功。

北京国际电影节创立于2011年4月,原名北京国际电影季,2012年正式更名为北京国际电影节。由中国国家广播电影电视总局和北京市人民政府主办,国家广播电影电视总局电影管理局和北京市广播电影电视局承办,每年举办一届。北京国际电影节的活动宗旨是

融汇国内国际电影资源，搭建文化交流平台；北京国际电影节的活动定位是国际性、专业性、创新性、高端化、市场化的大型电影主题活动；中国电影产业走向世界和与国际合作的重要平台；北京建设国家文化中心的重点文化活动；获得国际电影制片人协会认可的国际 A 类电影节。

电影季更名为电影节，仅一字之差，却包含着极为丰富的内涵，意味着立意更高，规模更大，更符合国际规范，国际化、专业化、高端化、市场化、创新性更强。与第一届电影季相比，2012 北京国际电影节无论是出席嘉宾人数、规格档次和群众参与规模，还是签约成交与新闻宣传力度都有了很大的提升。第一届吸引了 700 多家中外电影机构、2000 多位中外嘉宾和北京各界 10 万人次参与；征集了 57 个国家和地区 852 部影片，选出 230 部影片在北京 20 家影院展映 429 场；世界各地 334 家电影机构、860 多位业内人士参加电影洽商，签约总额达 27.94 亿元；25 个国家和地区的 179 家媒体、495 名记者对电影季进行采访报道。2012 北京国际电影节出席的国内外嘉宾多达 4000 多人；参与洽商影视机构 640 家，签约交易额为 52.73 亿元；246 家中外媒体、901 名记者注册报道；电影节场地面积 7.7 万平方米，比第一届扩大了 3 倍；群众参与人次从第一届的 10 万人次增长到百万人次。上千家海内外主流媒体和重点网站将目光投向北京、投向北京国际电影节，给予充分报道。北京国际电影节正在成为中国最具影响力的电影节之一，是北京最具标志性的文化品牌之一，并向着成为世界电影节体系重要组成部分这一目标迈进。

北京国际电影节打造了一个高端展示和交流的国际化平台，促进了中国电影与国际电影的融合发展。北京国际电影节引进了国际标准，会聚了一大批国际知名制片人和权威人士，展映了一大批优秀影视作品。北京国际电影节依托首都优势，统筹国际国内优质电影、会展资源，通过集聚国际国内优质电影资源，形成影视之都的核心竞争

力和整体影响力；同时，应充分发挥北京全国文化中心和影视基地的辐射效应，推动首都电影资源向国际、国内开放共享，使北京国际电影节成为中外电影交往的重要窗口，中国与世界电影产业联系的重要节点，促进电影产业繁荣发展的高端牵引力量。

北京国际电影节搭建了一个影视交易和项目合作的服务平台，为推动中国文化走出去和影视国际合作拓展了新的途径。2012 北京国际电影节有来自世界各地的 640 家影视机构、2000 多位业内人士参加洽商活动。北京国际电影节的意义在于着眼于国际一流电影节定位，拥有创新的内容与形式，有利于扩大群众参与规模、加大资源整合力度、优化活动场地布局、全面提高电影节举办水平，有利于将北京国际电影节打造成具有"国际水平、中国特色、北京风格"的著名文化品牌。北京国际电影节把中央和北京市的电影优势资源进行了深度整合，是北京乃至中国电影产业走向世界，参与国际合作、交流交易的重要平台，对推动北京文化产业发展有着重要作用。

五 提升都市农业，世界草莓大会功在千秋

2012 年 2 月 18～22 日北京成功举办了第七届世界草莓大会。本届世界草莓大会由国际园艺学会、农业部、北京市人民政府、中国园艺学会主办，北京市昌平区人民政府、北京市农林科学院、中国园艺学会草莓分会承办，北京市农委、北京市科委、北京市园林绿化局、北京市农业局协办。大会提出"以会兴业、以会兴城、以会惠民"的办会目标和"草莓，让生活更甜美"的口号，大会主题为健康·发展·共享。

北京世界草莓大会安排了 14 场特邀学术报告、116 场口头学术报告、4 场相关产业经济论坛。国际园艺学会副主席金姆·汉莫女士、北美草莓种植研究基金会总裁约翰·麦斯先生等全球草莓界的顶级专家

出席研讨活动并作专题报告。此外，大会还组织了国际草莓产业展，来自世界的草莓产业新品种、新技术、新装备集中亮相。人会共吸引近 200 家企业参展，其中国内近 150 家，涉及 19 个省市，国际 50 家，涉及 14 个国家和地区。同时，草莓大会还带动了草莓采摘的热潮。据昌平区农业服务中心公布的数据显示，开幕后 5 天的时间里，昌平共接待 12.5 万采摘客，采摘草莓 25 万公斤，实现产值 2410 万元。

北京世界草莓大会采取一种全新的办会方式，有效地将会展与产业长期发展结合起来，"一区、一场、一园、两中心"的办会模式为昌平，乃至北京草莓产业的升级和长久发展奠定了稳固的基础。

一区——精品草莓产业示范区。示范区以北京昌平国家农业科技园区（小汤山现代农业科技示范园）为载体，以"麦辛路 + 安四路"沿线为核心，辐射昌平东部适宜发展草莓的兴寿、崔村等 6 个镇，总体规划面积 3 万亩，计划建成草莓日光温室 1.5 万栋。这是第七届世界草莓大会的中心区域，也是全市发展草莓产业、展示都市型现代农业建设成果的主要区域，会后打造成科研水平领先全国的草莓产业集聚示范区。一区分为核心区和辐射区两个功能区：核心区以麦辛路（昌金路昌平段）为主线，建设占地 30 平方公里设施草莓走廊，重点发展精品草莓种植、加工、配送、观光等，计划设施草莓总规模达到 1.5 万栋。辐射区在京北沿昌金路和京承路形成"金十字形"架构，以草莓产业为载体，为全市设施农业发展提供有力的产业支撑。计划 2012 年京郊设施草莓总规模达到 3 万栋以上，年产值 7.5 亿元，可为 2 万农民提供就业岗位。

一场——学术会议主会场。会场设在九华山庄。大会期间，大会各项会议、学术研讨、文化交流、开闭幕式、招待宴会、选举下届主办地等活动在此举办。九华山庄本身已经是北京重要的会议举办场所，草莓大会的举办更增强了九华山庄的竞争优势。

一园——草莓博览园。博览园选址在兴寿镇域范围内、安四路与

麦辛路（昌金路昌平段）交叉点附近，占地达 500 亩，建设连栋温室 4.4 万平方米、日光温室 7.1 万平方米，会后成为草莓科技示范展示中心、农业休闲体验中心、科普教育活动中心，成为北京市民及周边百姓休闲、娱乐、消费及体验的新场所。

两中心——培训展示中心、加工配送中心。中心位于"一园"之内，占地面积 43.1 亩，总建筑面积 5 万平方米。"两中心"是举办大会相关活动的重要场馆：培训展示中心是草莓产业成果展的展示场地，加工配送中心是学术大会专业参观的主要场地之一；会后"两中心"成为服务农民生产经营、推进全市草莓产业化发展最重要、最基础的配套服务设施。

第七届世界草莓大会为北京留下了一笔丰厚的遗产，有力地促进了北京草莓产业的发展。"一区、一场、一园、两中心"的办会设施现在已成为北京，乃至全国草莓研发、栽培、展示、体验、加工、培训基地；2013 年，首届北京农业嘉年华在此举办。世界草莓大会在昌平举办，昌平更是近水楼台先得月，从中获得了不小的利益。昌平草莓因此而名扬天下，昌平草莓产业跃上一个新的台阶，产量大增，产值大增，农民收入大增。昌平草莓产值办会前仅几千万元，2012 年办会当年达到 2.4 亿元，2013 年预计超过 4 亿元，草莓种植农户的收入成倍增加，真正实现了"以会兴业、以会兴城、以会惠民"的办会目标。

六　打造世界城市，北京国际设计周锦上添花

北京正在努力建设具有中国特色的"世界城市"，打造"北京创造"品牌和"北京服务"品牌，设计提升产业价值，实施科技创新、文化创新"双轮驱动"的发展战略。设计提升生活品质，设计创造价值。在北京建设具有国际影响力"世界城市"过程中，设计创新具有十分重要的作用。设计创新可以有效地整合科技、金融、制造、

商业、教育、文化等资源，可以最佳地组合资源优势，发挥最大组合效应。因此，近年来，北京采取有力措施，会聚设计资源，打造"设计之都"形象，赢得"设计之都"称号，北京国际设计周应运而生，策划举办具有特殊的意义。

2012 北京国际设计周以"设计提升城市品质"为主题，围绕"设计改变城市、设计走进生活、设计走进社会、设计关乎你我"的核心理念，推动"设计以人为本""设计为民生"的价值传播，重点推动设计交易，促进设计消费。

北京国际设计周打造了一个专业化、市场化的设计交易服务平台，希望将设计提供方与设计需求方有效地整合，为他们提供设计产业化与设计交易的服务与开拓渠道，将现有零散的、缺失的产业链连接起来，推动设计成果的转化应用，实现创新设计转化为生产力的目标。

B.4
2012年京、沪、穗展览市场对比分析

刘大可　张　丛*

摘　要：

本文以北京、上海、广州的展览业为研究对象，一方面从展
览会的数量、类型、场馆分布等侧面对三地展览会的总体状况进
行了量化分析；另一方面以实地调研数据为基础，从展览会市场
主体特征、参展商和专业观众对展览会的满意度评价等视角，系
统分析了三地展览业的运行特征，并以此为基础提出了京、沪、
穗三地展览业发展水平的对策建议。

关键词：

北京　上海　广州　展览业　市场特征

一　京、沪、穗展览业发展概况

展览业是随着城市的基础设施建设以及综合实力增强发展起来的，
经济发达、基础设施完善的城市往往成为展览会举办的首选目的地。
作为中国展览业发展最早、品牌展会最多、最有影响力的城市，京、
沪、穗已经在中国展览业中占据了主导地位，形成了三足鼎立的市场
格局，被业内人士称为"中国展览业的风向标"。在通常情况下，衡量
一个城市展览业的发展情况可以从举办展览会的数量、展出规模、涉

---

* 刘大可，北京第二外国语学院会展研究中心主任、学术委员会委员；张丛，北京第二外国
语学院会展研究中心。

及的行业类型、场馆的数量以及展览会分布等客观数据中总结得出。鉴于有些数据难以掌握，本文主要从以下四方面展开分析。

（一）京、沪、穗展览会数量

根据对京、沪、穗三地主要展览场馆举办的展览会数量统计，2012年，北京、上海和广州三地共举办展览会 1412 场，其中上海举办的展览会数量最多，共举办了 622 场，占三地展览会总量的 44%；其次是北京，举办了 450 场，占总量的 32%；广州举办的展览会相对较少，为 340 场，占 24%（见图1）。与 2011 年相比，三地展览会的总量减少了 30 场，其中上海、广州分别减少了 46 场、17 场，而北京增加了 33 场。从整体来看，上海在办展数量方面依然保持强劲的领先地位，而北京和广州与之相比差距较大。但是，与 2011 年比较，京、沪、穗展览会总量结构略有变化，上海、广州展览会数量所占比例减少，北京所占比例有所上升。

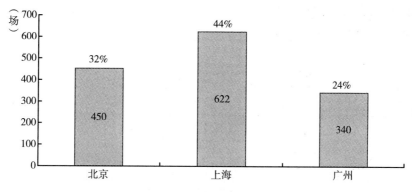

图1　2012 年京、沪、穗展览会总量对比

（二）京、沪、穗展览会行业类型比较

展览会的行业类型，不但可以体现不同行业内展览会的发展水平以及行业对展览会的依存度，还可以反映出不同举办地城市的产业基础、消费基础以及贸易条件等方面的差异。从总体来看，京、沪、穗

三地展览会的行业类型各有特色。

在北京，建筑/装潢/五金、化工/能源/环保类展览会的发展依然迅猛，并列榜首，工业/机械/加工类展会紧随其后。值得一提的是，消费休闲类展览会发展势头强劲，2012年消费休闲类展览会如汽车/交通工具、食品/饮料/酒、通信/通讯/电子、生物/医药/保健、影视/娱乐/体育、服饰/皮革/纺织类展会处于前十位。

在上海，展览会的类型结构与2011年大体一致，只是在名次上略有调整。化工/能源/环保类展会跃居榜首，建筑/装潢/五金类展会的排名由2011年的第一位下降到第二位，工业/机械/加工类展览会排名有所上升，进入前三名。而通信/通讯/电子类展会跌出前三位，排名第四。

在广州，建筑/装潢/五金、工业/机械/加工、食品/饮料/酒类展会依然位于前三名。值得注意的是，通信/通讯/电子类展会异军突起，由2011年的第十位上升至第五位；而综合/跨行业类展会和印刷/包装/纸业类展会取代玩具/礼品/工艺品类展会和汽车/交通工具类展会跻身展览会排名的前十位（见表1）。

表1　2012年京、沪、穗展览会行业类型对比

单位：场

序号	北京		上海		广州	
	展览会类型	数量	展览会类型	数量	展览会类型	数量
1	建筑/装潢/五金	68	化工/能源/环保	95	建筑/装潢/五金	45
2	化工/能源/环保	68	建筑/装潢/五金	91	工业/机械/加工	43
3	工业/机械/加工	57	工业/机械/加工	67	食品/饮料/酒	36
4	食品/饮料/酒	41	通信/通讯/电子	58	生物/医药/保健	26
5	生物/医药/保健	40	生物/医药/保健	40	通信/通讯/电子	25
6	汽车/交通工具	27	服饰/皮革/纺织	33	化工/能源/环保	24
7	教育/培训/艺术	25	家居/家电/日用品	28	家居/家电/日用品	20
8	通信/通讯/电子	23	食品/饮料/酒	23	服饰/皮革/纺织	17
9	影视/娱乐/体育	16	汽车/交通工具	22	综合/跨行业	14
10	服饰/皮革/纺织	13	印刷/包装/纸业	20	印刷/包装/纸业	14
	合　计	378		477		264

资料来源：笔者根据三地展览会基础数据统计整理。

（三）京、沪、穗展览场馆数量及展览面积

根据中国会展网统计，截至 2012 年，京、沪、穗三地专业展览场馆的数量共有 39 家。① 具体来看，北京共有 17 家展览馆，展览总面积达 101.9 万平方米，其中室内展览面积 76.1 万平方米；上海共有展览馆 11 家，展览总面积达 55.24 万平方米，其中室内展览面积 43.24 万平方米；广州共有展览场馆 11 家，展览总面积达 83.38 万平方米，其中室内展览面积 75.78 万平方米。展览场馆中，展览总面积在 5 万平方米以上的大型展馆北京 7 家、广州 5 家、上海仅有 2 家。北京和广州的展览总面积均超过 80 万平方米，远高于上海（见表 2）。

表 2 京、沪、穗专业展览场馆数量及展览面积

单位：万平方米

地区	展馆名称	展览总面积	室内面积	室外面积
北京 （17 家）	北京九华国际会展中心	27.9	15.9	12
	中国国际展览中心新馆	20	20	0
	北京绿港花都国际会展中心	9.9	9.9	0
	北京经开汇展中心	8.5	4	4.5
	全国农业展览馆	8.13	2.13	6
	中国国际展览中心	6.7	6	0.7
	蟹岛国际会展中心	5.93	5.93	0
	北京展览馆	3.5	2.2	1.3
	国家会议中心	2.4	2.4	0
	海淀展览馆	2.1	0.8	1.3
	北京市东六环展览中心	2	2	0
	光华路五号国际会展中心	1.27	1.27	0
	中国国际贸易中心	1	1	0
	中国国际科技会展中心	0.82	0.82	0
	北京规划展览馆	0.8	0.8	0
	北京国际会议中心	0.5	0.5	0
	大红门国际会展中心	0.45	0.45	0
	总面积	101.9	76.1	25.8

---

① 目前，中国尚无统一的展览场馆统计数据。通过比较，笔者认为中国会展网（http://www.expo-china.com）基本包括了当前国内主要的专业性展览场馆，因此使用此数据进行统计。本研究只统计了贸易性展览场馆，剔除了公益性展览场馆。

续表

地区	展馆名称	展览总面积	室内面积	室外面积
上海 （11家）	上海新国际博览中心	30	20	10
	上海世博展览馆	10	8	2
	上海世贸商城	3.7	3.7	0
	上海光大会展中心	3.25	3.25	0
	上海展览中心	2.2	2.2	0
	上海浦东展览馆	1.5	1.5	0
	上海国际展览中心	1.2	1.2	0
	上海农业展览馆	1.2	1.2	0
	上海国际会议中心	1.14	1.14	0
	上海多媒体产业园会展中心	0.6	0.6	0
	上海东亚展览馆	0.45	0.45	0
	总面积	55.24	43.24	12
广州 （11家）	中国进出口商品交易会展馆	36	33.8	2.2
	中国出口商品交易会流花路展馆	12	12	0
	广州国际采购中心	10.86	7.86	3
	广州保利世贸博览馆	6.6	6.6	0
	广州白云国际会议中心	5.92	3.52	2.4
	广州中洲国际商务展示中心	4	4	0
	广州锦汉展览中心	3.6	3.6	0
	广东东宝展览中心	2	2	0
	广东国际贸易大厦展览中心	1.4	1.4	0
	广州南沙国际会议展览中心	1	1	0
	广东省农业展览馆	—	—	—
	总面积	83.38	75.78	7.6

资料来源：根据中国会展网（http://www.expo-china.com）以及各展览馆主页公布数据整理所得，不包括艺术中心、博物馆等非专业性展览场馆。"—"指该展览场馆无明确展览面积数据。

（四）京、沪、穗主要展览场馆的展会分布

从展览馆的展会分布格局来看，京、沪、穗三地主要展览馆的展会分布格局总体稳定，局部有所调整，各城市变化情况不同。

在北京，中国国际展览中心、北京国际会议中心展厅、全国农业展览馆、国家会议中心、中国国际展览中心（新馆）、北京展览馆以及中国国际贸易中心展厅为举办展览会的主要场馆，特别是中国国际展览中心在北京七大展览场馆中处于领跑地位。在上海，上海新国际博览中心和上海光大会展中心仍是上海展览场馆的中坚力量，同时上海

世博展览馆作为一个新的展馆，凭借其交通便利、功能齐全、设施先进、布局合理等优势，在上海会展场馆中的作用上升明显。广州举办的展览会主要集中在中国进出口商品交易会展馆（广交会展馆）、广州保利世贸博览馆和广州锦汉展览中心，三大展馆举办的展览会数量占全部展览会数量的94.7%，表现出展览会明显向大型场馆集聚的现象。

表3 2012年京、沪、穗主要展览场馆及举办展览会数量

单位：场

北京		上海		广州	
展馆名称	数量	展馆名称	数量	展馆名称	数量
中国国际展览中心	232	上海新国际博览中心	239	中国进出口商品交易会展馆（广交会展馆）	206
北京国际会议中心展厅	52	上海世博展览馆	152	广州保利世贸博览馆	71
全国农业展览馆	50	上海光大会展中心	147	广州锦汉展览中心	45
国家会议中心	35	上海国际展览中心	37	广州国际采购中心	10
中国国际展览中心(新馆)	34	上海世贸商城展馆	23	广州白云国际会议中心	5
北京展览馆	30	上海展览中心	18	中洲国际商务展示中心	3
中国国际贸易中心展厅	17	上海国际会议中心	3	—	—
—	—	上海东亚展览馆	3	—	—
—	—	上海浦东展览馆	—	—	—
总计	450	总计	622	总计	340

资料来源：根据中国会展网（http://www.expo-china.com）以及三地主要展览场馆官网统计整理。

二 京、沪、穗展览市场运行特征

本部分所涉及的数据由我们的实地调研获取。本次调研共抽取了京、沪、穗三个城市的28个展览会，其中北京10个、上海10个、广州8个。调查的有效样本总量2201个，其中参展商1361家，专业观众840位。

（一）京、沪、穗展览市场主体特征分析

展览市场主体主要由组织者、参展商和观众三部分构成。由于人、财、物、时间等因素的制约，本文主要从参展商和观众两个层面进行调研并加以分析。

1. 京、沪、穗三地参展商的特征分析

（1）国内参展商地区分布。从表4中可以看出，京、沪、穗三地国内参展商的地区分布均主要集中于华东、华南和华北地区，三个地区的参展商占全部参展商的比例分别达到88%、93%和91%。一般而言，展览业的发展与区域经济和产业结构呈很强的正相关关系，经济发达程度和产业外向度越高的地区，对展览会的需求越大。国内参展商的地区分布特点，与中国区域经济格局相符。

表4　2012年京、沪、穗国内参展商地区分布

单位：%

地　　区	北京	上海	广州
华东地区	46	46	31
华南地区	17	24	51
华北地区	25	23	9
华中地区	6	3	4
东北地区	4	2	3
西南地区	2	2	2
西北地区	0	0	0
总　　计	100	100	100

从省份上具体来看，以广东为代表的珠江三角洲，以上海、浙江和江苏为代表的长江三角洲和以北京、天津和山东为代表的环渤海地区是中国经济最发达、产业基础最好的区域，以上三个地区的企业对展览会均有非常大的需求。统计数据显示，广东、浙江、上海、江苏、北京等省市的参展商在京、沪、穗三地中排名均处于前列，前十

名省份的参展商占全部参展商的比重均超过 85%，显示出参展商的地区分布集中度较高。

表5　2011年京、沪、穗国内参展商的省份分布（前十名）

单位：%

排位	北京		上海		广州	
	省　份	所占比例	省　份	所占比例	省　份	所占比例
1	浙　江	15.3	上　海	16.5	广　东	55.1
2	北　京	14.6	广　东	16	浙　江	7.9
3	广　东	13.2	北　京	13.7	福　建	5.1
4	山　东	11.5	江　苏	13.2	江　苏	4.9
5	江　苏	8.8	浙　江	12	上　海	4
6	上　海	8.2	福　建	6.6	广　西	2.8
7	河　北	4.9	天　津	6.4	云　南	2.6
8	福　建	3.7	山　东	3.6	北　京	2.6
9	天　津	2.9	河　北	2.6	辽　宁	1.9
10	辽　宁	2.8	辽　宁	1.4	湖　南	1.6
	合　计	85.9	合　计	92	合　计	88.5

（2）海外参展商的地区分布。从大洲分布来看，京、沪、穗三地海外参展商的地区分布集中度比较高，其中，北京和上海的大部分海外参展商来自亚洲、欧洲和美洲，其所占全部海外参展商的比例分别为99.2%和94.3%；而广州的海外参展商大部分来自欧洲、亚洲和大洋洲，占全部海外参展商的95.9%。

表6　京、沪、穗海外参展商地区分布

单位：%

地　区	北京	上海	广州
亚　洲	63.1	29.2	35.8
欧　洲	26.5	47.7	39.0
美　洲	9.6	17.4	4.1
大洋洲	0.4	1.2	21.1
非　洲	0.4	4.5	0
总　计	100.0	100.0	100.0

具体从国家和地区来看，京、沪、穗三地海外参展商的地区分布比较分散，前往京、沪、穗的海外参展商来自世界各地。但是，中国台湾、中国香港、意大利、美国等经济发达的国家和地区仍是京、沪、穗海外参展商的重要来源地。

表7 2011年京、沪、穗海外参展商国家和地区分布（前十名）

单位：%

排位	北京		上海		广州	
	国家和地区	所占比例	国家和地区	所占比例	国家和地区	所占比例
1	印　度	25	美　国	12	中国香港	19.1
2	韩　国	15.8	法　国	11.9	澳大利亚	17.6
3	日　本	15.8	意大利	11.1	中国台湾	12.9
4	美　国	8.4	英　国	8.6	意大利	10.3
5	中国台湾	6.3	中国台湾	8.3	西班牙	9.7
6	德　国	6.3	德　国	8.2	法　国	6.0
7	中国香港	5.8	中国香港	7.4	葡萄牙	4.7
8	荷　兰	5.6	日　本	5.2	摩尔多瓦	3.8
9	意大利	2.8	加拿大	4.8	新西兰	3.4
10	比利时	2.4	韩　国	3.8	美　国	2.8
	合　计	94.2	合　计	81.3	合　计	90.3

（3）参展商的资产性质。如图2所示，民营企业在京、沪、穗参展企业中所占的比重最大，是展览市场中最活跃的力量；其次是股份公司和外资企业；而国有企业所占比重较小，参展欲望较低，这基本反映了中国的经济和企业的发展特点。首先，中国的民营企业大部分为中小型企业，它们在品牌形象、市场份额、技术创新等方面弱于国有大型企业，因此民营企业迫切需要通过展览会来推广产品和宣传企业形象；其次，相当一部分民营企业从事外向型制造业，市场需求变化快速，需要通过展览会提升对客户和市场变化的反应能力，因此民营企业对展览会的依赖性更强。

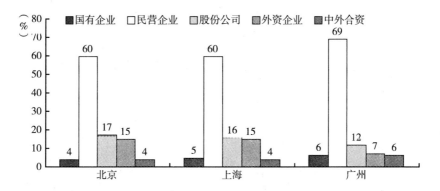

图2　京、沪、穗参展企业资产性质

2. 京、沪、穗三地专业观众的特征分析

（1）国内专业观众的地区分布。从表8中可以看出，京、沪、穗三地专业观众地区分布存在着显著的差异。北京专业观众主要来自于华北地区，其比例为40%，其次是华东和东北地区；在上海地区，有65%的专业观众来自华东地区；广州专业观众中，华南地区的比例最高达69%，其次为华东地区，占12%。从表8与表9对比来看，专业观众的省份分布和展览会的地区分布高度吻合。总的来说，国内专业观众的地区分布呈现两个特点：一是专业观众主要来自经济较为发达的东南沿海省份，长江三角洲、珠江三角洲和环渤海地区是国内专业观众的主要来源地；二是专业观众主要来自展览会举办地北京、上海、广东，以及展览会举办地周边的省份。

（2）专业观众的职位状况。一方面，京、沪、穗专业观众的职位状况显示出很大的相似性，三地均以"部门经理、管理人员或类似人士"最多，其次为"普通雇员、技术工人或类似人士"；另一方面，专业观众在所在机构担当经理及以上级别职务的比例在三地中均超过50%，这足以看出企业对展览会的认可和重视。

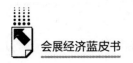

表8　2011年京、沪、穗专业观众地区分布

单位：%

地　　区	北京	上海	广州
华东地区	18	65	12
华南地区	5	7	69
华北地区	40	3	6
华中地区	5	7	5
东北地区	6	2	2
西南地区	2	6	4
西北地区	2	0	1
缺　失　值	22	10	1
总　　计	100	100	100

表9　2011年京、沪、穗专业观众省份分布（前十名）

单位：%

排位	北京		上海		广州	
	省　份	所占比例	省　份	所占比例	省　份	所占比例
1	北　京	23	上　海	31	广　东	62
2	河　北	13	江　苏	11	广　西	4
3	山　东	7	浙　江	9	江　苏	4
4	江　苏	6	山　东	6	湖　南	3
5	广　东	4	安　徽	6	浙　江	3
6	吉　林	4	广　东	4	四　川	3
7	浙　江	3	贵　州	3	山　西	2
8	河　南	3	湖　北	3	河　南	2
9	内蒙古	2	湖　南	3	北　京	2
10	天　津	2	福　建	2	福　建	2
	合　计	67	合　计	78	合　计	87

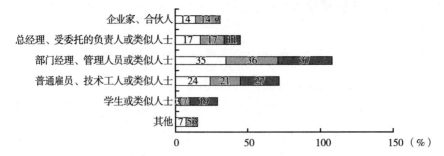

图3　京、沪、穗专业观众职位状况

（3）专业观众的工作性质。由于专业观众的工作性质往往决定着其参观展览会的主要目的和任务，因此专业观众的工作性质对于参展商正确定位参展目标、制定具有针对性的参展策略具有重要意义。从图4中可以看出，京、沪、穗三地专业观众主要从事销售/市场营销、采购和研究开发等方面的工作。展览会主要有促进商贸往来、进行形象宣传和传递行业信息的功能，专业观众的工作性质与展览会的功能恰好对应，显示展览会得到企业的广泛认可，成为企业促进商贸洽谈、了解行业动态、加强技术开发的重要途径。

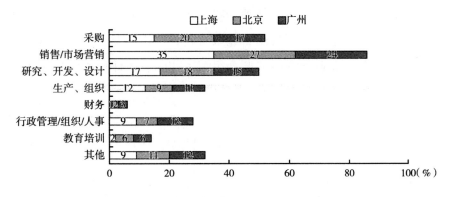

图4　京、沪、穗专业观众工作性质

（二）京、沪、穗展览市场运行质量[①]

展览市场的运行质量是一个综合性的概念，需要通过多种指标进行反映。本文以参展商和专业观众的主观评价为基础，从组展水平、参展效果以及办展环境等方面加以说明。

1. 参展商和专业观众对展览会的总体评价

在参展商对展览会的总体评价中，上海居首位并且明显高于其他

---

① 运用"李克特五分量表法"作为分析工具，即在统计分析时将"非常好、比较好、一般、比较差、非常差"五个等级分别赋予"5、4、3、2、1"的分值，用各评价选项赋值分与所占比例的乘积加总得到总评分。

两地，北京最低；专业观众对展览会的总体评价情况相似，依然是上海最高，其次是广州，北京最低。这表明，在京、沪、穗三地中，上海办展的水平要高于其他两地，得到了参展商和专业观众的普遍认可。

2. 参展商和专业观众对展览会组织工作的评价

参展商和专业观众对展览会组织工作的评价主要包括对展览会组织工作的总体评价、对专业买家邀请工作以及参展商数量和质量的总体评价、对展览会现场管理与服务工作的评价三个方面。

（1）对展览会组织工作的总体评价。由图5、图6可知，广州参展商对展览会组织工作的总体评价略高于上海，北京最低；而在专业观众的总体评价中，上海最高，北京次之，广州最低。从两者对比来看，上海和北京专业观众对展览会组织工作的总体评价要明显高于参展商，广州则比较一致。

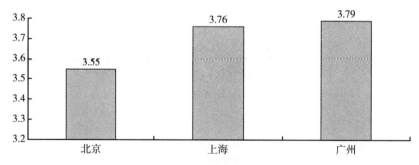

图5　参展商对组织工作的评价

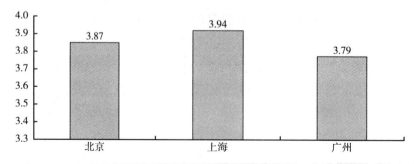

图6　专业观众对组织工作的评价

（2）对专业买家邀请工作、参展商数量和质量的总体评价。参展商和专业观众是展览会市场主体的重要组成部分，是反映展览会整体水平的核心指标之一。由图7、图8可知，广州参展商对专业买家邀请工作的总体评价最高，其次是上海，北京最低；专业观众对参展商的评价情况相似，依然是广州领先，上海和北京评价略低。两者对比可以发现，专业观众对参展商的评价要高于参展商对专业观众的评价，这一差距在北京尤为明显。

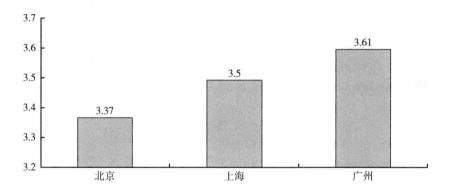

图7 参展商对专业买家的评价

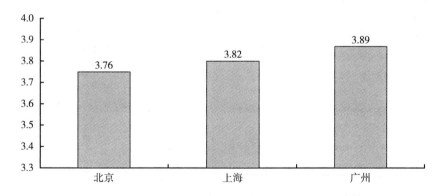

图8 专业观众对参展商的评价

（3）对展览会现场管理与服务工作的评价。由图9、图10可知，在参展商对展览会现场管理与服务工作的评价中，广州和上海较高，并且明显高于北京；而在专业观众的评价中，北京高居首位，上海次之，广州最低。两者对比可以发现，三地在展览会现场管理与服务工作中对两大主体的关注度偏差较大，从而导致参展商和专业观众对其的评价不一致。

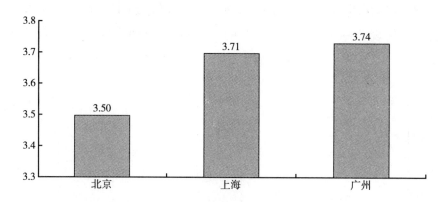

图9　参展商对展览会现场管理与服务工作的评价

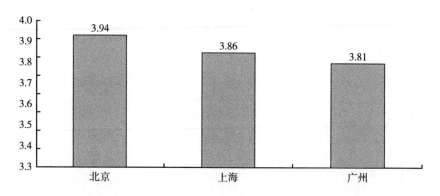

图10　专业观众对展览会现场管理与服务工作的评价

3. 参展商和专业观众对展馆软硬件设施和办展环境的评价

展馆设施是展览业得以发展的"硬件"，办展环境是展览业长久发展的"软件"，参展商和观众对展馆软硬件设施和办展环境的评价状况，能够从宏观上反映某个城市展览业的总体水平。

（1）对展馆软硬件设施的总体评价。从图 11 中可以看出，在参展商对展馆设施的总体评价中广州最高，上海紧随其后，北京明显低于广州、上海两地。而由图 12 可知，上海专业观众对展馆软硬件设施的评价最高，广州居中，北京最低。对比图 11、图 12 发现，上海和广州展览场馆的软硬件设施比较完善，而北京需要在此方面加以改进。

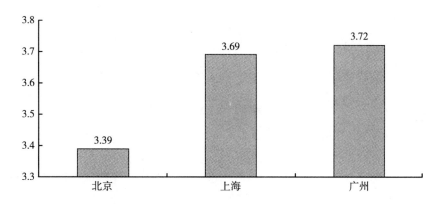

图 11　参展商对展馆软硬件设施的总体评价

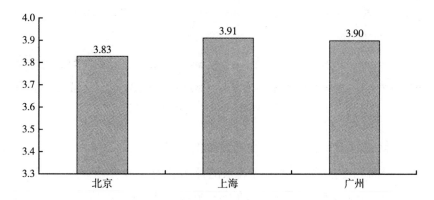

图 12　专业观众对展馆软硬件设施的总体评价

（2）对举办地办展环境的总体评价。从图 13 和图 14 中可知，在参展商和专业观众对举办地办展环境的总体评价中，广州均处于领先

地位，上海次之，北京最低。而从总体上来看，参展商和专业观众对广州和上海两地的办展环境认可度比较高，北京稍显不足。

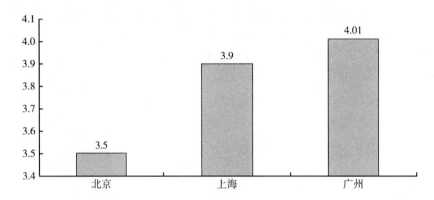

图 13　参展商对办展环境总体评价

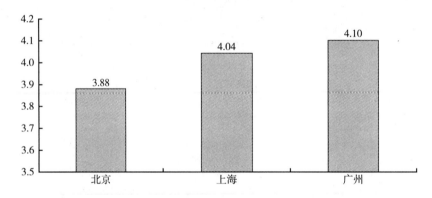

图 14　专业观众对办展环境总体评价

4. 参展商和专业观众对参展效果的评价

参展商和专业观众对参展效果的评价状况主要体现在预期参展和参观目标的实现程度、参展后的业务预期变化、继续参展和参观意向三个方面。

（1）预期参展和参观目标的实现程度。从图 15 中可以看出，上海参展商预期参展目标的实现程度略高于广州和北京；而从图 16 中可知，在专业观众对参观目标的实现方面，北京遥遥领先，居第二的是广州，上海最低。这说明，京、沪、穗三地在参展商和专业观众的预期参展、参观目标实现程度方面有所不同。

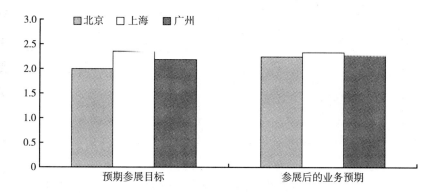

图 15　参展商的预期参展效果

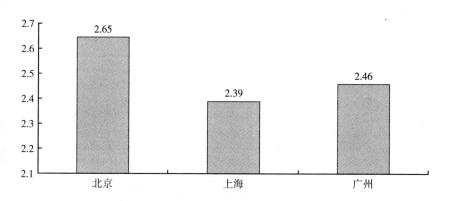

图 16　专业观众的预期参观效果

（2）参展商参展后的业务预期。从整体上来看，京、沪、穗三地相差不大，参展商对业务预期均持乐观态度。其中，上海略高于广州和北京。参展后的业务预期和参展商参展目标的实现程度紧密联系，这一预期与图 15 中参展商参展目标的实现程度基本一致。

（3）继续参展和参观意向。从图 17、图 18 中可以看出，北京参展商继续参展的意向最强烈，其次是广州，上海最低；在专业观众方面，上海观众的参观意向要强于北京和广州。对比发现，北京和广州参展商的继续参展意向均比专业观众强烈，而上海情况则相反。

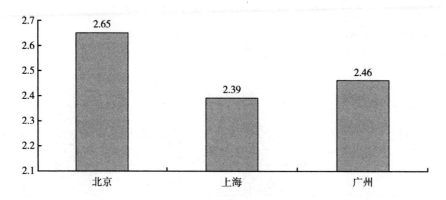

图 17   参展商继续参展意向

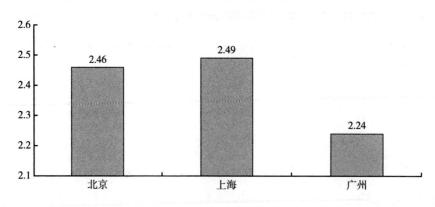

图 18   专业观众继续参观意向

三   研究结论与启示

综合上述分析，可以得出如下结论：①虽然 2012 年北京展览会数量所占比例增加，但是从整体上来看，上海依然在展览会总量方面保持领先的优势地位，北京、广州与其相比差距较大；②京、沪、穗三地是中国展览业最发达的代表性城市，这与本地的产业基础、消费偏好以及城市特征相匹配；③从地区分布来看，国内参展商和专业观众主要来自长江三角洲、珠江三角洲以及环渤海经济圈等经济相对发达的地区，海外参展商主要来自亚洲、欧洲等经济发达的国家和地区；④在参展机构的资产性质方面，参展企业大部分为民营企业、股份公司和外资企业；⑤从专业观众的职位状况看，专业观众在所在机构担当经理及以上级别职务的比例在三地中均在一半以上，工作性质主要集中在销售/市场营销、采购以及研究、开发、设计等领域；⑥在市场运行质量方面，从三地比较来看，广州参展商在展览会组织工作、专业买家邀请工作、展览会现场管理与服务工作、展台搭建工作、展品运输工作、展馆软硬件设施和办展环境等方面的评价都明显高于上海、北京两地；⑦从参展商和专业观众对市场的总体评价来看，专业观众对各指标的评价普遍高于参展商，其中，三地参展商对专业买家的评价依旧偏低。

这些结论对推进京、沪、穗展览业的优化发展并进一步促进全国展览业的整体发展都具有重要的借鉴意义。第一，作为举办展览会最重要的基础设施，展览场馆的合理规划以及展馆利用效率等问题不仅应该引起京、沪、穗三地的关注，也是全国展馆建设中必须考虑的重大问题；第二，展览会的发达程度和行业类型与城市的产业基础、消费偏好以及贸易条件密切相关，因此各地展览业无论从宏观行业发展战略的制定还是从微观会展企业展览会主题的选择，都必须依托城市的现实基础，只有在充分考虑自身条件的前提下，才能够在城市经济发展过程中适时、恰当地促进展览业的发展；第三，展览会作为一种高效率的贸易促进平台，无论是参展商还是专业观众，都主要集中在经济相对发达的国家和地区，因而组展商在招商以及邀请专业观众的过程中，一定要选准目标市场；第四，参展商对于展览会能否成功举办起着至关重要的作用，然而参展商的评价普遍低于专业观众，因此主办方需要在参展商方面多下功夫，了解参展商的需求，增加对参展

商的服务，从而提高参展商的满意度；第五，从参展商和专业买家对京、沪、穗三地展览会各项指标的评价中，参展商对专业买家邀请工作的评价相对偏低，因而如何采取切实措施改善办展的整体环境、提高对专业买家邀请力度，应该成为当前和今后较长时间内中国展览业发展中的核心工作。

参考文献

陈柳钦：《会展经济与城市发展的协调互动》，《经营管理》2008 年第 6 期。

李铁成、刘力：《中国会展经济发展的新特点及对策》，《经济纵横》2012 年第 7 期。

金镝、王铁：《中国会展业现状分析及发展前景初探》，《中国软科学》2002 年第 9 期。

刘大可：《中国展览业发展态势分析》，经济科学出版社，2012。

B.5
2012 年中国会展场馆综合分析

郑兆磊 *

摘　要：

截至 2012 年 12 月 31 日，中国有会展场馆 286 个，室内展览面积达到 852.48 万平方米、室外展览面积达到 491.14 万平方米、总展览面积达到 1343.62 万平方米、总建筑面积达到 3257.57 万平方米，除建筑面积外，其他指标增幅均达到 20% 左右。2012 年中国会展场馆建设力度与往年相比略微下降，但大型会展场馆建设力度加大，其中大型会展场馆的建设成为下一步会展场馆建设的重中之重。会展场馆的建设也存在一些较为突出的问题，建议会展场馆的建设要符合地方性经济发展的长远战略目标。

关键词：

会展场馆　展览面积

"十二五"规划为 2011～2015 年中国经济发展描绘出美好蓝图，而会展作为新兴的经济引擎，受到了各地政府的重视。作为会展发展的物质载体，场馆的建设就显得尤为重要。目前中国会展场馆建设的现状、进度和理性与否等相关资料相对较少，为此，我们以此为切入口，对中国会展场馆建设的现状进行了深入调研和分析，以期能为中国会展经济的发展尽绵薄之力。

---

* 郑兆磊，会展经济蓝皮书学术秘书。

鉴于会展场馆定义的复杂性，为了便于研究，我们对纳入考虑范围的会展场馆有如下筛选标准：若以展览为主要目的，那么室内场馆展览面积应在 3000 平方米以上（包括 3000 平方米）；若以举办会议为主要目的，要求相应会议中心举办的会议具有一定的影响力，会对当地经济、文化等产生较为深远的影响。

会展场馆的研究指标相对较多，也非常复杂，为了使研究具有可行性和有意义，我们选择会展场馆室内展览面积、室外展览面积、总展览面积和总建筑面积作为我们统计的指标，而室内展览面积更是我们的核心指标，接下来的相关深度分析一般以总展览面积和室外展览面积为辅，室内展览面积为主。

为了便于进一步描述，我们将中国地域分成六大区域，大致如下：华东地区（上海市、江苏省、浙江省、山东省、安徽省、福建省和江西省）、中南和港澳台地区（广东省、广西壮族自治区、海南省、河南省、湖南省、湖北省、香港、澳门和台湾）、西北地区（陕西省、宁夏回族自治区、甘肃省、青海省和新疆维吾尔自治区）、华北地区（北京市、天津市、河北省、山西省和内蒙古自治区）、东北地区（辽宁省、吉林省和黑龙江省）、西南地区（重庆市、四川省、贵州省和云南省）。

为了便于对会展场馆进行深入分析，我们将会展场馆的室内展览面积（Exhibition Square，ES，以后我们用 ES 代称会展场馆室内展览面积）分成 6 个档次，如表 1 所示。

表 1　会展场馆室内展览面积的划分明细

ES（平方米）	释　义
ES < 10000	会展场馆室内展览面积相对较小，在 1 万平方米以下
10000 < ES < 30000	会展场馆面积处于 1 万~3 万平方米，属于中小级别
30000 < ES < 50000	会展场馆面积处于 3 万~5 万平方米，属于中等级别
50000 < ES < 80000	会展场馆面积处于 5 万~8 万平方米，属于中等偏上级别
80000 < ES < 100000	会展场馆面积处于 8 万~10 万平方米，属于大型会展场馆级别
ES > 100000	会展场馆面积超过 10 万平方米，属于超大型会展场馆

我们着重从中国会展场馆现状总述、2012 年会展场馆新建角度进行分析以及中国六大地域会展场馆对比分析三个角度完成会展场馆的相关研究。

一　场馆现状总述

（一）会展场馆总体评述

截至 2012 年 12 月 31 日，中国会展场馆室内展览面积达到852.48 万平方米、室外展览面积达到491.14 万平方米、总展览面积达到1343.62 万平方米、总建筑面积达到3257.57 万平方米，同比分别增加 137.34 万平方米、88.38 万平方米、232.73 万平方米、251.35 万平方米，除建筑面积外，其他指标增幅均达到20%左右；数量方面，2012 年中国会展场馆总量达到286 个，比上年增加17 个，其中新建会展场馆14 个。从总体来看，室内展览面积1 万～3 万平方米的数量最多，达到124 个，其次是室内展览面积小于1 万平方米的，达到73 个，其他规模具体数量见图1。

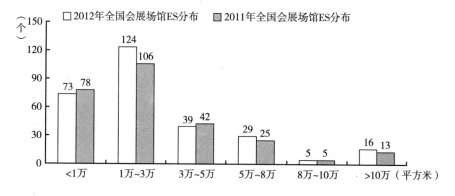

图1　2011、2012 年中国会展场馆 ES 分布对比

2012 年新增加的会展场馆集中分布在 3 万平方米以下，其中，1 万 ~ 3 万平方米的增加了 18 个，达到 124 个。值得一提的是，在新建会展场馆里面，有三个超大规模的会展场馆，室内展览面积均超过 10 万平方米，分别是上海跨国采购中心五角世贸商城、重庆国际博览中心和武汉国际博览中心，这些分布在不同地域的巨型会展场馆极大地促进了所在地域的会展经济的发展，为地方会展经济的进一步腾飞提供了很好的推手。

从数量和规模上来看，广东、山东、浙江、江苏、上海、北京排在全国前列。一如既往，广东省无论是在场馆数量上还是在室内展览以及总展览面积均排在第一位，而山东在三项指标上紧随其后。浙江、江苏两省在三项指标上不相上下，从场馆数量和室内展览面积上来看，浙江省略胜一筹，尤其是室内展览面积比江苏省多了 16 万平方米，总展览面积却比江苏省少了近 4 万平方米，屈居国内第 4 位。另外，上海市各项指标也相对靠前，虽然场馆总量上没有北京多，排在第 6 位，但是在室内展览面积和总展览面积上则稳居第 4 和第 5 位。从数量上来看，福建、河北、河南、广西分列第 7 ~ 10 位；从室内展览面积上来看，福建、河北、重庆、湖北相对靠后；在总展览面积上，河北、福建、重庆和湖北则依次排开，具体内容见表 2。

表2　2012 年全国各省市区会展场馆情况

单位：平方米

场馆数目前十位		室内展览面积前十位		总展览面积前十位	
省市名称	个数	场馆名称	面积	场馆名称	面积
广　东	39	广　东	1421533	广　东	2583325
山　东	30	山　东	862741	山　东	1404741
浙　江	27	浙　江	793163	江　苏	996618
江　苏	24	上　海	692465	浙　江	958613
北　京	18	江　苏	631167	上　海	857465
上　海	14	北　京	454626	北　京	711126
福　建	12	福　建	340586	河　北	615966
河　北	11	河　北	335966	福　建	579586
河　南	9	重　庆	278500	重　庆	549000
广　西	8	湖　北	248400	湖　北	442400

（二）会展场馆之最分析

以室内展览面积为指标对全国 286 个满足要求的会展场馆进行排名，发现前十名会展场馆室内展览面积总计 167.48 万平方米，占全国总量 286 个会展场馆室内展览面积的 19.48％，该比例显示出前十大会展场馆的贡献率之大。这些会展场馆有 4 个分布在华东、3 个分布在中南、2 个分布在西南，另外 1 个则处于华北的天津梅江，具体内容见表 3，更多数据及排名见附录 1。

表 3　中国 ES 排名前十的会展场馆

单位：平方米

地区	城市	场馆名称	建筑面积	室内展览面积	室外展览面积	总展览面积
中南	广 东	中国进出口商品交易会琶洲展馆	11100000	338000	43600	381600
华东	上海市	上海新国际博览中心	—	200000	100000	300000
华东	上海市	上海跨国采购中心五角世贸商城	480000	200000	20000	220000
西南	重 庆	重庆国际博览中心（悦来会展城）	429700	200000	190000	390000
中南	湖 北	武汉国际博览中心	470000	150000	40000	190000
华北	天 津	天津梅江国际会展中心	280000	126800	39000	165800
华东	山 东	青岛国际博览中心	220000	120000	60000	180000
中南	广 东	中国进出口商品交易会流花路展馆	170000	120000	10000	130000
华东	江 苏	南京国际博览中心	168000	110000	30000	140000
西南	四 川	成都世纪城新国际会展中心	120000	110000	20000	130000

总展览面积方面：排名前十位的十大会展场馆总展览面积达到 260.28 万平方米，占全国总展览面积的 19.27％，与室内展览面积所占比重相当。地域分布方面：这十大会展场馆中 4 个位于中南、3 个位于华东、2 个坐落于华北，另外 1 个则地处西南重庆，为 2012 年新建立的会展之作。具体内容见表 4。

表4　中国总展览面积排名前十的会展场馆

单位：平方米

地区	城市	场馆名称	建筑面积	室内展览面积	室外展览面积	总展览面积
西南	重　庆	重庆国际博览中心（悦来会展城）	429700	200000	190000	390000
中南	广　东	中国进出口商品交易会琶洲展馆	11100000	338000	43600	381600
中南	广　东	广州花城（国际）会展中心	80000	80000	260000	340000
华东	上　海	上海新国际博览中心	—	200000	100000	300000
华北	河　北	石家庄国际会展中心	160000	100000	125000	225000
华东	上　海	上海跨国采购中心五角世贸商城	480000	200000	20000	220000
中南	广　东	广东现代国际展览中心	—	100000	90000	190000
中南	湖　北	武汉国际博览中心	470000	150000	40000	190000
华北	北　京	九华国际会展中心	85300	66200	120000	186200
华东	山　东	青岛国际博览中心	220000	120000	60000	180000

大型会展场馆方面（包括大型和超大型会展场馆，即室内展览面积大于8万平方米）：全国范围内总计19个大型会展场馆，室内总展览面积高达271.5万平方米，占全国总量的31.57%。地域分布方面：华东总计9个，中南总计5个，华北总计3个，而另外2个则坐落于西南地区。

二　新建会展场馆分析

（一）2012年新建和在建会展场馆分析

2012年期间，中国共完成14个会展场馆的建设。所有会展场馆的总建筑面积达到214.18万平方米，室内展览面积达到62.75万平方米，室外展览面积约计26.27万平方米，总展览面积达到89.02万平方米。

表5　2012 年中国新建会展场馆明细

单位：平方米

城市	场馆名称	建筑面积	室内展览面积	室外展览面积	总展览面积
江苏	镇江体育会展中心	53900	6000	—	6000
浙江	宁波宁海国际会展中心	73600	13494	—	13494
山东	胶州市会展中心	38900	—	—	—
山东	鲁台会展中心	120000	—	—	—
山东	泰山国际会展中心	75000	16000	—	16000
山东	济宁邹城国际会展中心	54000	6000	—	6000
安徽	马鞍山市体育会展中心	70000	7000	—	7000
湖南	郴州国际会展中心	58100	6000	—	6000
湖北	武汉国际博览中心	470000	150000	40000	190000
新疆	克拉玛依会展中心	30200	11000	12700	23700
河北	张家口市文化艺术会展中心	188400	—	—	—
重庆	重庆国际博览中心（悦来会展城）	429700	200000	190000	390000
上海	上海跨国采购中心五角世贸商城	480000	200000	20000	220000
四川	新世纪环球中心	12000	—	12000	

　　值得注意的有三点：①2012 年会展场馆建设数目不多但是大型和超大型会展场馆建设引人注目。②湖北武汉国际博览中心和重庆国际博览中心的竣工有着特殊的意义。在中国中西部和东北地区，大型会展场馆制约了发展，很多原来的全国性会展中心也因此错过了会展经济发展的良机，在会展经济地方性带动方面倍感压力，比如武汉，作为中国曾经的四大会展经济之都之一，由于没有会展场馆的硬件支持，武汉会展经济的地位在过去的几年里不断下降。而超大型国际博览中心的竣工扭转了这一颓势，效果立竿见影，目前武汉国际博览中心成为很多展商举办展览的首选。随着会展经济竞争的激烈化，我们可以预见未来中西部大型会展场馆的新建和扩建浪潮即将到来。③山东省会展场馆建设力度不减，2012 年山东省完成了 4 个会展场馆建设，虽然这些会展场馆规模均较小，但是山东省会展场馆个数已经攀升到了 30 个，位居全国第 2。2011 年和 2012 年山东省完成了将近 9 个会展场馆的建设，这种力度在全国是罕见的。目前，山东省在建的

会展场馆仍然有 1 个。另外,仔细观察这些会展场馆的所属地,可以发现分布在山东省各个地区,这种场馆建设的力度以及会展场馆分布的多样化反映了山东省会展经济的发达,但是山东省目前缺少大型会展场馆。目前山东省境内仅青岛国际博览中心室内展览面积达到 8 万平方米以上,这与上海、广东等会展经济大省市相比有所欠缺。可以预见山东省必将在未来加强大型会展场馆的建设。

据不完全统计,2012 年中国完成 4 个会展场馆的扩建工作,它们分别是扬州国际展览中心、合肥滨湖国际会展中心、青海省国际展览中心和天津梅江国际会展中心,其中不乏天津梅江国际会展中心这样的大作。

表6　2012 年完成扩建的四个主要会展场馆

单位:平方米

场馆名称	建筑面积	室内展览面积	室外展览面积	总展览面积
扬州国际展览中心	44000	15000	4000	19000
合肥滨湖国际会展中心	179600	90000	16147	106147
青海省国际展览中心	46800	25000	10080	35080
天津梅江国际会展中心	280000	126800	39000	165800
合　计	550400	256800	69227	326027

根据上述信息,总体来讲,2012 年中国完成 14 个会展场馆建设,4 个场馆扩建,建筑面积增加 235.08 万平方米,室内展览面积增加 69.26 万平方米,室外展览面积增加 26.27 万平方米,总展览面积增加 95.53 万平方米,建设力度与往年相当。

表7　2012 年中国在建成扩建会展场馆数目

单位:个

省市	浙江	山东	上海	辽宁	安徽	广西	四川
场馆数目	2	1	1	3	1	2	1
省市	湖北	黑龙江	天津	台湾	江西	西藏	全国共计
场馆数目	1	2	1	1	1	1	18

在综合分析了上述信息之后，我们给出了中国 2012 年会展场馆建设的总体情况，从中可以发现，2012 年中国共有 18 个正在进行建设和扩建的会展场馆，大致分布见表 7，具体细节见附录。与往年不同的是，黑龙江和辽宁共有 4 个在建的会展场馆，占据了总数的近三成，虽然在 2012 年，中国东北三省在新建成会展场馆方面没有举动，在建的会展场馆数目却值得注意；另外，需要注意的是，上海大虹桥国际会展中心的建设。该展馆展览面积约 50 万平方米，建筑面积约 120 万平方米，建成后将是目前世界上规模最大、水平最高的国际会展中心。

另外，全国范围内规划建设的会展场馆有 6 个，具体内容见附录 2。

（二）2012 年新建会展场馆地域性分析

2012 年中国共完成 14 个会展场馆的建设工作，而尤以华东地区居多，室内总展览面积达到 62.75 万平方米，总展览面积达到 89.02 万平方米。在两项指标方面，华东地区和西南地区分别排名在前两位，西南地区主要得益于武汉新国际博览中心的建成，具体内容见表 8。

表 8   2012 年中国六大地区新建会展场馆个数及 ES 明细

单位：平方米

地区	组成	场馆个数	室内总展览面积	总展览面积
华东	上海,江苏,浙江,山东,安徽,福建,江西	8	248494	268494
中南	广东,广西,湖南,河南,海南,湖北,港澳台	2	156000	196000
西北	陕西,宁夏,甘肃,青海,新疆	1	11000	23700
华北	北京,天津,河北,山西,内蒙古	1	—	—
东北	辽宁,吉林,黑龙江	0	0	0
西南	重庆,四川,贵州,云南	2	212000	402000
总 计	全国	14	627494	890194

2008～2012 年，中国共计完成了 72 个会展场馆的建设，其中在
2010 年会展场馆的建设浪潮达到高峰，完成 23 个会展场馆的建设。
而 2011 年和 2012 年完工会展场馆逐渐下滑，在此期间，中国分别完
成 17 个和 14 个会展场馆的建设。但是这两年完成的大型会展场馆建
设相对较多，天津梅江国际会展中心在 2012 年也进行了二期的建设，
并且取得完工。从目前来看，场馆扩建和大型会展场馆建设是未来会
展场馆建设的趋势，具体内容见表 9。

表 9 2008～2012 年中国新建会展场馆及 2012 年在建场馆明细

单位：平方米

地　区	2008 年	2009 年	2010 年	2011 年	2012 年	2012 年在建场馆
华　东	3	6	10	5	8	6
中　南	3	1	5	7	2	4
西　北	1	0	1	2	1	1
华　北	2	1	5	1	1	1
东　北	0	2	2	1	0	5
西　南	0	0	0	1	2	1
2008～2012 年年完工场馆数目	9	9	23	17	14	18

而具体从六大地区角度进行分析，华东和中南地区的会展场馆建
设一直居全国前列，引领着全国会展场馆的建设，具体内容见表 10。

表 10 2012 年中国六大地区会展场馆 ES 等指标基本情况

单位：平方米

地区	组成	场馆个数	室内总展览面积	室外总展览面积	总展览面积
华东	上海，江苏，浙江，山东，安徽，福建，江西	117	3555089	1572098	5142177
中南	广东，广西，湖南，河南，海南，湖北，港澳台	77	2471725	1833892	4305617
西北	陕西，宁夏，甘肃，青海，新疆	15	345080	211222	608922
华北	北京，天津，河北，山西，内蒙古	43	1192773	755500	1948273
东北	辽宁，吉林，黑龙江	16	380703	196800	577503
西南	重庆，四川，贵州，云南	18	653752	337700	991452
总　计	全国	286	8599122	4907212	13516237

三　会展场馆区域性分析

在完成了中国会展场馆的基本面分析之后，接下来从六大地域各个城市对会展场馆进行全方位的分析，以便于从地域角度了解中国会展场馆的建设情况。

（一）会展场馆区域性分析综述

华东、中南、西北、华北、东北、西南六大地区会展场馆数量以及室内展览面积等指标分布迥异。其中，华东地区拥有 117 个会展场馆，占全国总量的 40.91%，其次，中南地区总计 77 个会展场馆，占全国的三成左右；而华北地区凭借北京市巨大的会展经济优势，拥有 43 个会展场馆，占据全国总数的 15.03%；西南、东北、西北则分列第四、第五、第六位，具体内容见图 2。从室内展览面积来看，华东地区优势依然明显，355.51 万平方米的室内展览面积占全国的 41.34%。而中南地区由于广州的巨大优势也以 247.17 万平方米的室内展览面积占全国的 28.74%。华北地区室内展览面积约计 119.28 万平方米，位居全国第三，西南、东北、西北则仍然位居全国第四、第五、第六位，具体内容见图 3。在总展览面积方面，六大地区的排名和占比与室内展览面积相同，在这里不再赘述。

在本文开篇我们将展馆的室内展览面积分成 6 个档次从 "＜1 万平方米" 的小型会展场馆到 "＞10 万平方米" 的超大型会展场馆。从该点切入对全国 286 个会展场馆进行划分。综合分析可以得知，全国的会展场馆集中分布在 3 万平方米以下，总计 197 个，占全国的 69%，而尤以 1 万~3 万平方米的会展场馆居多，该范围内会展场馆总计 124 个，占全国的 43.36%。大型和超大型会

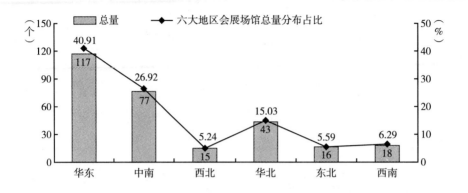

图2　六大地区各区展馆总量及占比

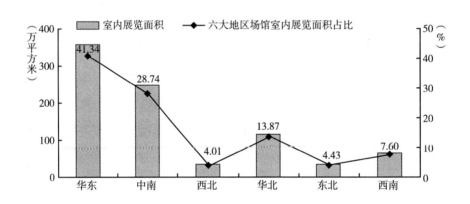

图3　六大地区各区展馆室内展览面积总和及占比

展场馆相对较少，其中8万～10万平方米的超大型会展场馆总计5个，10万平方米以上的场馆总计16个。这些大型和超大型会展场馆大多分布在北上广地区，中西部和东北地区相对较少，限制了地方性会展经济的发展。这些地区也有大型之作，仔细分析可以发现这些地区的大型会展场馆均是近3年左右建造成的，例如，重庆国际博览中心和武汉国际博览中心就是新力作，这从一个侧面反映了目前会展场馆建设的风向和力度。具体内容见表11。

表 11　2012 年中国六大地区会展场馆 ES 等指标基本情况

单位：个

ES 范围	华东	中南	西北	华北	东北	西南	全国
ES < 10000	24	25	5	11	4	4	73
10000 < ES < 30000	56	25	8	19	8	8	124
30000 < ES < 50000	16	11	1	7	2	2	39
50000 < ES < 80000	12	10	1	3	1	2	29
80000 < ES < 100000	4	1	0	0	0	0	5
ES > 100000	5	5	0	3	1	2	16
总　计	117	77	15	43	16	18	286

　　接下来以展馆面积为维度，对六大地区进行对比，共计有 6 个维度（展馆面积分成六个档次）。以"ES < 1 万平方米"维度进行阐述，华东地区有 24 个展馆面积小于 1 万平方米的会展场馆，占据了该地区所有场馆的 20.51%，以此原理得到其他相关数据。这样做的目的是为了进一步对比各个地区不同规模的会展场馆在该地区占比与全国其他地区的差异度，进而反映该地区各个规模的会展场馆在全国的分布情况。结果发现，除"ES < 1 万平方米"维度外，华东地区在其他各个维度的指标均排名第一，这反映了华东地区的会展场馆不仅在总量上具有明显优势，在会展场馆不同面积范围内也具有明显优势，尤其是在大型和超大型会展场馆以及"1 万平方米 < ES < 3 万平方米"维度方面该地区更是独占鳌头，其中满足"1 万平方米 < ES < 3 万平方米"维度的场馆共计 56 个，占该地区总量的 47.86%，占全国范围内满足此条件的 45% 左右；8 万平方米以上的会展场馆全国共计 21 个，而华东地区共有 9 个，占据了将近半壁江山。此外，中南地区和华北地区在六大维度方面也表现较为突出。

（二）会展场馆区域性分述

1. 华东地区分析

截至 2012 年底，中国华东地区共计 117 个会展场馆，室内展览面积和总展览面积分别是 355.51 万平方米和 514.22 万平方米，分别占全国室内展览面积和总展览面积的 41.34% 和 39.09%，居全国前列。华东地区在 2012 年新增 8 个会展场馆，其中山东省完成 4 个会展场馆的建设，而上海、浙江、江苏、安徽分别完成 1 个，江西和福建没有新举动。这些新建会展场馆室内总展览面积达到 24.85 万平方米，总展览面积达到 26.85 万平方米。在新建会展场馆方面，山东省完成了 4 个会展场馆的建设，位居第一，具体内容见表 12、表 13。

表 12   2012 年华东地区会展场馆 ES 等指标基本情况

单位：个

ES（平方米）	上海	江苏	浙江	山东	安徽	福建	江西	华东地区
< 10000	4	10	4	3	2	1	0	24
10000 ~ 30000	6	8	12	18	1	7	4	56
30000 ~ 50000	0	1	6	5	2	2	0	16
50000 ~ 80000	1	4	3	3	0	1	0	12
80000 ~ 100000	1	0	1	0	1	1	0	4
> 100000	2	1	1	1	0	0	0	5
总　计	14	24	27	30	6	12	4	117
新建会展场馆	1	1	1	4	1	0	0	8
在建会展场馆	1	—	2	1	1	—	1	6

表 13   华东地区各省市会展场馆室内、室外、总展览面积等指标明细

单位：平方米

城市	建筑面积	室内展览面积	室外展览面积	总展览面积
上海	1535410	692465	165000	857465
江苏	1873989	631167	365451	996618
浙江	244635	793163	126800	958613
山东	236700	862741	542000	1404741
安徽	429437	179017	77847	258847
福建	1048512	340586	240000	580586
江西	238000	44000	55000	99000

上海、浙江、江苏、山东均是中国的会展大省（各项指标均排名全国前六，前面有具体介绍，在这里不再赘述），引领着全国的会展场馆建设。从构成来看，ES 在 1 万 ~ 3 万平方米的会展场馆总计 56 个，占据了总量的半壁江山，而大型会展场馆也不乏力作，其中大型会展场馆共计 4 个，占全国的 80%，超大型会展场馆总计 5 个，占全国的 33% 左右，而且华东地区的大型会展场馆地域分布相对分散，较为合理，避免了不必要的竞争，有利于该地区会展经济的发展。

在这里，需要着重强调一下，上海市会展场馆的建设和发展。作为长江三角洲的龙头城市和亚洲会展之都，上海已经形成较大规模的会展经济。而尤其需要引起注意的是，上海大虹桥国家会展中心的建设，该展馆展览面积约 50 万平方米，建筑面积约 120 万平方米，在展览规模和体量上大约相当于 3 个上海新国际博览中心，建成后将是目前世界上规模最大、水平最高的国际会展中心。这必将进一步增强上海市的会展经济竞争力，对世界会展经济格局也将产生一定的影响。

目前，上海跨国采购中心五角世贸商城、中国博览会会展综合体、大虹桥会展中心项目均已启动，每一个都是国际级别的会展场馆。在未来几年内，随着这批巨型会展场馆的建成，上海市将形成"东西联动、错位竞争、优势互补"的新格局。这将为中国会展的发展树立起一个全新的标杆。

另外，山东省会展场馆建设的力度和分布需要进一步剖析。截至 2012 年底，山东省共计拥有 30 个会展场馆，室内展览面积也高达 86.27 万平方米，位居全国第二。对比分析山东省的会展场馆可以发现，山东省会展场馆的地域分布广泛，这一点与中国其他会展大省形成鲜明的对比，地域分布广泛有益于地方性会展经济的发展，可以提高会展场馆的利用效率，同时避免不正当竞

争。其他省市应该在这一点上进一步完善自己，以提升会展竞
力。

目前该地区共有 6 个会展场馆处于建设当中，其中，浙江有 2
个，上海、山东、安徽和江西分别有 1 个处于建设当中。

2. 中南地区及港澳台会展场馆分析

中国中南和港澳台地区共有展览场馆 77 个，总展览面积达
430.48 万平方米，占中国场馆总展览面积的 31.88%；室内展览面积
为 247.17 万平方米，占中国室内总展览面积的 28.74%。其中，总展
览面积比例与上年持平，而室内展览面积占比同比下降 3 个百分点左
右。该地区会展场馆以中小型为主，符合当地会展经济发展的特点，
同时该地区大型会展场馆相对较多，8 万 ~ 10 万平方米以及 10 万平
方米以上的会展场馆分别为 1 个和 5 个，尤其是超大型会展场馆的数
目遥遥领先于全国其他省市。室内展览面积最大的中国进出口商品交
易会琶洲展馆就位于广州市，室内展览面积高达 33.8 万平方米，具
体内容见表 14、表 15。

表 14　2012 年中南地区及港澳台会展场馆 ES 等指标基本情况

单位：个

ES（平方米）	广东	广西	海南	河南	湖南	湖北	港澳台	中南地区
<10000	12	2	1	4	1	2	3	25
10000 ~ 30000	13	5	1	3	1	2	0	25
30000 ~ 50000	6	0	1	1	1	0	2	11
50000 ~ 80000	3	1	0	1	1	1	3	10
80000 ~ 100000	1	0	0	0	0	0	0	1
>100000	4	0	0	0	0	1	0	5
总　　计	39	8	3	9	4	6	8	77
新建场馆数	—	—	—	—	1	1	—	2
在建场馆数	—	2	—	—	—	1	1	4

表 15　中南地区各省市会展场馆室内、室外、总展览面积等指标明细

单位：平方米

城市	建筑面积	室内展览面积	室外展览面积	总展览面积
广东	13605876	1421533	1162592	2584125
广西	452688	143600	32500	176100
海南	103572	52601	40800	93401
河南	340300	129100	310000	439100
湖南	206100	102500	105000	207500
湖北	772100	248400	194000	442400
台湾	11000	98170	1000	99170
香港	325202	136968	0	136968
澳门	0	76453	0	76453

　　中南地区会展场馆实力的雄厚得益于广东省会展经济的强大。作为中国会展经济发展的领头羊，广东省 39 个会展场馆分布在广东省 12 个城市，分布范围非常合理，其中，广州市有 12 家会展场馆。而展览面积方面，广东省会展场馆的室内展览面积达到 142.15 万平方米，室外展览面积达到 116.26 万平方米，总展览面积达到 258.41 万平方米，分别占全国相对指标总量的 16.67%、23.65% 和 19.11%，广东省展馆室内展览面积和室外展览面积相对较为平衡的现象在全国范围内也是少见的。

　　除广东省外，中南地区的其他省份会展业发展力度有所欠缺。河南和广西分别有 9 个和 8 个会展场馆，多以中小型为主。而海南省虽小，会展场馆的建设力度却非常大，2011 年新建的海南国际会展中心室内展览面积 3.78 万平方米，室外展览面积 2.5 万平方米，该会展中心的建成极大地提高了海南省的会展水平。

　　2011 年，中南地区新建成会展场馆 2 个，为湖北和湖南各完成一个会展场馆的建设，远低于 2011 年完成 8 个新建场馆的水平。但是需要注意的是，武汉国际博览中心室内展览面积为 15 万平方米、室外展览面积 4 万平方米，总建筑面积高达 47 万平方米，一举奠定

了武汉在中国会展业的重要地位。

而 2012 年正在进行建设或者扩建的会展场馆有 4 个，其中广西 2 个，分别是柳州会展中心和新南宁国际会展中心，湖北在建的宜昌三峡国际会展中心于 2009 年底动工，目前仍然在建设当中。而台湾地区台北南港展览馆二期于 2012 年 7 月开始扩建，扩建后规模扩大一倍。

在这里我们对港澳台地区会展经济的发展进行简单介绍。

2012 年，港澳台会展场馆在新建方面没有举动。香港会展场馆室内展览面积约为 13 万平方米，其中香港会议展览中心和香港亚洲国际博览馆的室内展览面积均在 6 万平方米左右；澳门威尼斯人会议展览中心作为澳门标志性的会议展览场馆，室内展览面积达 7.46 万平方米；台湾的会展也非常发达，目前拥有高雄世贸展览中心、台北世界贸易中心、台北世界贸易中心南港展览馆 3 家比较专业的会展中心，室内展览面积为 9.9 万平方米。其中台北世界贸易中心曾是世界上使用率第一的展览馆。台北世界贸易中心南港展览馆的室内展览面积约为 9 万平方米。

虽然近年来港、澳、台三地并没有投资建设新的会展场馆，但是凭借其健全的会展法律法规和成熟的会展运行模式，三地的会展专业水平一直很高。总之，依托珠三角庞大的进出口市场，凭借珠江口的广州、深圳、东莞、珠海的带动力，香港、澳门、台湾的会展业必将取得长足发展。

3. 西北地区会展场馆建设分析

西北地区共有展览场馆 15 家，室内总展览面积 34.51 万平方米，总展览面积 56.90 万平方米，分别占全国的 4.1% 和 4.51%。西北地区没有大型会展场馆，5 万 ~8 万平方米的中等偏上规模的会展场馆仅有 1 个，即位于陕西的曲江国际会展中心，室内展览面积达到 6.6 万平方米，室外展览面积达到 3.05 万平方米，总展览面积约计 9.65 万平方米，其他 14 个均为小规模会展场馆，具体内容见表 16、表 17。

表 16　2012 年西北地区会展场馆 ES 等指标基本情况

单位：个

ES（平方米）	陕西	宁夏	青海	新疆	甘肃	西北地区
<10000	1	2	0	2	0	5
10000～30000	2	1	1	2	2	8
30000～50000	1	0	0	0	0	1
50000～80000	1	0	0	0	0	1
80000～100000	0	0	0	0	0	0
>100000	0	0	0	0	0	0
总　计	5	3	1	4	2	15
新建场馆数	—	—	—	1	—	
在建场馆数	0	0	0	0	0	0

表 17　西北地区各省市会展场馆室内、室外、总展览面积等指标明细

单位：平方米

城市	建筑面积	室内展览面积	室外展览面积	总展览面积
陕西	422000	142480	99492	241972
宁夏	90500	27600	2000	29600
新疆	209200	101000	102350	203350
甘肃	143652	49000	10000	59000
青海	46800	25000	10080	35080

　　与全国其他各地相比，整个西北地区近几年来会展场馆建设相对缓慢。其中，2008 年竣工的有西安绿地笔克国际会展中心，其室内总展览面积约为 1.8 万平方米。2010 年竣工的有甘肃国际会展中心，总展览面积 3 万平方米。而 2011 年仅有一家会展场馆竣工，即新疆国际会展中心。2012 年，西北地区新建会展场馆较少，仅新疆新建 1 个会展场馆，即克拉玛依会展中心，该会展场馆室内展览面积 1.1 万平方米，室外展览面积 1.27 万平方米。近两年新疆屡有新作，在会展场馆方面的投入相对较大。

值得注意的是，西藏正在进行西藏会展中心的建设。西藏是目前中国唯一一个没有会展中心的省份。该会展中心总投资约5.4亿元，规划占地478.8亩，包括2个展馆、1个室外展场，于2012年4月份开始动工。

目前西北地区没有在建会展场馆。

4. 华北地区会展场馆建设分析

华北地区共有展馆43家，总展览面积为187.68万平方米，室内展览面积为119.28万平方米，这两项指标在六大地区中均排在中游水平，全国总量占比分别为13.90%和13.87%。而作为华北地区会展的核心城市，北京市会展场馆的总展览面积、室内总展览面积均占华北地区的40%左右，具体数据见表18、表19。整个华北地区大型会展场馆有3个，均为超大型会展场馆，分别是天津梅江国际会展中心、中国国际展览中心和石家庄国际会展中心，室内展览面积分别达到12.68万平方米、10.68万平方米和10万平方米。其中，天津梅江国际会展中心在2012年进行了二期扩建，目前已经完工。

表18 2012年华北地区会展场馆 ES 等指标基本情况

单位：个

ES(平方米)	北京	天津	河北	山西	内蒙古	华北地区
<10000	8	0	1	2	0	11
10000~30000	5	2	7	2	3	19
30000~50000	2	1	1	1	2	7
50000~80000	2	0	1	0	0	3
80000~100000	0	0	0	0	0	0
>100000	1	1	1	0	0	3
总 计	18	4	11	5	5	43
新建场馆数	—	—	1	—	—	1
在建场馆数	—	1	—	—	—	1

表 19　华北地区各省市会展场馆室内、室外、总展览面积等指标明细

单位：平方米

城市	建筑面积	室内展览面积	室外展览面积	总展览面积
北　京	1282300	454626	256500	711126
天　津	569000	210180	41000	251180
河　北	1606328	335966	280000	615966
山　西	140901	87901	57000	144901
内蒙古	225100	104100	103000	207100

　　华北地区会展场馆相关情况的突出得益于北京市会展经济的发展。北京市拥有 18 个会展场馆，且规模分布相对均匀，室内展览面积达到 45.46 万平方米，总展览面积达到 71.11 万平方米。奥运会之后，北京市一直没有进行新的会展场馆的建设，只是在不断提高已有会展场馆的利用率。但为了满足会展经济发展的进一步需求，北京市决定自 2013 年起开始进行中国国际展览中心新馆二期的建设，新国展项目二期规划总占地面积约 1182 亩，规划建设面积约 24 万平方米，拟投资 30 亿元，主要建设 8 个室内展馆及 15 万平方米室外展场。

　　近年来，华北地区的会展场馆建设力度相对较小。2011 年华北地区新建成的会展场馆只有山西国际会展中心，于 2011 年 9 月竣工。2012 年河北省完成了张家口市文化艺术中心的建设，其他鲜有动作。

　　在建会展场馆方面，天津国家会展中心于 2012 年 5 月开始动工。

5. 东北地区会展场馆建设分析

　　东北地区共有会展场馆 16 家，辽宁、吉林和黑龙江分别有 7 家、5 家和 4 家，总展览面积达到 57.75 万平方米，室内展览面积达到 38.07 万平方米，具体数据和规模见表 20、表 21。从规模上来说，辽宁省位居东北地区第一，室内展览面积和总展览面积分别占东北地区总量的 53% 和 50% 左右。本地大型会展场馆有一处——沈阳国际展览中心，室内展览面积达到 10.52 万平方米，室外展览面积约计 5 万

平方米,居中国大型会展场馆第十三位。其他会展场馆面积相对较小,3万平方米以下的会展场馆有12个,占比75%,而5万~8万平方米的会展场馆有一个,即哈尔滨国际会展体育中心,室内展览面积达到5.65万平方米,室外展览面积达到5万平方米。

表20　2012年东北地区会展场馆 ES 等指标基本情况

单位:个

ES(平方米)	辽宁	吉林	黑龙江	东北地区
<10000	1	2	1	4
10000~30000	4	2	2	8
30000~50000	1	0	1	2
50000~80000	0	0	1	1
80000~100000	0	0	0	0
>100000	1	0	0	1
总　　计	7	4	5	16
新建场馆数	—	—	—	0
在建场馆数	3	—	1	4

表21　东北地区各省市会展场馆室内、室外、总展览面积等指标明细

单位:平方米

城　　市	建筑面积	室内展览面积	室外展览面积	总展览面积
吉　林	163800	36400	48800	85200
黑龙江	346745	129203	65000	194203
重　庆	608700	278500	270500	549000

新建会展场馆方面,2011年吉林省新落成长春国际会展中心,辽宁省、黑龙江省在这方面均没有变化。而2012年东北地区没有新建成的会展场馆。

虽然2012年在新建会展场馆方面东北地区没有动作,但是东北地区有4处会展场馆处于建设当中,分别是辽宁省的宁发·欧亚春城暨国际会展中心、鲅鱼圈会展中心和华南城以及黑龙江的中国哈尔滨国际农业博览中心。

综合来说，辽宁省、黑龙江省会展场馆室内面积分布相对均匀，大中小型会展场馆兼备，而吉林省大型会展场馆则有所欠缺。

6. 西南地区会展场馆建设分析

2012 年，中国西南地区拥有展览场馆 18 家，总展览面积达 99.15 万平方米，其中，室内面积达 65.38 万平方米，室外展览面积达 33.77 万平方米，比上年有较大幅度的增加。这主要得益于重庆国际博览中心的建成。该地区会展场馆规模分布相对较为合理，超大型会展场馆有 2 处，分别是重庆国际博览中心和成都世纪城新国际会展中心，重庆国际博览中心的室内展览面积达到 20 万平方米，室外展览面积达到 19 万平方米；而成都世纪城新国际会展中心的室内展览面积约计 11 万平方米，总展览面积达到 13 万平方米。具体数据见表 22、表 23。

表 22　2012 年西南地区会展场馆 ES 等指标基本情况

单位：个，平方米

ES 范围	重庆	四川	贵州	云南	西南地区
<10000	2	1	0	1	4
10000～30000	1	4	2	1	8
30000～50000	1	0	0	1	2
50000～80000	0	1	1	0	2
80000～100000	0	0	0	0	0
>100000	1	1	0	0	2
总　计	5	7	3	3	18
新建场馆数	1	1	—	—	2
在建场馆数	—	1	—	—	1

表 23　西南地区各省市会展场馆室内、室外、总展览面积等指标明细

单位：平方米

城市	建筑面积	室内展览面积	室外展览面积	总展览面积
重庆	608700	278500	270500	549000
四川	225000	224000	35000	259000
贵州	201900	81800	0	81800
云南	185589	69452	32200	101652

而四川作为中国西南地区的会展重地，成为当地会展经济发展的动力所在。四川拥有 7 家会展场馆，室内展览面积达 22 万平方米，总展览面积 25.90 万平方米，成都占据了其中的 6 家，室内展览面积约计 20 万平方米，优势非常明显。随着重庆国际博览中心的落成，重庆的会展场馆又有了进一步的发展。

新建会展场馆方面，2010 年末贵阳国际会展中心落成，2011 年贵州奥体中心落成。2012 年四川完成了新世纪环球中心的建设，重庆完成了重庆国际博览中心的建设。其中重庆国际博览中心室内展馆使用面积 20 万平方米，展馆共设 16 个展厅，南北各布置 8 个展厅，极大地缓解了中国内陆地区大型会展场馆相对不足的窘境。

在建的会展场馆方面，四川省正在加紧进行中国西部国际博览城的建设。该项目位于双流县兴隆镇，于 2012 年 9 月奠基，项目预计总投资 200 亿元，包含国际展览展示中心、国际会议中心等部分。

四　总结

总体上来讲，2012 年中国会展场馆建设力度与往年相比略微下降，但大型会展场馆建设力度加大，其中大型会展场馆的建设将成为下一步会展场馆建设的重中之重，武汉、成都、重庆等内地相关超大型会展场馆的建成利于巩固地域性会展经济的优势，对建设地域性会展中心起到很好的推动作用；广东省、山东省会展场馆数目众多，且地域分布非常合理，有利于地方会展经济的发展，也有利于避免场馆间的不良竞争，为其他省市会展经济的发展起到标杆作用；作为国际化大都市，上海拥有众多先进会展场馆，2012 年开始建设的大虹桥国际会展中心将极大地推动上海市会展经济的发展，改变中国会展经济的格局；2012 年西藏会展中心终于迎来了自己的动工之日，这意味着中国最后一个没有会展场馆的省份将实现零的突破，在中国会展经济发展过程中留下具有浓墨重彩的一笔。

另外，课题组在研究过程中发现会展场馆的建设也存在一些较为突出的问题，在这里提出是希望对中国会展场馆建设、会展经济发展起到推动作用：①会展场馆的建设不应该成为地方政府拉动 GDP 的工具，一些地方政府应届领导班子为了完成任期内的任务，提高自己的政绩，大兴大型会展场馆建设，而建成之后的利用效率却很低。②一些会展场馆建设的周期相对较长，与期初安排脱节严重。某些会展场馆在项目初期大肆宣传，以期吸引眼球，但是在得到相应资金之后，项目建设进行得非常缓慢，较长的建设战线导致后来"拼成"的会展场馆成为豆腐渣工程。这要求我们在项目招标、落地等方面要做好充分的考察研究工作。③会展场馆建设的用途要符合地方性经济发展的长远战略目标。会展经济是一个国家、省市经济发展的风向标，会展场馆是会展经济发展的硬件设施。因此，会展场馆建设的长远用途必须符合地方性经济发展的要求，而不仅仅是好大喜功、大兴土木，结果成为市政经济发展中的一大败笔。

五　附录

附录 1　室内面积前二十位的大型会展场馆具体情况

单位：平方米

地区	城市	场馆名称	建筑面积	室内展览面积	室外展览面积	总展览面积
中南	广东	中国进出口商品交易会琶洲展馆	11100000	338000	43600	381600
华东	上海市	上海新国际博览中心	0	200000	100000	300000
华东	上海市	上海跨国采购中心五角世贸商城①	480000	200000	20000	220000
西南	重庆	重庆国际博览中心(悦来会展城)①	429700	200000	190000	390000
中南	湖北	武汉国际博览中心①	470000	150000	40000	190000
华北	天津	天津梅江国际会展中心②	280000	126800	39000	165800
华东	山东	青岛国际博览中心	220000	120000	60000	180000
中南	广东	中国进出口商品交易会流花路展馆	170000	120000	10000	130000

续表

地区	城市	场馆名称	建筑面积	室内展览面积	室外展览面积	总展览面积
华东	江苏	南京国际博览中心	168000	110000	30000	140000
西南	四川	成都世纪城新国际会展中心	120000	110000	20000	130000
华北	北京	中国国际展览中心新馆	200000	106800	50000	156800
东北	辽宁	沈阳国际展览中心(新馆,旧馆已进入拆除阶段)	165000	105200	50000	155200
中南	广东	深圳会议展览中心	280000	105000	0	105000
华东	浙江	横店国际商贸城会展中心	380000	100000	0	100000
中南	广东	广东现代国际展览中心	0	100000	90000	190000
华北	河北	石家庄国际会展中心③	160000	100000	125000	225000
华东	浙江	义乌新国际博览中心	240408	93200	20000	113200
华东	安徽	合肥滨湖国际会展中心②	179600	90000	16147	106147
华东	上海市	上海世博主题馆	143000	80000	0	80000
华东	福建	福州海峡国际会展中心	386420	80000	0	80000
中南	广东	广州花城(国际)会展中心	80000	80000	260000	340000

注：①2012 年新建的会展场馆。

②场馆在 2012 年发生了扩建或者改建导致室内展览面积发生变化。

③往年统计分析过程中被遗漏的场馆。

附录2　2012 年中国新建、在建以及规划建设会展场馆具体明细

单位：平方米

城市	场馆	规划	在建	建成	遗漏	室内	室外	总建筑面积
浙江(5)	宁波国际贸易展览中心				○	2.7 万		14 万
	奥体博览城国际博览中心		○			6 万	0.6 万	84 万
	宁波国际会议展览中心	○						
	宁波宁海国际会展中心		○			1.35 万		7.37 万
	温州国际会议展览中心		○			2.7 万		5.4 万
江苏(2)	镇江体育会展中心			○		0.6 万		5.39 万
	扬州国际展览中心二期			○		0.7 万		2.9 万
上海(2)	大虹桥会展中心		○			50 万		120 万
	上海跨国采购中心五角世贸商城			○		20 万	2 万	48 万
广东(2)	深圳第二会展中心	○						
	华南城国际会展中心			○		0.8 万		
山东(5)	泰山国际会展中心			○		1.6 万		7.5 万
	济南西客站会展中心		○					15 万
	济宁邹城国际会展中心			○				5.4 万
	鲁台会展中心			○				12 万
	胶州市会展中心			○		3.89 万		12 万

续表

城市	场馆	规划	在建	建成	遗漏	室内	室外	总建筑面积
安徽(2)	马鞍山市体育会展中心			○		0.7 万		7 万
	合肥滨湖国际会展中心		○			6 万		12 万
四川(2)	新世纪环球中心			○		1.2 万		
	中国西部国际博览城		○					
重庆(1)	重庆国际博览中心			○		20 万	19 万	42.97 万
湖南(2)	长沙国际会展中心	○						
	郴州国际会展中心			○				5.81 万
辽宁(3)	宁发·欧亚春城暨国际会展中心		○					
	鲅鱼圈会展中心		○					6.35 万
	华南城		○					
黑龙江(2)	中国哈尔滨国际农业博览中心		○					20 万
	大庆国际会展中心		○					5.58 万
新疆(1)	克拉玛依会展中心			○		1.1 万	1.27 万	3.02 万
河北(2)	石家庄国际会展中心				○	14.4 万		26 万
	张家口市文化艺术会展中心			○				18.84 万
江西(1)	南昌国际博览中心		○					
湖北(2)	武汉国际博览中心			○		15 万	4 万	47 万
	宜昌三峡国际会展中心		○			4.5 万		70 万
山西(1)	晋城国际会展中心	○						22 万
广西(3)	北海"银滩一号"国际会展中心				○			7.3 万
	柳州会展中心		○					
	新南宁国际会展中心		○			6 万		30 万
台湾(1)	台北南港展览馆二期		○			2.5 万		
西藏(1)	西藏会展中心		○					
北京(2)	中国国际展览中心新馆	○						
	北京光华路五号国际会展中心				○	1.27 万		
天津(2)	天津国家会展中心							
	梅江会展中心二期				○	7.18 万		28.23 万
吉林(1)	长春国际会展中心			○				
内蒙古(1)	包头国际会展中心				○	3.01 万		5.21 万
云南	昆明新国际展览中心	○						

注：鉴于统计口径以及数据的翔实情况难以获得，有些场馆的相关数据没能获得。

B.6
2012 中国会展教育发展报告

丁萍萍*

摘　要：

自 2004 年起，笔者对中国会展学历教育发展态势进行了跟踪研究，并于 2005 年和 2009 年发表分析文章，2011 年和 2012 年连续在"中国职业教育与会展业创新发展对话活动"论坛发布《中国会展教育发展报告》，并提出了中国会展学历教育规模全球居首的观点。2012 年是中国会展教育的大发展年，招收会展新生规模达 12302 人，较上年增长 20.9%。教育主动对接产业，注重实践教学，专业技能竞赛规模扩大，多种专项资金助推专业建设等新举措，使 2012 年会展教育得以更好更快发展。

关键词：

会展　教育　数据　发展前景

当前，中国会展产业迎来了发展的最好时期。广州、上海、天津会展项目相继被确定为国家级会展项目并进行大规模建设，目标是世界顶尖级的会展综合体。浙江的义乌也被确立为国家级会展平台。

根据中国会展经济研究会统计工作委员会于 2012 年 5 月公布的数据，2011 年全国共举办展出面积在 5000 平方米以上的展览 7333 场，展出总面积 8173 万平方米。与 2010 年相比，办展数量增长

---

* 丁萍萍，教授，硕士生导师，中国会展经济研究会会展教育委员会副主任、浙江省东方会展产业研究所常务副所长。

18.21%，展出面积增长 5.59%。

2012 年，中国商务印书馆首次出版了《中国会展产业年度报告 2012》，书中指出，根据商务部所作的基础统计，2011 年中国会展业直接产值达 3016 亿元，占全国 GDP 总量的 0.64%，占第三产业总量的 13%。就业人数 1980 万。会展业已经成为第三产业中具有较高贡献度的一个重要产业。

在中国会展业迅猛发展的大背景下，会展专业学历教育发展迅猛。毫无疑问，中国的会展学历教育规模全球居首位。2012 年，全国招收会展专业新生的高等院校达 213 所（未含大类招生），招收会展专业（不含方向）新生 12302 人。

一　中国会展学历教育统计数据

根据我们所作的统计，2013 年春季全国会展专业在校生为 33691 人，其中本科生为 9631 人。今后几年全国会展专业本科和高职应届毕业生人数为：2013 年 8831 人、2014 年 10297 人、2015 年 14563 人（见图1）。

● 2013年春季全国会展专业在校生为33691人，其中本科生为9631人

| 8831人 | 10297人 | 14563人 |
| 2013 | 2014 | 2015 |

2013~2015年全国会展专业本科和高职应届毕业生人数

图1　今后 3 年会展专业毕业生人数（2013～2015 年）

2012 年，全国开设会展专业的高等院校为 213 所，其中高职 159 所，占 74.6%；招收会展专业（不含方向）学生 12302 人，其中高职 9446 人，占招生总数的 76.8%。短短 4 年时间，会展院校数和招

生数均翻了一番（见表1、图2）。2012年招收会展专业学生高校的地区分布、专业名称、招生人数等具体情况见表2。

表1　中国高校开设会展专业院校数和招生数变化（2008～2012年）

单位：所，人

年份	高校数	其中:高职院校数	招生数	其中:高职招生数
2008	106	84	6035	4798
2009	140	108	7857	5725
2010	156	114	9081	6699
2011	187	145	10176	7915
2012	213	159	12302	9446
增长(%)	100.9	89.29	103.8	96.87

资料来源：中华人民共和国教育部。

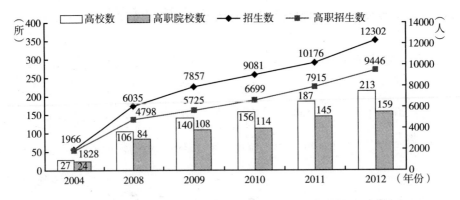

图2　历年开设会展专业院校数和招生数变化情况（2004～2012年）

表2　全国会展专业招生院校和招生计划一览（2012年）

单位：所，人

省市区	会展经济与管理		会展策划与管理		会展艺术与技术		广告与会展		总计
	院校数	招生数	院校数	招生数	院校数	招生数	院校数	招生数	招生数
北京	4	178	4	151					329
天津	2	81	7	493					574
河北	2	133	8	430			2	80	643
山西			4	220					220
内蒙古	1	33	1	50					83

续表

省市区	会展经济与管理		会展策划与管理		会展艺术与技术		广告与会展		总计
	院校数	招生数	院校数	招生数	院校数	招生数	院校数	招生数	招生数
辽宁	2	130	1	70					200
吉林	1	62	3	140	1	112			314
黑龙江	1	36	5	220			3	101	357
上海	5	235	10	641	3	86			962
江苏			5	222	2	99	6	315	636
浙江	4	275	9	857					1132
安徽			4	260	2	70	5	365	695
福建	1	55	4	346					401
江西			5	271					271
山东	1	40	8	450			2	100	590
河南	1	65	5	276			2	200	541
湖北	2	118	7	290			2	79	487
湖南	2	65	3	136					201
广东	7	547	13	1023					1570
广西	1	50	5	210	1	15			275
海南	1	34							34
重庆	3	206	6	346	2	30			582
四川			6	301					301
贵州			5	370			1	60	430
云南	1	40							40
西藏									0
陕西			3	150	1	61	1	60	271
甘肃			1	20					20
青海									0
宁夏			1	40					40
新疆			2	103					103
全国	42	2382	135	8086	12	473	24	1360	12302

　　2012 年，教育部备案的 4 个会展专业新生占比如下：会展策划与管理 65.73%，会展经济与管理 19.36%，广告与会展 11.06%，会展艺术与技术 3.84%（见表 3、图 3）。

表3　会展各专业历年招生数占比变化（2008～2012年）

单位：%

年份	会展策划与管理	会展经济与管理	广告与会展	会展艺术与技术
2008	72.38	19.01	7.13	1.48
2009	63.68	25.97	9.19	1.17
2010	66.91	22.27	6.86	3.96
2011	67.67	19.68	10.11	2.54
2012	65.73	19.36	11.06	3.84

资料来源：中华人民共和国教育部。

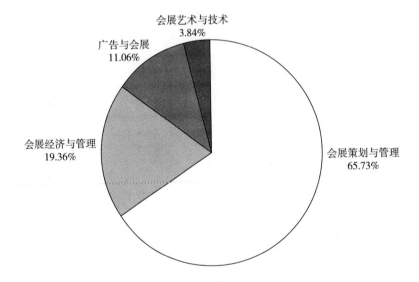

图3　教育部备案的4个会展专业新生占比（2012年）

二　中国会展教育数据分析

对以上数据进行分析，可以作出如下判断。

（一）招生总数逐年上升，2012年增速陡然趋急

近年来，全国会展专业总招生人数的年增长率为：2009年

30.2%，2010 年 15.6%，2011 年 12.1%，2012 年 20.9%。虽然招生人数呈逐年快速递增趋势，但 2010 年、2011 年增速明显趋缓，2012年又陡然趋急（见图 4）。究其原因，主要受两方面因素影响。一是会展专业仍然被人才市场所看好；二是在教育系统，会展专业地位稳步趋升。2012 年教育部的教指委转行指委机构调整，会展专业在本专科都被明确归为旅游大类，今后将加强行业指导。

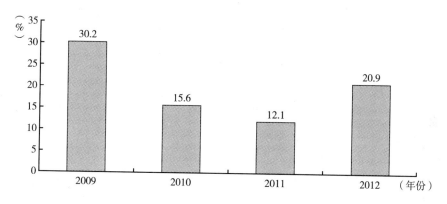

图 4　中国会展专业招生规模历年增长情况（2009～2012 年）

（二）院校类型以高职为主，会展策划与管理为主打专业

会展专业覆盖面广。2012 年，甘肃也开始招收会展专业新生。目前，除西藏、青海 2 个边远自治区外，全国（港澳台未统计）普遍开展了会展学历教育。中国自开设会展专业以来，学生历年都是高职占 80% 左右。近年来，本科院校的会展专业发展略快于高职，因此，高职招生数占比呈逐年微有下降的趋势。

在 213 所开设会展专业的高校中，2012 年新增的就有 26 所，占总数的 12.2%。表 3 列出了最近 5 年各会展专业招生数的占比情况。大体上，会展策划与管理专业占 2/3，会展经济与管理专业占 1/5，另两个专业占 1/10 左右。会展策划与管理是中国会展学历教育的主打专业。

（三）长三角会展教育仍然领先全国，广东上升势头迅猛

2012 年，广东省会展教育规模一举超越上海、浙江，成为全国最大的会展教育中心。2012 年，广东有 20 所高校设有会展专业，招生数占全国的 12.2%，浙江居全国第二位，有 14 所学校设有会展专业，招生数占全国的 9.2%。上海居全国第三位（18 所，占 7.8%）。招生数排在前面的 10 省市（粤浙沪皖冀苏鲁渝津豫）规模均在 500 人以上，合计占全国的 64.4%（招生院校集中度上升，2011 年前 10 省市合计是 62.2%）。广东的本科教育，不仅数量大，名校比例也高于其他地区。

长三角地区（浙、沪、苏三省市）会展教育占全国比例虽然由 2008 年的 35.9% 下滑至 2012 年的 22.2%，但仍明显超出其他区域继续领先全国。

（四）会展教育集中度较高，集中地一般本科生占比较大

以 2013 年上半年各城市会展专业在校生人数排名，上海居首位（4013 人），2~6 位依次是广州（2650 人）、杭州（1980 人）、重庆（1695 人）、北京（1508 人）、天津（1428 人）。6 个城市合计会展专业在校生为 13274 人，占全国的 39.4%。5 个直辖市悉数入围，唯有杭州属于非直辖市。

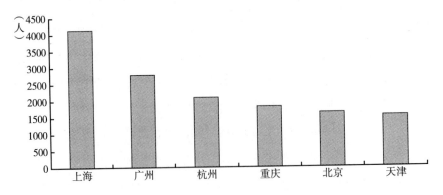

图 6　中国会展专业在校生规模 6 强城市示意（2013 年春）

这 6 个城市会展专业本科生占比也明显高出全国平均数较多。全国会展本科生比例为 28.6%，而广州为 55.4%、重庆 54.5%、北京 50.0%、上海 37.5%、杭州 37.3%、天津 11.9%。仅天津一地低于全国平均水平。

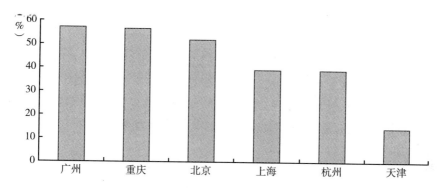

图6　中国会展专业在校生规模 6 强城市本科生占比示意（2013 年春）

三　中国会展教育发展态势

（一）重视教育与行业对接，行业归属尚可商榷

2012 年，教育部将原有的专业教学指导机构——专业教学指导委员会（简称教指委）改设为行业职业教育教学指导委员会（简称行指委），行指委下设相关专业教学指导委员会（简称专指委）。会展本科会展经济与管理专业划归旅游管理行指委，与高职统一归类（原本科归公共管理教指委，高职归旅游管理教指委）。专业建设注重教学实效，无论本科专科，都十分强调对学生实际操作能力的培养。

主管中职高职会展类专业教学指导的全国旅游职业教育教学指导委员会已于 2011 年 4 月成立，但其中尚未有委员属于会展业界或学界代表，显然这对于会展专业教育的发展来说是不利的。就高职而言，会展专业已经在旅游类专业中占据重要位置，但在行指委成员结构中并未体现这一点。虽然我们可以寄希望于将来在旅游行指委下设会展专业指导委员会（专指委），但从另一个角度看，会展业在国民经济行业分类中属于商务服务业，而非旅游业。从会议、展览、节事活动三大板块看，除了节事与旅游业关联度较大外，展览和会议运营大多属于商务活动。而且，国家已明确由商务部服务贸易司主管会展业。因此，会展教育的行业归属究竟应该由商务部主导还是由国家旅游局主导，确实还是值得商榷的。

（二）多种专项资金注入，助推会展专业建设

会展是个"圈子小，动静大"的行业。运作得当，往往能发挥"1:9效应"，起到"四两拨千斤"的作用。会展教育也有类似特性。小专业，可是对其他专业的带动作用大。因此，在争取专项项目时，在学院内往往得到特别关照。仅以浙江省为例，14所会展院校中，就有国家示范专业、国家特色专业、省示范专业、省特色专业、省优势专业、市特色专业各1个，还有省教学团队1个、国家精品教材1部、"十一五"国家级规划教材1部，省精品课程5门，还有省重点教材。这些项目都有专项资金扶持，其中，专业建设类项目的资金一般都有数百万元甚至更多。如此多的资金注入，无异于为会展专业的教学改革插上了飞翔的翅膀。

（三）专业技能竞赛热闹红火，以赛促学以赛促教见成效

近几年来，浙江、山东、广东等会展业发达省份纷纷启动大学生会展策划省级大赛，2013年春，浙江省教育厅在统一组织的大学生技能竞赛中增添了"会展管理"新项目，这是全国最早由省级教育主管部门组织的会展技能大赛。这些赛事的举办对激发学生创意创新能力，提高学生会展职业能力起到了很好的促进作用。同学们通

过参赛观赛，会展项目策划、调研、文案写作、展台设计、PPT 展示以及赛场应变等方面能力得到迅速提高。特别值得一提的是，由中国商业联合会牵头组织的全国商科院校技能大赛会展专业竞赛自 2007 年至今已经举办 6 届。每一届都有进步，影响力逐年扩大，尤其是 2010 年起，教育部旅游教指委参与主办。2011 年起，中国商业联合会承接教育部会展行业产教对话活动，与比赛同期举办，吸引了全国越来越多的院校参赛，目前该赛事已经成为中国会展教育界的一项重要赛事。

表 4　全国商科院校技能大赛会展专业竞赛规模变化情况

年份	参赛院校数(所)	参赛队数(个)
2010	52	134
2011	50	167
2012	68	234

（四）师资队伍迅速扩张，实训配套普遍不足

目前，国内对会展教师的师资培训尚未有全国性的统一规划，这对于提升会展教学水平非常不利。建议由教育部旅游行指委统筹，先期开展会展策划与管理专业教师的岗位轮训，每年定期开展师资培训，提高教师的职业教学能力。

国内会展专业校内实训室建设也远远落后于专业发展速度。只有少数政府重视、经济发达的省市或争取到专项资金的院校，在会展实训室建设方面才能得到较充足的资金保证。此外，会展教学软件的更新速度也还不能满足需要。

（五）教材出版创纪录，优质教材依然稀缺

2011 年，新增会展教材达到创纪录的 71 本，但高质量教材依然罕见。

表5　中国会展教材历年出版数量情况（2002～2012年）

出版年份	2002	2003	2004	2005	2006	2007	2008	2009	2010	2011	2012
出书数	6	5	13	12	30	31	65	56	44	71	33

资料来源：卓越、当当、中国图书等各大售书网站搜集（2012年为1～8月出版教材的统计数）。

（六）汲取国际会展办学经验，中外合作专业增加

2012年，浙江金融职业学院会展策划与管理专业开始实施中外合作办学（中澳合作），在原有上海外贸学院（中德合作）、广州大学旅游学院（中法合作）基础上，拓宽了引进国外先进教学理念的思路和途径。

四　中国会展教育前景展望

首先，"十二五"期间，中国会展教育将迎来一个发展的最好时期。因为有越来越多的省份、城市都把发展会展业放到了非常重要的地位。

其次，文化会展将得到更多重视。会展属于文化创意产业，在中国提升文化软实力、文化强国建设、美丽中国建设的进程中将发挥更大的作用。学院、省、国家三级会展专业技能大赛的开展，就是为会展学子搭建一个创意创新能力、灵气、锐气、定力的展示舞台，将促进中国会展业的腾飞。

最后，教育部会展策划与管理专业教学标准已于2012年底正式出版发行。此后，教育部将通过状态数据采集平台等管理手段推行实施该标准。在新成立的行指委指导下，必将规范和提升中国整体的会展教育质量，推动中国的会展教育水平再上一个新台阶。

专 家 视 点

Experts' Perspectives

B. 7

中国—东北亚博览会发展报告

赵强华 *

摘　要：

中国吉林·东北亚投资贸易博览会已成功举办八届，2012年经国务院批准，更名升格为中国—东北亚博览会。第八届东北亚博览会首次实现10万名国内外客商参会参展的规模，共设国际标准展位2600个，博览会期间共举办70项会议活动，实现对外商品贸易成交额7.63亿美元，比上一届增长14.6%。国内贸易成交额达20.73亿元人民币，比上一届增长13.8%。更名后的东北亚博览会，将更好地发挥推动东北亚区域交流合作、以经促政、服务国家整体外交战略、维护边疆稳定、拓宽国际对话渠道的作用。应抓住机遇、乘势而上，在新的起点上，以更高的水

---

* 赵强华，吉林省商务厅党组成员，吉林省博览事务局党总支书记、局长。

平，全力办好中国—东北亚博览会。

关键词：

中国—东北亚　博览会

在主办单位商务部、国家发展改革委的大力支持下，在东北亚各国和世界其他国家和地区客商的积极参与下，通过主办省吉林省全省人民的共同努力，以推动东北亚区域合作、促进东北老工业基地振兴为两大主题的东北亚博览会，自 2005 年创办以来，迄今已连续成功举办八届，取得显著成效。

2011 年 9 月，为加强和扩大中国与东北亚区域国家乃至世界其他国家和地区的交流合作，经国务院批准，中国吉林·东北亚投资贸易博览会更名升格为中国—东北亚博览会，凸显了东北亚博览会在中国对外开放格局中的重要地位，体现了国家对东北亚博览会多年来办会办展成效和水平的充分肯定。随着更名升格成功，中国—东北亚博览会地域更加包容、内容更加丰富、层次进一步提升。

一　东北亚博览会产生背景

众所周知，东北亚区域是世界经济发展最具潜力和活力的地区，地处东北亚区域的国家总面积达 2884 万平方公里，人口近 17 亿，GDP 总量约占世界经济的 1/5，而且东北亚区域各国地缘相近、产业互补、人文相通。但区域内双边和多边经贸合作发展滞后，远远低于欧盟和北美自由贸易区的水平。

进入 21 世纪以来，世界经济全球化和区域经济一体化进程显著加快，为顺应世界经济发展潮流，努力实现东北亚区域各国人民交流往来的共同愿望，搭建一个层次高、具有权威性和广泛影响力的友好往来、经贸促进和多领域合作平台，东北亚博览会应运而生。自2005年起，东北亚博览会每年9月初在吉林省长春市举办。

二 第八届东北亚博览会总体概况

（一）展会规模、规格

本届博览会首次实现10万人国内外客商参会参展的规模。其中，有来自世界100多个国家和地区的1万多名境外客商。有140位国内外副部（省）级以上政要参会，中共中央政治局委员、国务院副总理王岐山，全国政协副主席王志珍，全国政协原副主席、中国企业联合会会长王忠禹等国家领导人3位；国家发改委、商务部、国务院发展研究中心等20个国家部委和中直单位领导32位；北京、上海、天津等13个省（区、市）副省级以上领导16位。尼日利亚国会议长、柬埔寨副首相等外国副国级以上政要10位，东北亚、东南亚、欧洲、美洲、大洋洲、非洲等国家和地区的副部级以上政要53位，相关国家驻华大使和议员26位。此外，还有118位世界500强企业和大型跨国公司中国区副总裁以上高管，以及国内外120家知名金融投资机构和104家知名商协会参会。

（二）展览情况

本届展会在长春国际会展中心八个展馆共设国际标准展位2600个。共有661户国内外企业参展，其中，境外企业达400余户，境外参展率高达67%，比上届提高了26个百分点。展位设计简洁靓丽、通透大气，展品丰富、科技含量高、观赏性和互动性强，展览水平达到国际一流水准。博览会期间，参观人数达到50万人次。

（三）会议活动

本届博览会期间共举办 70 项会议活动，其中，第六届东北亚经贸合作高层论坛、第二届世界产业领袖大会、东北亚国际区域旅游发展大会、美大地区友好论坛等高级别会议论坛 18 项；欧盟—中国（吉林 2012）投资贸易洽谈会、国际采购商大会、东北亚五国商务日等形式多样的投资贸易活动 29 项；第四届东北亚国际书画摄影展、国际动漫游戏论坛暨国际动漫游戏作品展览等精彩纷呈的文化交流活动 16 项；开幕式、招待酒会、世界 500 强和跨国公司高尔夫球联谊赛等专项活动 7 项。与第七届相比，新策划了近 30 项会议活动，占总数的 40%。

（四）经贸成果

本届博览会实现对外商品贸易成交额 7.63 亿美元，比上一届增长 14.6%。国内贸易成交额达 20.73 亿元人民币，比上一届增长 13.8%；本届博览会成功签订 259 个投资合作项目，总投资额达 2265.92 亿元人民币，与第七届相比，增加 428 亿元人民币，增长 23.3%，其中，引进域外资金 2135.56 亿元人民币，比第七届增长 19.4%。在签约的合同项目中，超 5 亿元项目 113 个，10 亿元以上项目 71 个。

三　第八届东北亚博览会主要特点及作用

概括起来，本届博览会有五大特点，发挥了积极而重大的作用。

（一）东北亚区域对话交流平台作用凸显

东北亚博览会是世界上唯一的东北亚各国高层直接对话交流平台。本届博览会期间举办的第六届东北亚经贸合作高层论坛，与会嘉宾围绕"磋商合作框架，促进健康、和谐、可持续发展，实现互利共赢"的主题展开对话交流。中共中央政治局委员、国务院副总理王岐山在主旨演讲中提出"进一步优化贸易结构，加强能源资源、高端制造、金融、旅游、农业等领域合作"等四点建议，得到与会各国的积极响应。柬埔寨副首相严才利，朝鲜、日本、韩国、蒙古国、俄罗斯等东北亚国家经贸部门高官分别发表演讲，从不同角度表达了构建东北亚区域合作框架，进一步加强在基础设施建设、资源能源开发利用、边境贸易等方面合作的强烈愿望。吉林省委书记孙政才在致辞中表示，"吉林省将与东北亚各方一道，努力开创东北亚区域共同繁荣发展的新局面"。商务部和国家发改委领导也就加强协调对话、构建区域合作平台、推进物流等领域合作，努力把中国东北地区打造成新时期中国对外开放的战略重点、面向东北亚开放的重要枢纽等话题发表了演讲。

在推进各国高层对话交流的同时，积极促进与东北亚国家的双边对话交流。与国务院发展研究中心合作主办的第三十二届中日经济知识交流会上，中日两国政要、企业家和经济专家围绕"世界经济形势、中日经济形势、中日投资贸易合作"三大主题以及"核电发展的现状和前景、中国经济发展方式转变下的财政金融政策"两个专题开展交流研讨。日本前首相村山富市，佳能全球战略研究所理事长、原日本银行行长福井俊彦等70多位日方代表充分肯定了中日邦交正常化40年来的合作成果，展望未来两国经贸投资的合作前景，表示在当前国际经济不稳定、不景气的环境下，要倍加珍惜中日两国的合作关系，积极推动双方在政治、经济等领域的深入合作，相互促进、实现共赢。与韩国知识经济部、辽黑两省合作主办的中国东北三省—韩国经济合作论坛上，韩国驻华大使李揆亨、大韩商工会所会长孙京植、韩国驻沈阳总领馆总领事赵百相以及东北三省政府官员和大批中韩企业家参会，希望借助中日韩自贸区谈判即将启动的有利时机

和中韩两国经贸合作的良好基础，进一步推动韩国与中国东北三省政府和企业间的交流合作。

在与国家贸促总会合作举办的东北亚商协会国际合作会议上，东北亚各国知名商协会领袖共同倡议建立区域商协会合作"联席会议机制"，并达成了"东北亚商协会国际合作圆桌共识"；在由中国青年企业家协会和吉林省共同主办的第五届东北亚青年企业家发展论坛上，与会的400余位青年企业家紧紧围绕"加强区域合作，服务经济发展"主题开展对话交流，进一步增强了东北亚区域内各国工商企业界的交流。

（二）与世界交流合作的区域进一步拓宽

在深化东北亚区域合作的同时，巩固与东南亚区域的合作，拓展与欧美及美大地区的合作，扩大与世界其他国家和地区的交流。一是举办2012东南亚—中国吉林经贸洽谈会，马来西亚、印尼、新加坡、泰国等国家和中国港澳台地区的300余名华商领袖和华人企业家参会；举办海外交流协会第三届理事大会，来自42个国家和地区的170位华侨华人参会，进一步增进了与东南亚及世界各国华人企业家的沟通交流。二是与欧洲—中国企业家协会共同主办欧盟—中国（吉林2012）投资贸易洽谈会，欧洲19个国家的150位商会、企业代表与吉林省及国内外企业进行了近千场的对接交流，签订了多项合作协议。三是与美国驻华大使馆合作举办中美（吉林）经贸合作交流会，来自美国本土的五个州政府代表和120位美国在华投资企业高管与中国企业家进行深入交流，推动双向投资合作。四是举办2012美大地区友好论坛，全国友协会长李小林及美国、加拿大、澳大利亚等10个国家和地区的15个民间友好组织代表，围绕教育与文化、旅游与环保、科技与经贸三个议题进行广泛交流，为加快构建多元化、全方位的民间对外友好交往提供了直接有效的平台。五是以"推动全球实体经济再发展、再创新"为主题举办的第二届世界产业领袖大会，吸引了300余位世界500强企业、知名上市公司及大型跨国企业高管参会，加强合作交流，完善合作机制，促进经济融合，推动科技创新，共同探索以合作促发展的新路径。

（三）国际性综合博览会的内涵进一步丰富

与往届相比，本届东北亚博览会的内容有了极大的扩充。一是推进区域旅游产业一体化发展，首次设置东北亚旅游馆，集中展示东北亚丰富的旅游特色资源、知名景区和精品线路；举办首届东北亚国际区域旅游发展大会，与会各方达成了具有重要意义的"东北亚国际区域旅游发展大会倡议"，促进建立更完善的区域旅游合作机制，推进东北亚区域实现无障碍旅游。二是促进文化产业交流融合。为展示吉林省和东北亚各国传统民族特色文化产品、文化创意类产品，将两馆设置为文化产业馆专题馆；以中国长春·东北亚文化艺术周为载体，做大做强文化交流板块，推出文艺演出、文化研讨、展览交易三大类共16项精彩纷呈的文化活动，并专题举办了文化产业项目推介会。三是推动区域金融领域合作，围绕"金融发展与经济转型""金融创新改变产业未来""新能源，新金融，新机遇"等议题举办东北亚金融与产业合作圆桌会议，促进各国金融产业转型发展、深入合作。四是推动现代服务业发展，举办中欧服务外包发展论坛，吸引了100多位欧洲国家和日本知名软件企业代表参会，交流国内外服务外包发展的先进经验和当前中欧服务外包合作的最新信息，探讨中欧服务外包领域发展方向。五是加强科学技术领域交流，举办以"科技人参与人类健康"为主题的中国吉林·国际人参大会，韩国、美国、加拿大、英国等8个国家的140位科研专家和行业企业代表共同探讨人参物质基础、药理药化和产品开发等方面最新、最前沿的科研成果；举办半导体技术应用及创新论坛，国际半导体产业联盟、松下电

器、飞利浦、长春光机所等国际知名企业机构参会，探讨国际半导体照明技术应用及标准，推动以光电子技术为代表的新兴产业发展。六是推动民营经济转型发展，邀请150位国内知名民营企业总裁出席中国民营经济发展（长白山）论坛，围绕"民营经济——转方式稳增长的重要力量"的主题，就当前形势下民营经济发展、民间资本投资以及区域合作等议题进行研讨。七是深化与央企等国内大企业合作，举办中国500强企业发布暨中国大企业高峰会，大批央企和国内500强企业总裁云集长春，会上权威发布2012年中国企业500强榜单，并举行500强企业高管座谈会，共话合作发展。八是宣传推介东北地区对外开放战略，把握国家刚刚颁布实施《中国东北地区面向东北亚区域开放规划纲要》的重要时机，设置规划专题展区，邀请国家发改委东北振兴司负责人向国内外客商全面解读规划重点内容和主要政策，吸引更多的国内外客商参与中国东北地区及东北亚区域合作开发。九是促进国际人才交流，英国、法国、瑞典等国的人才交流机构积极参加东北亚博览会大型公益人才交流会，与吉林省人才交流机构就引进专家项目和人才交流项目进行交流洽谈。十是搭建区域间信息交流平台，举办东盟与中日韩（10＋3）媒体合作研讨会，人民日报社、日本共同社、新加坡《联合早报》等中日韩和东盟十国主流媒体负责人围绕"倡导亚洲价值观、共谋国际话语权，加强区域政经合作、化解金融危机影响，感知吉林发展动力、拓宽经贸合作渠道"等议题展开讨论，营造良好的国际舆论环境。通过举办一系列高规格会议活动，丰富和完善东北亚博览会重要平台的内涵和功能。

（四）吉林省与东北亚区域以及世界各国经贸合作的实效进一步提升

商品贸易方面，在做好商品现场展示、销售的同时，首次举办国际采购商大会，沃尔玛、家乐福、乐天、麦德龙等 238 户国内外采购商和 1078 户供应商参会，总体规模超过 2000 人，采购商品涉及 14 类 4000 多个品种，成为迄今国内规模最大的采购商大会。有 63 户国外采购商签订了采购协议，协议金额 4.41 亿美元；86 户国内采购商签订了采购协议，协议金额 71.5 亿元人民币；400 多户省内供应商与采购商建立了联系。举办第四届中国多元化采购峰会，有 20 户国外大型采购商参会，现场签订采购协议 13 个，协议金额 1.2 亿元人民币。投资合作方面，吉林省各市（州）和长白山管委会结合各自产业优势举办了农产品加工、旅游、新材料、医药、矿产冶金等 11 项产业专题对接会。同时，在每项会议活动中都专门增加了项目对接洽谈内容。据不完全统计，除了大会集中签约的 259 个合同项目之外，会前举办的中国民营经济发展（长白山）研讨会上签约项目 28 个，投资总额 337 亿元人民币，中国 500 强企业发布暨中国大企业高峰会签约项目 38 个，投资总额 1274 亿元人民币；会期举办的各项会议上又签订 113 个合同或意向协议；组织了 150 个客商团组赴省内各地考察，达成新的合作意向 175 个。在东北亚五国商务日、柬埔寨投资环境推介会、中国广西壮族自治区重点产业园区投资说明会和新疆（阿勒泰地区）投资推介会等国家以及国内相关省（区、市）推介会上，达成了多个合作意向。

（五）博览会的国际影响力和知名度进一步扩大

本届博览会宣传报道阵容强大，有 123 家境外、涉外媒体，中直媒体和省内媒体共 1100 名记者对展会进行了全面深入的报道。其中，新华社、《人民日报》、中央人民广播电台、中央电视台、中国国际广播电台等中直媒体 22 家；日本共同社、韩国联合通讯社、香港《文汇报》、凤凰卫视、台湾东森卫视等境外媒体 21 家；中国网、国际在线、新浪网、搜狐网等网络媒体 11 家，国内大陆各省（区、

市）媒体 69 家。中央电视台对开幕式进行了现场连线直播，中央人民广播电台和中国国际广播电台等国际知名媒体对开幕式进行了现场直播，其他境内外媒体均跟踪报道了本届博览会盛况，进一步扩大了东北亚博览会的品牌影响力。会议期间，还组织了"世界华文媒体吉林行"活动，有来自美国、加拿大、英国、法国、德国、荷兰、意大利、西班牙、葡萄牙、澳大利亚等国家 36 家海外华文媒体负责人参会，并在各媒体上专版刊发报道，全面宣传吉林经济社会发展新貌，进一步提升吉林省的国际知名度。

本届博览会受到了国内外政要和客商的一致赞誉。中共中央政治局委员、国务院副总理王岐山指出"东北亚博览会已成为本地区务实合作的重要平台"；柬埔寨副首相严才利、蒙古国驻华大使苏赫巴特尔、韩国知识经济部室长文在焘在发言中，对东北亚博览会的重要平台作用给予了高度评价。中国商务部副部长姜增伟充分肯定了东北亚博览会在推动东北亚区域内国家的"和平、和睦、合作"与"共识、共享、共赢"方面所作出的积极贡献。

四　对东北亚博览会未来发展的思考

更名后的东北亚博览会，将更好地发挥推动东北亚区域交流合作、以经促政、服务国家整体外交战略、维护边疆稳定、拓宽国际对话渠道的作用。我们也将抓住机遇、乘势而上，在新的起点上，以更高的水平，全力办好中国—东北亚博览会。

（一）推动东北亚博览会向高层次、宽领域方向发展

我们将认真思考和研究东北亚博览会今后的发展思路和方向，不断提升层次、丰富内涵，积极扩展其外延功能，充分发挥其国家级区域交流合作平台作用。

（二）全力争取国家及相关部委的支持

更名后的东北亚博览会承担了更多的使命，也成为与东盟博览会、亚欧博览会功能相似的中国面向周边国家开展交流的重要平台，我们将积极争取国家和相关部委在政策、资金和领导资源配置等方面的支持。

（三）完善东北亚博览会组织领导体系

为进一步适应东北亚博览会这一国字号展会发展需要，我们将比照东盟博览会、亚欧博览会组织架构和人员构成，对东北亚博览会组委会、执委会、秘书处的组成单位和人员提出调整意见，并明确各自的职责和任务，完善和提升东北亚博览会的组织领导体系和运行机制。

（四）促进支持政策和意见的出台

我们将在充分调研国内各地出台的支持重点展会发展相关政策的基础上，结合自身实际，推动吉林省乃至国家出台支持东北亚博览会创新发展的意见和政策。

B.8
CDIO 教学法在展览策划
课程中的应用

黄 彬[*]

摘　要：

CDIO 代 表 构 思（Conceive）、设 计（Design）、实 现
（Implement）和运作（Operate）的工程教育模式，源自美国麻
省理工学院，以产品研发到产品运行的生命周期为载体，让学生
以主动的、实践的、课程之间有机联系的方式学习工程。但它的
意义不仅在于工程类人才的教育和培养，其整体观、系统观对于
文科类的课程设置和人才培养也具有高屋建瓴的指导意义。在展
览策划课程的设置及教学设计中，应以 CDIO 为基本环境设置展
览策划课程内容，并将大纲中规定的人才培养目标的三个层次
（知识、技能、素养）融入课程教学的各个环节中去。

关键词：

CDIO　展览策划　课程设置　教学设计

一　引言

CDIO 工程教育模式是近年来国际工程教育改革的最新成果。从
2000 年起，美国麻省理工学院和瑞典皇家工学院等四所大学组成的

---

* 黄彬，浙江大学城市学院杭州城市会展研究发展中心副主任。

跨国研究机构获得 Knut and Alice Wallenberg 基金会近 2000 万美元巨额资助，经过四年的探索研究，创立了 CDIO 工程教育理念，并成立了以 CDIO 命名的国际合作组织。CDIO 代表构思（Conceive）、设计（Design）、实现（Implement）和运作（Operate），它以产品研发到产品运行的生命周期为载体，让学生以主动的、实践的、课程之间有机联系的方式学习工程。CDIO 培养大纲将工程毕业生的能力分为工程基础知识、个人能力、人际团队能力和工程系统能力四个层面，大纲要求以综合的培养方式使学生在这四个层面达到预定目标。

CDIO 的理念不仅继承和发展了欧美 20 多年来工程教育改革的理念，更重要的是系统地提出了具有可操作性的能力培养，主张以产品研发的 CDIO 全过程，即构思、设计、实施和运作为载体，认为学生在接受教育过程中既要掌握专业基础知识，又要掌握集社会、科技、经济、人文为一体的大系统的适应与调控能力，通过培养，学生将具备终身学习和团队交流能力，有专业技能和工程能力、有社会意识和企业家敏锐性的人才，将来能在工作的团队中发挥作用，这一理念正符合会展教育始终强调的与社会需求相匹配的应用型人才的培养要求。

二 CDIO 工程教育理念与文科类课程的关系

美国教育家约翰·杜威（John Dewey，1859 ~ 1952）一百多年前就提出了"做中学"的实用主义教育思想（learning-by-doing），其教育理论的三个核心命题是：教育即生活教育、成长教育、经验的改造。CDIO 工程教育与人才培养模式是在此理论基础上发展起来的，通过 CDIO 教学系统的产品设计，综合培养学生专业技术知识及个人能力、职业能力、团队合作和交流能力，培养在企业和社会环境下对产品系统进行构思设计实施运行的能力等综合素质。浙江大学城市学院作为教育部国际 CDIO 工程教育第一批试点高校，相继有多个专业

开始 CDIO 工程教育的试点，旨在通过 CDIO 项目强化工程性实践与一体化学习，然而对于 CDIO 模式在文科领域的应用，尤其是会展专业人才培养方面尚未开展，关注较少。

CDIO 教学方法在中国一些教育院校已取得初步成效。从表面上看，CDIO 教学模式更适合工科类的教学课程，但从 CDIO 的核心理念来看，它同样适用于文科类，特别是会展专业的教学。因为以"做中学"原则为导向的工程教育与以匹配社会需求为目标的会展教育是不谋而合的，也是中国会展教育致力于探索会展人才培养的重要路径。

"工程"一词有广义和狭义之分，就狭义而言，工程定义为"以某种设想的目标为依据，应用有关的科学知识和技术手段，通过一群人的有组织活动将某个（或某些）现有实体（自然的或人造的）转化为具有预期使用价值的人造产品过程"。就广义而言，工程则定义为"由一群人为达到某种目的，在一个较长时间周期内进行协作活动的过程"。因此，无论是从狭义的角度还是从广义的角度来理解，"工程"的参与者都是"一群人"。"一群人"的概念自然也就包括不同专业与不同职业的人。

CDIO 的精髓与重要方法论就是更强调"关联"性：①培养出的毕业生应该具备产业界所需要的素质和能力；②竭尽全力鼓励学生主动学习和实践；③鼓励学生自我培养专业素养和领导力；④创造学生学习期间享有更多实践机会；⑤营造一种认知环境，使学生更深刻地理解课程的原理。所有这些，均与中国会展业界倡导的"边做边学"相一致。

三 CDIO 教学模式在展览策划课程中的应用

浙江大学城市学院专门组织骨干教师参加新加坡理工学院为期

15 天的 CDIO 教学法培训。通过培训，会展专业开始相关的课程教改探索，以"展览策划"教学的课程为例，教学改革后的课程教学环节充分考虑将 CDIO 大纲中所涉及的培养目标，即团队能力、交流能力、思辨能力和批判创新能力等有效地融入教学实施的全过程，切实贯彻 CDIO 的教学理念并最终得以实现，整个教学设置为三个虽各不相同但互相渗透、密不可分的交互环节。

第一，教学环节。

与传统的教学环节有所区别，根据 CDIO 教学方法的要求，这一教学环节不仅需要教师讲授课堂理论知识，介绍各种展览策划的案例，还要引导学生自己去查询相关的背景资料。因此，对教师的职业技能要求非常高，特别是从业经验。这个环节"双师型"教师的优势较为明显，因为通过教学与实例的感受，不仅要培养学生的专业知识，还需拓展学生终身学习能力。

第二，实践环节。

实践贯穿于整个教学的始终，课程参与的学生在学期初便分成小组，成立虚拟项目小组，教师设计问题与任务，要求学生按照会展企业运作流程和教学安排完成各项目的实践，比如展览选题、可行性分析、招展招商等，要求学生以小项目组为单位，课堂进行讨论，当场提交结果，教师实时监控过程，及时分析学生在构思、设计实施及运作过程中存在的问题，并指导学生改进，最终以团队的形式完成作品，由组员代表在课堂上阐述项目思路，由此保证学生的参与意识得到最大程度的发挥，使学生的思辨能力、交流能力、团队协作能力和表述能力都得到提高。

第三，教学辅助环节。

充分利用现代先进教学技术和设备，利用网络化教学平台，包括教学大纲、教学电子教案及项目任务等，要求学生或项目小组的作品上网实现互动，为有形的教学环节和实践环节做好支撑，课程教师基

于辅助环节的技术条件，探索更好地指导和引导学生进行自主学习的方法，比如，展览策划的任务书，点评项目小组的实践过程，对优秀作品进行剖析，推动学生间的互学互助，通过教师与课程学生的互动与交流，回答学生的问题，接受学生提出的建议和意见，更好地完善课程教学内容。

通过 CDIO 教学模式的实践，展览策划课程首先解决了其他培养模式中能力培养目标不明确、可操作性较差的缺点；其次以逐级细化的方式以提升学生基础知识、个人能力与素质、人际关系与团队能力；再次，逐步形成了具体化的、可测量的、对会展专业学生和教师都具有重要指导意义的目标体系。

四　CDIO 工程教育理念在展览策划课程中的思考

浙江大学城市学院会展经济与管理专业导入 CDIO 教学法尚在初级阶段，还有很长的路要走，在近期实施的教学应用过程中，笔者有以下几点思考。

（一）重组教学课程模块，为 CDIO 全面导入释放空间

在课程设置中需以课程群的方法将展览策划、会展组织和会展项目管理课程教学进行打通，共同成为会展专业学习的载体，将会展专业所涉及的不同学科概念和能力整合在一起。通过设置学习中的课程群、实现各课程间的时间双重利用，以达到 CDIO 大纲所要求的学习效果，同时不会牺牲各专业课程间理论部分的深度。

（二）课程设置规划需铺就 CDIO 教学实施的通道

CDIO 强调教育过程中减少"理论的堆砌"，例如，讲很广范围的学科知识却没有足够的时间进行深入的概念理解。展览策划是一门

实践性强、经验积累要求高的课程，因此，需抓住关键的概念、能力，显示它们与其他概念和能力之间的内在联系，培养学生自我导向型学习。尝试将学习的焦点从覆盖方式过渡到以学生为中心的学习方式。

（三）设置与健全评估点，动态监测 CDIO 的效果

对展览策划课程学习的专业学生实施分组，每堂课均对全体参与学生提出要解决的专业问题，针对与专业相关的关键问题采集数据、实施监测。通过对实施 CDIO 带来的差异进行评估：提高学生对课程的积极性；增强学生、教师和关键利益相关者的满意度。

（四）充分利用现有的网络与电子教学手段，鼓励学生自主学习

通过网络互动平台（Blackboard，BB）将所有课程设置及课件上传至网络，引导课程学生通过网络预习课程内容，参与小组讨论，形成阶段性结果，引导专业学生善于发现问题，敢于表达想法，乐于动手实践，晓于统筹全局，精于团队合作，通过 CDIO 的课程设计，全面提升会展专业学生的适应性、思维扩散性、创新性。

（五）以就业与市场结果为导向，使专业学生的目标更明确

会展教育导入 CDIO 教学模式是为了更好地匹配社会需求，因此，CDIO 教学环节中更应鼓励学生的实践、设计与实施经验和项目研究，要求学生加强与业界的联系。虽然目前会展专业全面导入 CDIO 教学模式的生态环境尚不理想，但坚持以就业与市场为导向的教学方法，专业学生的毕业目标就会更加明确。

针对 CDIO 模式下展览策划课程对学生的培养目标，教育效果的评估应更侧重于对学生 CDIO 教学大纲提出的学生个人能力、职业能

力、职业态度、人际交往能力和团队合作能力方面，有效的学习评估方法要与预期的学习效果相结合，通过多种方法采集专业学生所获得的预期学习效果的证据，如社会性的参赛、企业的实习、社会的实践与理论的研究等多种形式的考核。也就是说，CDIO 教学模式的评估是以学习为中心的，它是教学过程的一部分，注重在会展企业和社会环境下对会展教育系统进行整体构思、设计、实施与运行。

五　结语

CDIO 是一个新的教育模式，在中国发展时间还很短，尽管一些院校基于 CDIO 的教学改革已经取得初步成果，显示了它的生命力，但在实施过程中还有大量的理论和实践问题需要研究，特别是在会展教育领域的实践，还需更长的时间才能有较全面的收效。笔者通过在展览策划课程导入 CDIO 的实践后认为，CDIO 是一个开放的系统，可以有各种各样的模式，但它的健康发展离不开以下方面的环境：①坚定改革的决心；②来自决策层的支持；③对先行者给予认同和支持；④用初期可见的成功产生兴趣、激发动力；⑤鼓励打破常规的思考；⑥推动更广泛的参与；⑦配置适合的资源；⑧建立健全与改革方向一致的激励和奖励制度；⑨激励教师终身学习的要求，包括 CDIO 能力和教学能力；⑩全面普及 CDIO，包括学生和其他利益相关者的参与。

参考文献

Gu Peihua, Shen Minfen. etc. CDIO to EIP- CDIO: A Probe into the Mode of Talent Cultivation in Shantou University, *Research in Higher Education of Engineering*, Vol. 1, 2008, pp. 12 – 19.

Zha Jianzhong, On CDIO Model under "Learning by Doing" Strategy: *Research in Higher Education of Engineering*, Vol. 1, 2008, pp. 1 – 9.

Wang Liancheng, *Engineering System Theory*, China Astronautic Publishing House, Beijing, 2002.

Lei Pingli, Liu Yi, Engineering System Theory, *Journal of Education and Teaching Research*, Vol. 26, 2012, pp. 78 – 84.

B.9
基于组织方和需求方的会展目的地吸引力比较差异分析：以上海为例

郭英之　李小民　杨小欢　王秋霖　苏　勇*

摘　要：

采用实证研究的方法，运用 SPSS 和 AMOS 分析软件，旨在探究上海会展目的地吸引力的构建，以便为上海会展旅游的发展和城市会展业竞争力的提高提供建议，并为其他城市提供参考。

关键词：

会展目的地吸引力　会展组织方　会展需求方　上海

一　引言

商务部发布的《关于"十二五"期间促进会展业发展的指导意见》，要求国内会展业深化改革创新，力图把会展业培育成服务业的战略性先导产业，并逐步提高其国际竞争力，力争做大做强几个综合性龙头展会，搞好搞活若干个区域性重点展会，做精做实一批专业品牌展会，培育几个有一定影响力的境外展会，打造若干展览中心城市和核心展馆，打造一批大型办展实体和人才队伍，形成与国际水平接

---

* 郭英之，博士，复旦大学旅游学系教授，博士生导师，研究方向为旅游市场；李小民，复旦大学旅游系博士研究生，研究方向为旅游经济管理；杨小欢，复旦大学旅游学系硕士研究生，研究方向为旅游经济管理；王秋霖，复旦大学旅游系硕士研究生，研究方向为旅游经济管理；苏勇，复旦大学管理学院教授、博士生导师、博士，研究方向为企业管理和企业文化。

轨、市场竞争有序、专业化程度高的会展业发展格局（中华人民共和国商务部，2011）。近年来，各地政府都把发展会展业放在工作的重要位置，通过制定政策扶持会展业发展，并改善办展环境，提升软硬件水平。上海会展业的发展处于全国领先水平。统计结果显示，2011 年上海举办各类展会 674 个，展会面积 953 万平方米，展会数量和展会面积继续保持在全国首位。其中，举办国际展览会 227 场，展览总面积达到 689 万平方米，占全市展览总面积的 72.3%（潘建军，2012）。在 2011 年世界商展排行榜中，中国占 14 席，其中上海占 4 席，与北京一起并列中国各城市之首。目前，上海市展览项目中已有 29 个获得国际展览业协会的认证，数量排名在全国各城市中列第一。另外，上海市会展业协会还牵头组织了全国首个区域性会展组织——长三角会展城市联盟。在上海市旅游业发展的"十二五"规划中，提出了建设世界著名旅游城市的宏伟蓝图，打造上海成为国际都市商务会展旅游目的地是其重要发展目标之一，计划努力把上海打造成设施完备、服务优良、品牌优势突出的国际商务会展旅游目的地（上海市人民政府网，2012）。此外，商务部还提出在上海创办中国博览会和技术交易会等新项目，这些极具影响力的措施，对未来上海会展业发展具有重要意义。

本研究在对会展业文献和会展目的地吸引力文献进行回顾的基础上，比较国内外研究在此领域的异同。并在此基础上，以上海会展供需市场即会展组织方和会展需求方为调研对象，对上海作为会展目的地的吸引力指标认知进行市场调查；针对组织方和需求方的会展行为，以及上海会展目的地吸引力中非常重要的影响因素——会务设施和服务的指标认知，进行市场调查，从而获取第一手资料。这里的会展组织方包括会展公司、旅游公司的会奖部门、会展设计和装饰公司；会展需求方包括参展商、参会者、观展者。本研究通过 SPSS 软件，依据单因素方差 ANOVA 分析、均值比较的分析方法，从上海会

展组织方和需求方的视角，对二者不同的会展行为、二者对上海会展目的地吸引力指标的不同认知，以及二者对上海会务设施和服务指标的不同认知进行供需市场的比较分析；从而为城市制定会展业发展的策略提供科学的依据。最后，本文提出了上海发展会展旅游的建议，并希望能够为国内会展旅游相关理论拓展和其他城市的会展旅游发展提供科学的参考。

二　会展目的地吸引力文献综述

（一）国内文献综述

会展目的地吸引力的研究是国内学者研究的一个重要领域。目前，大多数国内学者更加倾向于用一个城市的会展业竞争力来代替会展目的地吸引力。李华敏等（2007）通过文献回顾、专家访谈和问卷法，建立会展旅游发展条件的评估体系，其结论证明，对城市会展旅游发展条件产生影响的因素是多方面的，会展硬件设施、对外交通、会展企业管理水平是更为重要的因素，而人文国际化、法律制度、城市风貌以及生态环境等因素影响较小。梁圣蓉（2008）分析了影响城市会展旅游发展要素，包括经济、资源、区位、服务、政策、文化和技术这七大方面，并在此基础上构建了城市会展旅游发展的动力机制，确定了经济投入、特色产业及集聚、国际化水平等24个二级评价指标，并用层次分析法给各个因子赋予了相应的权重。姚玉宁和孟海霞（2008）提出评价城市会展市场的"市场吸引力—竞争地位"组合矩阵模型，并通过专家打分法对大连市会展业进行评估，该模型中的市场吸引力主要包括地理位置、场馆面积与会展设施、主要产业支撑、企业数量与规模，以及相关产业的发展这几大方面。史晓涵（2009）通过专家视角的 IPA 分析法对上海作为会展旅游目的地的竞争力进行了评估。徐洁（2010）通过因子分析法和模糊评价法对国际会展中心城市竞争力的指标体系进行了研究。

波特的钻石模型是常用的分析会展业竞争力的理论。该模型认为，一个国家或地区的特定产业是否具有国际竞争力，取决于经济环境中的六个因素，具体包括生产要素、需求条件、相关和支持性产业、企业战略、企业结构与同业竞争。胡平（2009）以上海为例，基于钻石理论对会展业竞争力评价及其提升对策进行了分析。石亚菲（2009）通过钻石理论对上海会展业的国际竞争力进行了研究，并与广州、北京进行对比分析。朴松爱（2011）在可持续发展理论和修正钻石模型的基础上，构建出会展举办地竞争力评价模型，最终指标体系包括举办地宏观环境、会展需求促进、会展业自身要素条件、吸引力、会展知识、支持型产业要素，以及举办地的可持续性。徐雅琨和胡平（2011）以巴黎和伦敦为例，对上海与国际著名城市的会展业发展情况进行比较研究并提出发展建议。产业集群理论也是常用的分析会展业竞争力的理论。蔡礼彬和唐园园（2009）从产业集群角度出发，根据 GEM 模型构建了山东半岛会展产业集群竞争力评价指标体系，并根据模型最后得分对其竞争力状况进行了定量的评价。杜计平（2010）以河北省为例，基于 GEM 模型对区域会展城市吸纳游客和商人的能力进行了研究。

（二）国外文献综述

Ryan（1997）将目的地定义为"经验供应商"，其将不同的产品与服务结合起来。目的地可以被分为休闲和商务旅游目的地。在休闲旅游的背景下，目的地吸引力的计量在假期旅行中产生一个美妙的体验，并提供幸福感的可能性。旅游目的地的成功依靠在特定区域取得旅游优势的特性的吸引力（Cracolici & Nijkamp，2009）。目的地的概

念在国外的会展旅游中被广泛地运用。Rubalcaba-Bermejo 和 Cuadrado-Roura（1995）探讨城市发展和展览分布之间的关系，他们发现了很多目的地因素可以解释为何有些目的地相比于其他目的地而言，是更具吸引力的会展主办地，具体包括：传统和历史，地方所得税和人口，基础设施和通信可用性，位置，旅游，环境和气候条件，公共投资和扶持政策，城市国际地位，展览中心规模和区域产业结构。

由于国外会展策划方对于会展目的地的选择具有很大的影响力，因此会展目的地的研究与会展选址研究存在着很大程度的重叠。Kim 等（2004）以国外会议策划人为调研对象，针对影响会议规划者的整体满意度水平的因素进行研究，其结果证明，会议策划者的整体满意程度在统计上的重要决定因素包括成本、服务设施、支持和便利程度；这意味着韩国要成为更好的会议目的地，应该加强如下方面的提升：会议及展览设施，酒店客房，地面运输，工作人员的管理技能，以及当地人民的友好和外语技能。大多数研究者普遍认可的决定目的地的因素包括会议室设施、服务水平、饭店、运输和目的地的吸引物（Kim 等，2004）。

（三）国内外文献综述的比较

从研究内容上看，国内会展目的地吸引力的研究对象主要是基于城市产业竞争力的角度，或者是针对长三角、珠三角、京津唐区域会展业竞争力的角度来进行分析。国外会展目的地吸引力的研究对象包括城市作为会展目的地的研究，会展中心的选择，或者是更加具体的会展中心设施和服务指标的研究。总体而言，这跟国内外不同产业发展状况有关。

从研究方法上看，国内会展目的地吸引力的研究大多从理论的角度出发来进行分析，经常用到的理论包括波特的钻石模型、产业集群理论、区域产业竞争力 GEM 理论；并在此基础上构建会展业竞争力评价体系，因此所构建的指标通常是宏观性的指标。国外会展目的地的研究人多数从会展策划者和组织者的视角出发，进行量表的设计、问卷调研，从而进行具体分析。由于会展业的实践性非常强，深入访谈以及问卷调研方法在国外非常多。国内研究在这方面还有待加强。

三　数据来源

以上海为样本收集目的地，专门针对上海会展组织方和需求方进行调研。上海会展组织方主要包括上海的会展公司（其中有些是会展主办方）、旅游公司的会奖部门，以及会展设计和装饰公司。例如亚洲博闻、中青旅会奖部门、博华等公司的员工，他们都会参与到上海会展活动的组织和支持工作中。在调研方式上，是直接预约并到有关公司中去发放问卷。会展需求方主要包括参展商、观众/观展者。在调研方式上，一部分受访者来源于同事所介绍的曾经有过在上海的参展经历或观展经历的参展商或观众/观展者；一部分受访者来源于在上海各会展中心的实地受访者，这里具体包括上海世博展览馆、上海新国际博览中心等。从 2012 年 12 月到 2013 年 3 月，共发放问卷200 份，回收问卷 198 份，然后出现错填、漏填、字迹模糊等问题的问卷被剔除，最终得到有效问卷 194 份，有效率达 97%，适合做进一步的数理统计分析。

四　研究结果

（一）基于组织方和需求方比较的上海会展目的地行为特征分析

为了更加清晰地了解受访者参与上海会展活动行为的相关特征，

基于上海会展组织方和需求方的比较进行了具体分析。在对受访者在上海组展或参展经历的调查中，共涉及以下五个方面：①每年参加中国会展的次数；②每年参加海外会展的次数；③经常发布/获取会展信息的渠道；④曾经去过的上海的会展中心；⑤（您去过的会展中心中）设施和服务最令您感到满意的会展中心。

关于受访者每年参加中国会展的次数，34%的上海会展组织方表示每年参加中国会展的次数在6次或以上次数，大约一半的上海会展组织方每年都会参加5次或以上次数的会展活动。上海会展需求方表示每年参加中国会展的次数在4次或以上的群体仅占约15%，大约64%的上海会展需求方表示每年参加中国会展的次数为1次或者2次（见图1）。这充分呈现了受访者参与国内会展活动的状态和活跃程度，显然上海会展组织方参与组织策划会展活动非常频繁，这更加从侧面体现了上海会展业发展的活跃程度。

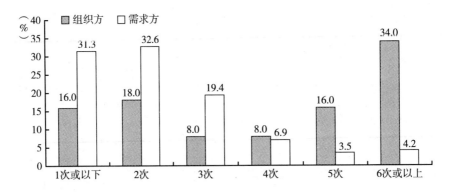

图1　上海会展目的地的组织方和需求方每年参加中国会展的次数比较

关于受访者每年参加海外会展的次数，32%的上海会展组织方表示每年参加海外会展的次数在2~4次，60%的上海会展组织方每年仅参加1次海外会展活动或者是从来不参加海外会展活动。上海会展需求方表示每年从来不参加或者参加1次海外会展的群体高达近90%，大约10%的上海会展需求方表示每年参加海外会展的次数为

2~4次（见图2）。这充分呈现了受访者，无论是上海会展组织方还是上海会展需求方，参与海外会展的频率并不高，也就是说，走出国门参加会展的情况如今依然是非常少的，但是相比较而言，上海会展组织方也会参与一些国外会展的活动策划组织工作。

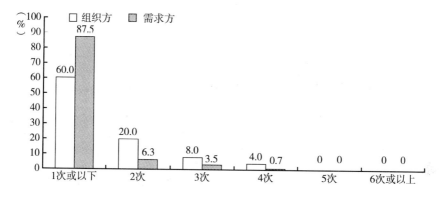

图2 上海会展目的地组织方和需求方每年参加海外会展的次数比较

关于上海会展组织方经常发布会展信息的渠道和上海会展需求方经常获取会展信息的渠道，如图3显示，上海会展组织方所认可的经常发布会展信息的渠道依次包括网络广告（80%）、电子邮件（74%）、报纸/杂志/书籍（64%）、直接的邮件（46%）、电话销售（44%）、电视/广播/电影（30%），以及其他，这里主要指的是政府邀请和媒体邀请。由此可知，上海会展组织方发布会展信息的渠道是非常多的，拿专业的会展公司来说，它们主要依靠网站建设、电子邮件、电话销售、专业期刊发布会展信息，当然还会依据其过往经验建立起来的客户数据库来依次通知。就上海会展需求方而言，它们经常获取会展信息的渠道依次包括网络广告（70.8%）、电子邮件（47.2%）、电视/广播/电影（41%）、报纸/杂志/书籍（36.1%），其所占比例大多数都不算很高。由此可知，相较于组织方，上海会展需求方并没有及时地获取会展活动有关信息。这里面有一个值得注意的问题，上海会展需求方认为电视/广播/电影是一个非常好的获取会展信息的渠道，排名第二，这跟上海需求方中有很多是 B2C 观展者有关，因此可以常常从电视广播中获取上海 B2C 会展活动的广告。

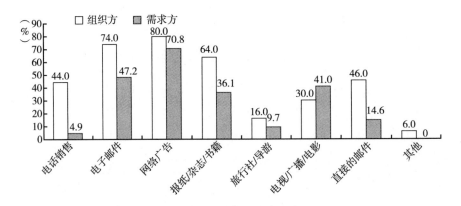

图 3　上海会展目的地组织方和需求方经常发布/获取会展信息的渠道比较

按照上海会展网的认可情况，目前上海有 14 个会展中心，依据前期访谈调研设定了七个常用的会展中心进行调查，具体包括上海新国际博览中心、光大会展中心、上海世贸商城、上海国际展览中心、上海世博展览馆、上海展览中心（工展）、上海国际会议中心。从地理位置上看，这七大会展中心的分布依次是浦东新区 3 个（上海新国际博览中心、上海世博展览馆、上海国际会议中心）、长宁区 2 个（上海世贸商城和上海国际展览中心，位于虹桥经济技术开发区）、徐汇区 1 个（光大会展中心）、静安区 1 个（上海展览中心），也就是说各个区域都囊括进来，因而其设定是比较合理的。

问卷结果显示，如图 4 所示，上海会展组织方常去的会展中心依次为上海光大会展中心（96%）、上海世博展览馆（88%）、上海新国际博览中心（84%）、上海国际展览中心（68%）、上海世贸商城

（64%）、上海国际会议中心（60%）、上海展览中心（40%），由此可知，组织方对上海各个会展中心了解的程度是非常高的，这七大会展中心除上海展览中心外去过的组织方人群比例基本上都在60%以上。会展组织方中常去的会展中心依次为上海光大会展中心（59.7%）、上海世博展览馆（57.6%）、上海国际展览中心（50%）、上海新国际博览中心（40.3%）、上海世贸商城（37.5%）、上海国际会议中心（28.5%）、上海展览中心（21.5%），由此可知，受访者需求方对上海各个会展中心了解的程度也是比较高的，但是跟组织方相比有很大差距，这七大会展中心去过的需求方人群比例最高的也没有超过60%。另外，组织方和需求方去过的会展中心中按人群比例多少来看，其次序基本上是一样的，这个可以理解，无论哪个会展中心举办会展活动，都会有组织方和需求方的参与。

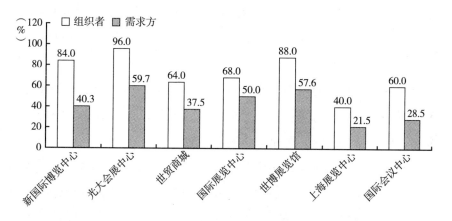

图4　上海会展目的地组织方和需求方曾去过的上海的会展中心比较

在受访者去过的上海的各会展中心中，调查其设施和服务最令人感到满意的情况如图5所示。从上海会展组织方视角看，满意度最高的集中在上海新国际博览中心，占所有组织方人员的64%；其他依次是上海国际展览中心（12%）、上海世博展览馆（12%）、上海国际会议中心（12%）、上海世贸商城（8%），最后是上海光大会展中心，有 4% 的组织方受访者认为其设施和服务是最令人满意的。当然，要结合所去过的会展中心来进行比较，由此可知，对于上海组织方而言，其设施和服务最令人满意的会展中心是上海新国际博览中心，之后并列为上海国际会议中心、上海国际展览中心、上海世博展览馆，其中上海新国际博览中心满意度所占比例非常高。从上海需求方的视角看，最满意的会展中心比较分散，包括上海世博展览馆（25.7%）、上海新国际博览中心（22.2%）、上海国际展览中心（16.7%）、上海光大会展中心（13.2%）、上海国际会议中心（11.8%）、上海世贸商城（4.9%）、上海展览中心（3.5%）。出现这种差异，是由于组织方和需求方在会展活动中所扮演的角色以及其需求存在很大差异。作为会展活动的组织策划者，会展组织方必须要对参展商的展台搭建、货物运输、会展中心交通、住宿、餐饮等负起责任，而且不同规模的会展活动所需的会展场馆的容纳空间也有差异，因此组织方更加关注会展中心设施和服务，以满足其更高的要求。然而，作为参展商和观展者来说，其需求的焦点着眼于会展活动本身所提供的商业交流等机会，因此对会展中心本身的设施和服务感知并不太大。由此可知，在上海的会展中心的具体规划中，更应该关注的是会展组织方的高要求和高标准。

上海组织方满意比例最高的上海新国际博览中心，由上海陆家嘴展览发展有限公司与德国展览集团国际有限公司联合投资建造，属于中外合资合营的性质。该会展中心拥有 17 个单层无柱式展厅，室内展览面积 20 万平方米，室外展览面积 10 万平方米，目前在上海属于展览面积最大的会展中心，每年举办约 80 余场知名展览会，吸引 300 余万名海内外需求方到此。上海国际会议中心也位于浦东，是上海标志性新景观，曾被评为新中国成立五十年十大经典建筑之一，一向以举办大型国际会议、商务论坛而闻名，财富论坛等著名会议曾在此举办。另外，上海国际展览中心是中外共同投资建立的引进国外一流管理模式和经验的展览场馆公司，其主营业务包括场馆租赁、管理输出和自办展览，在国内展览业界具有很高的知名度。

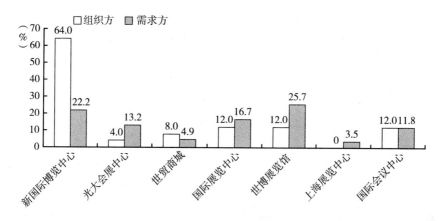

图5　上海会展目的地会务设施和服务最令组织方和需求方感到满意的会展中心比较

（二）基于组织方和需求方比较的上海会展目的地吸引力指标分析

为了更加深入地了解上海作为会展目的地的吸引力，本文进一步依据会展组织方和需求方的不同背景，来研究上海会展目的地吸引力指标认知上的差异。这样有助于进一步加深认识，并为之后上海会展业的发展提供建议打下基础。

本文研究的上海会展组织方包括会展公司、旅游公司的会奖部和会展装饰与设计公司。其或者是在会展的组织策划，或者是在会展活动期间参会者游览娱乐活动的安排布置，或者是在会展现场的装饰布置上发挥主要作用，因此是会展活动的组织方。上海会展的需求方包括参展商、参会者，也包括一般的参展观众。一般我们可以把会展活动分为B2B和B2C两种不同类型。在上海行业内的B2B会展中，参展商和参展观众参加会展活动都带着很强的公司活动性质，参展商主要是为了推介自己的产品，需求更多合作机会；参展观众主要是为了加强行业内的商业交流，寻找市场机会，学习行业内最新知识，了解行业内的最新产品，与同行业内的竞争对手互相学习。在上海行业内的 B2C 会展中，由于会展活动针对的群体包括广泛的市民，这里基本上可以称得上是更集中的商业买卖活动，参展商为了推介自己的产品，会以更加便宜的价格进行出售，同时寻求会展活动期间短时间内的大额售出量；上海的观展者出于更加低廉的价格因素考虑，来此可能会批发或者单个购买产品。例如上海的婚博会、春季服饰酬宾会、名品皮具节等，都是非常典型的 B2C 展览活动。显而易见的是，上海会展组织方和需求方是上海会展活动的积极参与者，对于上海作为会展目的地的吸引力指标有着更深刻的认识；同时，由于上海会展组织方和需求方在会展活动中所扮演的角色的差异、参会动机的差异等因素的影响，对上海会展目的地吸引力指标的认知可能也会存在差异。主要使用均值比较、标准差比较、单因素 ANOVA 分析的方法，使用 SPSS17.0 软件进行分析，在此列出了会展目的地吸引力项目中有差异的指标。

1. 基于组织方和需求方比较的上海会展目的地食宿吸引力分析

表 1 显示了针对上海会展组织方和需求方的差异，上海会展目的地吸引力测量指标中的食宿吸引力方差分析的结果，显著性水平均给定为 0.05，概率 P 值小于显著性系数（0.01 或 0.05）即说明存在显著差异。表 1 的分析结果表明：关于上海会展目的地吸引力测量指标中的食宿吸引力，上海会展组织方和需求方在大多数的测量指标中都存在着显著差异。

具体来看，关于"上海的住宿环境安全"（P = 0.044）、"上海的住宿设施方便齐全"（P = 0.009）、"上海的餐饮服务干净卫生"（P = 0.031）、"上海的餐饮服务周到"（P = 0.017），会展组织方和需求方的认知存在着显著差异。通过均值比较可知，在所有这些项目中，上海会展组织方的均值都要小于会展需求方的均值。关于"上海的住宿环境安全"，上海会展组织方的均值是 3.62，而上海需求方的均值是 3.90，相差 0.28；关于"上海的住宿设施方便齐全"，上海会展组织方的均值是 3.46，而上海需求方的均值是 3.79，相差 0.33；关于"上海的餐饮服务干净卫生"，上海会展组织方的均值是 3.38，而上海需求方的均值是 3.69，相差 0.31；关于"上海的餐饮服务周到"，上海会展组织方的均值是 3.42，而上海需求方的均值是 3.76，相差 0.34。出现这种差异，有可能是由于上海会展组织方出于会展活动的考虑，对住宿环境的安全性、住宿设施的方便齐全、餐饮服务的干净卫生、餐饮服务周到有着更高的要求。另外，由于上海会展组织方的样本量少于需求方，根据其人口统计变量特征得知，上海会展组织方群体的年龄非常年轻化，且集中于大专/本科学历以上，月收入整体水平也高于上海会展需求方的整体水平，因此对于住宿和餐饮方面的设施和服务要求更加高标准。

表 1　上海会展目的地食宿吸引力的组织方和需求方差异分析

公因子		均值	标准差	显著性
上海会展目的地的住宿环境安全	组织方	3.62	0.967	0.044 *
	需求方	3.90	0.805	
上海会展目的地的住宿环境整洁舒适	组织方	3.62	0.725	0.070
	需求方	3.85	0.769	
上海会展目的地的住宿设施方便齐全	组织方	3.46	0.734	0.009 **
	需求方	3.79	0.783	
上海会展目的地的餐饮服务干净卫生	组织方	3.38	0.923	0.031 *
	需求方	3.69	0.863	
上海会展目的地的餐饮服务类型齐全	组织方	3.82	0.962	0.070
	需求方	4.06	0.750	
上海会展目的地的餐饮服务周到	组织方	3.42	0.883	0.017 *
	需求方	3.76	0.861	

* 表示在 P = 0.05 的水平下显著，** 表示在 P = 0.01 的水平下显著。

2. 基于组织方和需求方比较的上海会展目的地会务吸引力分析

表2显示了针对上海会展组织方和需求方的差异，上海会展目的地吸引力测量指标中的会务吸引力方差分析的结果，显著性水平均给定为0.05，概率P值小于显著性系数（0.01或0.05）即说明存在显著差异。数据分析结果表明：关于上海会展目的地吸引力测量指标中的会务吸引力，上海会展组织方和需求方在除了"上海的会展中心地理布局合理"指标外，其他所有的测量指标中都存在着显著差异。

具体来看，关于"上海的会展中心类型选择多样"（P = 0.001）、"整体而言，上海的会展中心设施完备"（P = 0.006）、"整体而言，上海的会展中心人员服务良好"（P = 0.000）、"整体而言，到达上海各会展中心的交通便捷"（P = 0.007），上海会展组织方和需求方的认知存在着显著差异。通过均值比较可知，在所有这些项目中，上海会展组织方的均值都要小于会展需求方的均值。关于"上海的会展中心类型选择多样"，上海会展组织方的均值是3.56，而需求方的均值是3.98，相差0.42；关于"整体而言，上海的会展中心设施完备"，上海会展组织方的均值是3.72，而需求方的均值是4.10，相差0.38；关于"整体而言，上海的会展中心人员服务良好"，上海会展组织方的均值是3.18，而需求方的均值是3.69，相差0.51；关于"整体而言，到达上海各会展中心的交通便捷"，会展组织方的均值是3.66，而需求方的均值是4.01，相差0.35。出现这些差异，首先，是由于上海会展组织方的样本量少于需求方，根据其人口统计变量特征得知，上海会展组织方群体的年龄非常年轻化，且集中于大专/本科学历以上，月收入整体水平也高于需求方的整体水平，因此对于会展中心设施和服务要求更加高标准是可以理解的；更加重要的是，上海会展组织方在会展活动中扮演的是组织策划的角色，会展设计和装饰公司在会展中心的类型认知、设施完备程度、会展中心人员服务，以及通往会展中心的交通方面，所接触的更多，专业性认识更强，因此我们可以认为上海会展组织方对上海会务吸引力认知的视角和评判经验是更加丰富的，且其需求的满足是更加有难度的。在具体的会展中心规划建设中也要重点考虑他们的看法。在这里，尤其需要注意的是，有关"整体而言，上海的会展中心人员服务良好"测量指标均值非常低，反映了上海会展组织方对上海的会展中心人员服务状况不满意。

表 2　上海会展目的地会务吸引力的组织方和需求方差异分析

公因子		均值	标准差	显著性
上海目的地会展中心地理布局合理	组织方	3.54	0.838	0.197
	需求方	3.70	0.730	
上海目的地会展中心类型选择多样	组织方	3.56	0.861	0.001 **
	需求方	3.98	0.734	
整体而言,上海的会展中心设施完备	组织方	3.72	1.089	0.006 **
	需求方	4.10	0.703	
整体而言,上海的会展中心人员服务良好	组织方	3.18	1.024	0.000 **
	需求方	3.69	0.787	
整体而言,到达上海各会展中心的交通便捷	组织方	3.66	1.042	0.007 **
	需求方	4.01	0.664	

* 表示在 P = 0.05 的水平下显著，** 表示在 P = 0.01 的水平下显著。

3. 基于组织方和需求方比较的上海会展目的地会展费用分析

表 3 显示了针对上海会展组织方和需求方的差异，上海会展目的地吸引力测量指标中的会展费用方差分析的结果，显著性水平均给定为 0.05，概率 P 值小于显著性系数（0.01 或 0.05）即说明存在显著差异。表 3 的分析结果表明：关于会展目的地吸引力测量指标中的会展费用，组织方和需求方有显著差异。

关于"整体而言，上海的会展中心使用费用/参展费用合理"，上海会展组织方的均值是 2.78，需求方的均值是 3.46，二者相差 0.68。可见，整体而言，上海会展组织方和需求方均认为会展中心的

费用很高，其中上海会展组织方在这方面的态度反应更加强烈。这样的结果应该说是可以理解的，至于为什么上海会展组织方认为会展中心的使用费用非常昂贵，可以从会展活动本身来认识。首先，会展中心或者其他展览场馆的前期基础投入非常大，尤其是在上海，土地和场所租赁的成本很高，其经营收入很大一部分就是来源于会展活动时场馆租赁的收入，因此租赁费用必然会高；其次，上海以至于中国目前会展中心基本上都是国营性质的，带有垄断的成分，因此可以收取高额费用；再次，目前上海会展业发展活跃，几乎每周都有各种大小型的会展活动，所以硬性的市场需求导致价格居高不下；最后，作为上海各会展中心使用或参观的客户，上海会展组织方和需求方认为价格高是可以理解的。

表3 上海会展目的地会展费用的组织方和需求方差异分析

公因子		均值	标准差	显著性
整体而言,上海目的地会展中心使用费用/参展费用合理	组织方	2.78	0.996	0.000**
	需求方	3.46	0.818	

* 表示在 P = 0.05 的水平下显著，** 表示在 P = 0.01 的水平下显著。

五 研究结论与建议

本研究从上海会展组织方和需求方比较的视角，对上海会展目的地吸引力的相关特征和指标进行了分析。结论表明：其一，上海会展组织方和需求方均认为上海在交通/娱乐/购物吸引力方面表现突出，且两者之间基本上不存在显著差异。其二，上海会展组织方和需求方均认为上海在区域产业吸引力方面表现突出，各项指标两者无显著差异，可见区域产业发展对上海会展业发展的重要性。其三，上海会展组织方和需求方对上海的住宿餐饮业认可度也比较高，且两者在大部分指标认知方面存在显著差异，组织方的认可度都要低于需求方。其四，上海会展组织方和需求方对上海的会务吸引力认可度也比较高，且两者在大部分指标认知方面存在显著差异，组织方的认可度均低于需求方，尤其是在会务人员服务方面表现出不满意的态度。其五，上海会展组织方对会展中心的使用费用和需求方对于会展中心的参展费用表现出显著差异，组织方对于价格非常敏感。

在上海会展旅游目的地吸引力中，交通/娱乐/购物吸引力和食宿吸引力是上海会展目的地吸引力的重要组成部分，也可以说是会展业发展的配套产业。要提高会展目的地吸引力，必须有包括交通、娱乐、购物、住宿、餐饮、零售在内的配套产业支持。具体而言，交通/娱乐/购物吸引力方面可以从以下方面考虑：公共交通设施现代化、到达上海的交通十分便利、公共交通信息容易获取、有众多娱乐休闲场所、购物方便/选择多样和城市形象很好等。食宿吸引力可以从以下方面考虑：住宿环境整洁舒适、住宿设施方便齐全、住宿环境安全、餐饮服务干净卫生和让人感到很安全。因此，一个城市在考虑本地会展业的发展时，必须把交通、娱乐、购物、住宿、餐饮业等因素考虑进去，才能够具备短时间大规模人流聚集的会展活动的接待能力。同时，从上海的调研数据可知，会展组织方对于相关住宿、餐饮条件更加重视，因此具有很大的参考价值。

B.10
杭州西博会品牌化的实践与思考

沈杨根 *

摘　要：

　　源于中国最早的综合性博览会，杭州西湖博览会自2000年恢复举办以来，逐渐形成了独具特色的办会模式，品牌影响力越来越大，但是面临新形势和新挑战，西博会也需要转型升级、跨越发展。本文分析了杭州西博会品牌化的发展现状，总结了提升品牌影响力的具体实践，并对未来发展提出三点思考。期望杭州西博会以品牌化带动国际化、专业化、市场化发展，不断打响这张城市"金名片"，促进杭州经济社会发展。

关键词：

　　西博会　品牌化　思考

1929年杭州举办首届西湖博览会，开中国会展业之先河，2000年杭州市委、市政府决定恢复举办西湖博览会（以下简称"西博会"）。经过13年的努力，西博会经历了"从小到大""从弱到强"的转变，2008年国家贸促会正式批复同意西博会冠名"西湖国际博览会"，西博会成为杭州的"金名片"，先后荣获"中国最具影响力国家级品牌展会"等诸多奖项，杭州也获得"中国十佳会展城市"等多项"桂冠"。西博会的成长，离不开其品牌影响力的打造，在

---

* 沈杨根，杭州世界休博会组委办策划与对外联络处处长助理。

"品牌化"引领下，西博会不断提升其"国际化、专业化、市场化"水平。

一 杭州西博会品牌影响力的发展现状

2000年以来，杭州西博会年年办、年年新，紧紧围绕城市发展创新设计办会主题，安排系列会展节庆活动，取得了显著成效，拉动了杭州经济社会发展。各项经济指标见表1。

表1 杭州西博会历届经济指标一览

年份	会期	项目 （个）	参加人数 （万人次）	贸易成交额 （亿元）	协议引进外资 （亿美元）	协议引进内资 （亿元）
1929	128	—	2000	—	—	—
2000	21	39	573.72	69.61	3.11	173.3
2001	22	46	606	74	7.1	119
2002	22	58	631.7	81.59	8.05	66.4
2003	22	39	641.58	103.17	6.34	72.43
2004	22	55	672	89.64	7.2	84.83
2005	16	53	672.37	80.84	7.27	87.28
2006	184	240	3422	133.56	10.17	108.34
2007	15	72	730	85.8	10.32	119.34
2008	21	102	1020	108	10.49	127.78
2009	22	124	1290	138	10.62	132
2010	22	130	1350	162.1	10.88	164.7
2011	63	245	3745	226	11.6	133.48
2012	23	132	1487	202.04	10.55	221.34
合 计	—	1335	18841.37	1554.35	113.7	1610.22

目前，国内外会展业界对展会品牌尚无确定的衡量标准，借鉴企业品牌理论和一些会展业内研究，品牌展会应该在持续举办、知名度、区域影响力等方面在全国或区域内处于领先地位。在历史上，1929年首届西湖博览会与1900年巴黎博览会、1927年费城博览会一

起被誉为 20 世纪初三大世界性博览会，当时曾轰动浙江和全国，誉满中外。从 2000 年开始，杭州市恢复举办了西博会，并连续成功举办了 13 年，擦亮了这块历史品牌，2013 年秋将举办第十五届西博会，西博会的品牌影响力得到不断提升。

1. 年年举办，成为城市的"金名片"

2000 年以来，除了 2006 年和 2011 年等少数年份外，历届西博会举办时间都安排在 10 月第三个周六开幕，持续时间在三个星期左右，这个时期正值杭州秋高气爽、丹桂飘香，是杭州最美的季节。十三届西博会吸引了 1.68 亿人次参与，西博会为杭州市集人气、扬名气、聚财气，是杭州市发展会展业的龙头和抓手，延伸了"住在杭州、游在杭州、学在杭州、创业在杭州""生活品质之城，幸福和谐杭州"的城市品牌，全面展示了杭州的资源优势、产业特色、文化魅力和创业环境，提升了杭州市的知名度和美誉度，成为城市的"金名片"。

2. 成效显著，拉动经济社会发展

2000 年以来，十三届杭州西博会共举办了会议、展览、商贸旅游、文化体育四大类项目 1335 个，实现了贸易成交额 1554.35 亿元，协议引进外资 113.7 亿美元，协议引进内资 1610.22 亿元，有效促进了杭州市会展产业的快速发展，从而大力推动了商贸、餐饮、交通、通信、娱乐、宾馆、广告、印刷、物流等相关行业的发展。根据杭州市统计局对 2009 年西博会调查分析的数据显示，本届西博会对各行业发展拉动成效明显，拉动杭州国内生产总值（GDP）增长 0.51 个百分点，给杭州带来了巨大的经济和社会效益，对促进杭州市经济社会建设发挥了十分重要的作用。

3. 影响广泛，竞争力不断增强

举办西博会增强了杭州城市的硬实力，其作为杭州增强城市竞争力、提升城市知名度和美誉度的一项重大事件，在打造城市品牌、提升城市影响力、增强城市文化力、深化城市文明建设、提高城市公共管理服务水平等方面发挥了重要作用，大力提升了杭州城市的软实力。通过与美国福布斯杂志、世界银行、世界休闲组织等国际机构的紧密合作，杭州连续多年被评为"中国城市总体投资环境最佳城市""中国大陆最佳商业城市""中国最具幸福感城市"第一名，并荣获"东方休闲之都""世界休闲杰出成就奖"等高含金量的称号，在2011年国际大会与会议协会（ICCA）全球排名榜中杭州列中国大陆国际会议城市第三名，扩大了城市的知名度、美誉度和开放度。西博会自身也得到了国内外的认可，自2007年以来，西博会被业内有关机构授予中国最具影响力国家级品牌展会、中国最具影响力品牌节庆、最佳品牌传播奖等荣誉，杭州也入选中国十大会展名城，获全国优秀会展城市奖、最佳会展城市管理奖等荣誉。

4. 创新发展，两大盛会合一举办

杭州市在2006年和2011年与世界休闲组织合作成功举办了两届休博会，与西博会"两会"同期合并举办，提升了西博会的国际影响力，也形成了休博会的品牌效应。2006年休博会被新华社等权威媒体誉为中国休闲时代到来的标志，开启了中国的"休闲元年"，2011年休博会使杭州作为国内唯一的城市入选"全球十大休闲范例城市"，杭州再次成为全球休闲的会聚地和世界目光的聚焦点。西博会与休博会的合作举办，整合了休闲资源，丰富了休闲业态，提升了城市休闲品牌，创新了休闲发展促进模式，传播了先进的休闲观念，在全球也是一种创新，为杭州建设"国际重要的旅游休闲中心"和打造"东方休闲之都、生活品质之城"的城市休闲品牌作出了积极贡献。

二 打造杭州西博会品牌影响力的实践探索

1. 联动办会，扩大品牌影响力

不同于"广交会""厦洽会"等在固定场所、固定时间举办的大型贸易类展会，杭州西博会的最大特点也是其独特的运作模式，就是把自身的发展与城市的发展紧密结合起来，打造平台，集聚资源，发展壮大。一是与城市品牌联动。城市品牌是城市最具价值的无形资产。打造城市品牌、经营城市品牌，是开展城市营销、科学经营城市的重要内容。西博会紧紧围绕城市品牌，通过与城市品牌的有机互动，实现与城市品牌的促进提升，一方面实现自身竞争力、品牌力、影响力不断提升，另一方面有力推进了杭州城市经济社会的发展，实现了西博会品牌与城市品牌的联动发展。二是与项目品牌联动。结合杭州城市特色优势，培育举办品牌会展项目，如保留自1998年以来每年举办西湖国际烟花大会，成为杭州旅游的拳头产品，先后在西湖、钱塘江、京杭大运河三个场地燃放，璀璨的烟花在杭城上空美丽绽放，展现杭州城市发展成就；2012年举办西博会"转型升级·产业发展"经贸合作洽谈会，与杭州十大产业发展紧密结合，取得显著经济成效。同时，通过对项目资源的整合包装，吸引优质品牌会展项目加盟西博会，实施"会展行业品牌建设工程"，策划推出美丽生活、休闲生活、科技生活等生活品质系列品牌会展，实现西博会品牌与项目品牌联动发展。三是借助平台推品牌。主动出击，主动接轨，通过实现西博会与上海世博会、北京奥运会等一流会展活动的互动，特别是通过成功入选并组织实施上海世博会最佳城市实践区《"五水共导"造就品质杭州》展示案例等，借助世博会这样一个世界级平台，提升西博会品牌影响力。

2. 开放办会，扩大品牌影响力

以开放的胸怀，与国际组织、全国知名会展城市和长三角周边城市共办共享西博会，打造一个没有围墙的博览会。一是打好"杭州牌"。坚持市区、县（市）联动办会，整合各区、县（市）资源和市直各部门的资源，举全市之力，形成全市上下一盘棋，共建共享西博会的办会格局。二是打好"浙江牌"。整合省内的会展、旅游资源为西博会所用，建立杭州都市圈会展节庆专业委员会，在诸暨、上虞、安吉、德清、南浔、海宁等都市圈节点县市设立西博会的分会场，并延伸至武义、江山、龙泉和枫泾、昆山、铁岭、徽州等长三角和全国知名会展城市，整合项目资源，输出西博品牌，拓展大西博效应。三是打好"中华牌"。邀请国家旅游局、国家体育总局等部委担任西博会共同举办单位，扩大西博会在国内的知名度和影响力。抓住推进长三角地区经济社会一体化发展的历史性机遇，以上海世博会等重大事件为平台，与长三角地区兄弟城市和国内中心会展城市建立紧密合作关系，组建中国会展联盟，不断提升西博会在全国和区域范围内的影响力。四是打好"国际牌"。积极争取联合国教科文组织、世界休闲组织等有关国际组织的支持，"借梯登高""借船出海""借鸡下蛋"，加快西博会国际化步伐，提升西博会的国际化水平和档次。

3. 沟通推介，扩大品牌影响力

通过与各类社会媒体和专业机构合作，制订西博会沟通推介计划，开展立体式宣传推广，把当年西博会的举办特点、亮点进行全方位的展示和推介，以西博会的丰富内涵充分展示和大力宣扬杭州城市品牌的精彩魅力。一是新闻媒体传播。在西博会博物馆和重大会展项目现场设立新闻中心，在官方网站开设网上新闻中心，加强与主流新闻媒体合作与服务，覆盖传统的电视、广播、报纸、杂志和新兴的网络媒体，建立西博会核心媒体记者团队，挖掘西博会新闻特色和亮点，组织各类有深度的新闻报道，注重城市与西博会品牌形象相结合的报道，注重西博会整体与项目相结合的报道，注重项目成果与举办过程相结合的报道。同时，注重对媒体宣传的监测，及时掌握舆论动态。二是推广活动造势。与市经合办、市委宣传部等部门合作，每年在北京、上海、南京等地举办大型城市形象推广、招展招商活动；2009年起每年在哈尔滨、成都、武汉、广州等全国中心城市组织杭州旅游、会展业、西博会大型宣传推广活动，到2012年四年间共在

22 个城市举办了推广活动；并先后到德国、法国、英国、美国以及中国台湾等地举办推广活动。三是社会氛围营造。西博会精心制作了《视觉标识系统》，规范名称、字体、标志和吉祥物等，每届西博会在此基础上创意设计《西博会社会环境宣传素材汇编》，在西博会举办前和举办期间，通过区县联动宣传，整合各类社会资源，发布户外广告、西博会会旗、灯杆刀旗、灯箱、海报、吉祥物、绿化小品等多种形式在杭城营造浓郁的节日氛围，并且每届西博会都制作会刊、折页、通票、明信片、地图等 30 万份以上的宣传品发布西博会的信息。四是新媒体传播。适应现代信息传播规律，运用现代网络技术，建设西博会、休博会官方中英文网站，以及网上西博会和网上休博会，设立西博会微博、掌上西博和 APP 应用，为指定客户发送手机报，在入城口和重点会展场馆周边安排小区短信，设立西博会博物馆等，进行宣传展示。

三 提升杭州西博会品牌影响力的体会思考

在营销学上，品牌是指消费者对产品及产品系列的认知程度，差异化、关联性、认知价值是三个核心要素。因此，在打造和提升西博会品牌化过程中，要注重以下三个方面。

1. 创新理念形成独特的办会模式，是西博会品牌化的前提

西博会作为一个有八十多年历史的品牌，已经举办了十四届，注重传承与创新的有机结合，与杭州城市科学发展紧密结合，形成了联动办会、开放办会的富有独特魅力的办会模式。在今后发展中，要进一步实施品牌带动战略，在城市品牌引领下，不断提升西博会品牌化，带动西博会各个项目齐头并进；要进一步实施品牌引进战略，加强与有关国际组织、国家部委和驻沪领事馆等的合作，提升西博会品牌化，引进承接有关大型品牌展会，如 2013 年将与联合国教科文组

织合作举办世界文化大会等；要进一步实施创新驱动战略，立足新起点，谋划新发展，以理念创新指导实践，实现西博会跨越式发展。

2. 全方位、立体式的全媒体传播，是西博会品牌化的基础

经过连续多年的运作，西博会形成了一套比较完整的 VI 视觉标识系统，并通过外联推广活动宣传、新闻宣传、社会环境宣传等形式，向社会各界传播了明确的品牌内涵。在今后发展中，要注重载体和手段的创新，强强联合，整合资源，更加重视主办方信息发布平台建设，建设并运维好网站、微博等官方平台，建立并紧密联系一批核心媒体记者团队，还可以借助媒体公关机构的力量，深入挖掘、及时发布各类信息；更加重视参展方需求，西博会作为一个综合性博览会，参展方包括百余个加盟的会展项目和各参展企业，西博会品牌化要围绕各项目和参展企业服务的需求，扩大品牌影响；更加重视参观者兴趣，为其提供准确、全面、个性化的信息服务，为参与西博会各类展会、论坛的业内人士提供专业服务，为参与西博会各类节庆活动的市民游客提供便捷的服务。通过全方位、立体式的全媒体传播，推广西博会品牌内涵，为参展方、参观者提供专业化服务。

3. 务实高效推动城市经济社会发展，是西博会品牌化的关键

经过 13 年的办会探索，形成了一条具有杭州城市特色的会展业发展道路，杭州市委、市政府也多次强调办好西博会意义重大，对提升杭州的软硬实力都有决定性的作用，是分量最重、含金量最高的重大工程，坚持把西博会打造成为杭州发展会展业的平台、招商引资的抓手、精神文明建设的载体、老百姓和中外游客的节日，也就是说，西博会要服务于杭州经济社会的发展。在今后发展中，西博会要务实高效，注重实效，与产业结合，突出在"扩内需、促增长、做品牌、重实效"方面的重要作用，为杭州打造全国首屈一指的会展城作出贡献。

作为中国最早的综合性博览会，经过 2000 年以来连续 13 年的探索，杭州西博会逐渐形成了独具特色的办会模式，品牌影响力不断扩大，在国内外的知名度和美誉度不断提升。但是，也面临着许多新形势和新挑战，自身发展也需要转型升级。在这种情况下，打造并不断提升西博会品牌化显得尤其重要。

参考文献

王国平：《走科学办会之路，创世界级会展品牌——在 2009 第二届中国城市会展高峰论坛上的讲话》，西博会官方网站，http：//www. xh－expo. com/detail1. aspx? id＝8679&p＝0。

叶敏：《中国会展业图史》，杭州出版社，2010。

许传宏：《关于中国展会品牌建立的问题思考》，《上海工程技术大学学报》第 18 卷第 1 期，2004 年 3 月。

华钢、徐爱萍：《上海展会品牌化发展思考》，《经济师》2008 年第 6 期。

钟颖：《基于品牌展会评价标准的展会品牌战略管理思考》，《商场现代化》2007 年总第 511 期。

娄金霞：《杭州展会品牌化的途径研究》，华东师范大学 2007 年硕士学位论文。

金中伟、沈杨根：《借力大型展会，推进杭州会展业快速发展》，《中国城市》2010 年第 31 期。

沈杨根：《城市休闲品牌形象传播：以休博会为例》，《第一会展》2012 年总第 66 期。

B.11
中国会展生态化发展
研究报告（2013）

许传宏　利　杨　崔跃萍　余远洋*

摘　要：

　　生态化是会展业的未来发展方向。中国会展的生态化发展是值得重视的课题。本报告分析了现阶段中国会展生态化的研究状况及出现的问题，同时结合国外会展生态化发展的一些成功案例，对如何提高中国的会展生态化水平提出了一些对策与建议。

关键词：

　　中国　会展生态化　绿色

一　会展生态化的概念与研究情况

　　作为新兴产业，会展业的发展要追求经济效益、社会效益和生态效益的统一，也要实现会展经济与会展环境的协调发展。同时，展会及场馆生态化水平日益成为发展中国家展会持续发展的关键，也是高端国际展会核心竞争力所在。

　　目前，关于会展生态化还没有形成一个可以普遍接受的定义。国内部分学者尝试给会展生态化作出界定。尽管关于会展生态化方面的

---

* 许传宏，上海工程技术大学会展系教授；利杨、崔跃萍、余远洋，上海工程技术大学会展经济与管理方向硕士研究生。

137

定义多种多样，但笔者认为：生态会展是指在举办会展活动的时候，充分考虑到资源与环境方面的因素，并设法在会展的整个运作过程中减少对于环境的危害，以实现会展经济和生态环境的良性循环。其关键在于强调发展会展经济不应以对环境的破坏为代价，因此，生态会展可以看做"保护性会展"和"可持续发展会展"的结合体。

具体来说，会展生态化可以包括以下几个方面。

政府层面：加强宏观指导，应注重会展生态化的有关法律法规建设，建立发展生态化会展经济的激励机制，搞好会展产业链相关部门的配套服务，如旅游、交通等。

产业层面：建立会展准入制度和资质评定制度，建立会展企业及品牌展会的评定认证体系。

企业层面：加强会展基础设施建设，注重场馆的生态化设计。大力倡导绿色营销理念，强化环境保护意识，优化办展环境，提高会展服务水平。

二 国外会展生态化发展典型案例

（一）场馆设计的生态化

在美国杂志 *Beyond Borders* 发布的全球最佳会展中心中，澳大利亚凯恩斯会议中心以其"绿色环保"的建筑被世界各国所关注。凯恩斯会议中心是澳大利亚第一座严格按照环保标准设计建造的大型公共建筑，曾经多次获得节约能源和环境保护方面的奖项。会议中心采用特殊设计的双层褶状顶棚，可以收集大量雨水，直接输入储水箱。这些雨水，可以使会议中心草坪和花园的全部灌溉用水节约50%。会议中心的所有水龙头都安装了特殊装置，可以节水25%～30%，太阳能热水器满足了会议中心30%～35%的热水需求量。会议中心的建筑旁边安装了特殊的遮阴设备，它能随着阳光照射的角度不同，不断自动调整方向，以最大限度地保持室内阴凉，这项措施据说能节约5%的空调用电量。在会议中心的所有制冷设备中，还统一采用了新型制冷剂，不会破坏大气臭氧层。

（二）生态化的会展活动

随着生态化发展越来越多地被重视，一些内容直接与生态化相关的会展活动也陆续涌现。例如，2011年6月16～17日，IFES（世界展览工程委员会）年会于英国牛津举行。来自全国32个国家近80名IFES成员参加了此次年会并呼吁会展活动需要与"低碳、环保、绿色、生态化"的趋势相吻合，应该将会展业发展成为环境友好型的绿色产业。在做到使会展产业自身和谐发展的同时，达到经济运行高效、生态良性循环。在会展活动举办的过程中，不仅要具有高效率的物流、能流、人口流、信息流，更应该具有高度生态文明的空间。

（三）绿色会议在德国

会议大国德国在组织会议时具有很强的环保意识。同时，由于环保越来越受到重视，于是产生了更多在德国适合举办会议的原因。比如，方便抵达的会展场所，环保的旅行方式，经济可持续性发展的会议中心和酒店，还有结合环保理念的活动安排。此外，还有精彩的城市、热情好客的人们、优秀的基础设施，以及满足所有需求的能力。因为一直以来对会展生态化的重视，德国当之无愧地成为"欧洲第一会议国度"。

例如，在处理会展垃圾方面，德国已经早早领先。在德国，垃圾是不进行填埋的，而是直接焚烧后发电。垃圾焚烧发电是目前世界上最先进的垃圾处理方式，目前德国已有68个垃圾焚烧厂，每年可处理包括工厂、办公室产生的生活垃圾近1800万吨。即便在这种情况

下，据说，德国还打算增建 100 个垃圾处理新厂。可见，德国在会展垃圾乃至城市垃圾处理方面做足了准备。

（四）会展生态化的相关法规

很多会展国度制定了相关的法规来规范会展生态化的发展。例如，英国标准化协会于 2007 年出台了 BS 8901：2007《可持续会展项目管理体系规范》。该规范是一部较为规范、完整的标准，适用于各种大型会议和特殊的会展活动，诸如 2012 伦敦奥林匹克、音乐节和航空展等。BS 8901 针对会展组织者、场地及会展供应链中的总包或单个供应商。BS 8901 涉及会展项目可持续发展的环境、经济和社会三方面的内容，其中有关环境的规范即可视为绿色会展的内容。

三　中国会展生态化存在的主要问题

会展业在中国发展的同时也带来诸多不良环境问题，如浪费资源、破坏环境等不可持续发展的行为，问题之多令人触目惊心。研究表明，中国会展生态化存在的主要问题如下。

（一）会展场馆建设争先恐后，运营模式不可持续，展能不强

在中国经济社会迅速发展推动下，中国会展业迅速发展。自 2008 年以来，各地建设场馆的热情高涨，有 300 多个各类专业场馆，把室内展览面积不低于 5000 平方米的场馆作展览面积加总排序，中国已经超过德国名列世界第二。除了上海等一线城市场馆建设热度不减外，众多二、三线城市也纷纷投入会展场馆建设，展会面积和会展数量年均增长 18% ~ 25%。另据新华网（2012）报道，中国"平均三天多就增加一座博物馆"，但是空置率很高。

由于会展场馆建设本身缺乏中、长期规划，很多城市拥有不止一个场馆。第一个场馆建好投入使用后，很快发现场馆面积不够、办展期间容易导致交通堵塞等不良现象，又开始着手下一个场馆建设。很多场馆除了用于展览外，没有其他更好的利用价值，与当地产业基础、城市区位、经济实力、资源优势、展览相关的配套设施等七大要素脱节，会展场馆建设情况基本相同，配套设施功能及特色不明显，场馆竞争力不明显。在规划时不考虑场馆的多功能性，如场馆内部未配置灯光、音响，遇到重大的演艺活动，政府部门或者地方企业举行节庆活动时，难以达到很好的利用效果（南京会展业办公室张德育，2013）。然而，地区还是上演着简单重复的场馆建设的剧幕。

　　当经济发展放缓，会展业也会呈现不景气状况，作为展会的载体，国内场馆的经营和发展也会受到影响。如受全球金融危机影响，企业会减少参展活动，展览规模缩小。当下，除了北京、上海、广州等会展发达的城市会展场馆供求状况良好外，与场馆建设热潮不相匹配的是全国大多数会展场馆面临利用率低下、闲置率高且经营困难的窘境，饥饱不均的现象十分明显。多数城市场馆利用率在20%左右，大手笔投资换来展馆使用率低、场馆经营入不敷出，就连基本的维护费都难以为继，这就导致展会组织者亏损并直接转嫁给场馆。

　　场馆只有被利用才会产生效益。故要结合自身优势，依据全国及地方发展会展业的规划、行业及专业会展场馆的规划，依据会展场馆建设法规和会展项目评估评价标准，合理建设，制定好短、中、长期规划，保障场馆出租率，场馆数面积与展会数量相匹配。且场馆要想可持续发展，首先必须得到展览组织者的支持和信任，其次要得到参展商认可。会展强国德国，不仅场馆室内展览面积拥有全球展馆50强中的30%，比位居第二、三的意大利和美国的总和还多，而且在世界最具竞争力十大场馆中，拥有量为第一。要遏制盲目建设，探求

独具特色的、可持续的、生态化的场馆经营和发展模式，树立具有先进场馆、优质高效展会、赢利能力强的展商的顶级场馆经营理念。

（二）会展场馆建设与运营缺乏生态化标准，监督不严，扶持力度不够

作为公共设施，会展场馆对公众卫生、健康的影响较大。目前，国家及有关部门虽然已出台了绿色建筑及绿色施工的有关标准，如《奥运行动规划》《生态和环境保护规划》《绿色奥运建筑评估体系指标表》等，但就全国会展行业而言，一方面针对会展项目的绿色建筑和绿色施工标准还没有出台，另一方面不少项目没能按照有关的绿色建筑和绿色施工要求开展设计、施工、检验、试运行等工作，且缺乏惩罚办法与措施。

此外，由于体制改革没有深化到位，民众对于政府开支的约束与监督不够有力，展会中的种种浪费行为一时难以杜绝。展会在低碳、环保、绿色、节约方面的措施仍不得力。如统计数据表明，中国展览工程行业 90% 以上采用了不可回收的一次性木材料。

扶持和鼓励节约型展会的政策尚不健全，一些新型、绿色的展览用具在开发、宣传和推广方面存在的问题也一定程度上限制了设计人员采用环保展具的积极性。尤其是政府部门缺乏对环保展具的扶持鼓励政策。相关部门要提倡类似常州灵通展览用品有限公司这样合乎生态化会展的企业，致力于环保型"绿色展览"器材高新技术产品的研发创新，提出"标准展位特装化，特装展位标准化"的全新设计理念，将这种观念深入每一个会展相关者的行为中。

（三）会展现场能源消耗大，对环境不利、影响人员健康

会展活动的能源消耗量很大。调查表明，展览场馆总的能源费用要占到展览营业收入的 8%～16%。展览场馆单位建筑面积的年

用电量每平方米为 100kWh ~ 200kWh，是一般居民住宅楼用电量的 10 ~ 20 倍。一般展览馆多采用中央空调系统，而空调用电量占全年总用电量的 50% ~ 60%，展览的照明用电占到总用电量的 25% ~ 30%。

生产会展用料企业缺乏准入制，举办者在会展项目装修用料上为降低成本而购买不达环保要求的产品，不仅产生大量废弃物造成严重环境污染，还直接对环境造成有害物质超标，这些问题对会展的参观人员、工作人员的健康产生不利的影响。如展会使用大量非环保布展材料、油漆、黏合剂，还会挥发出甲醛等有害气体，对身体也极为有害。

会展活动对大气和水体的环境质量也会有一定的影响，如在会展活动过程中大量未经过适当处理或稍作处理的生活污水流入地下水道，进而进入河流、湖泊等水体，给水体环境带来严重的污染和破坏。有数据显示展览的日用水量平均为 250 吨，也就是说一座展览馆一年排放污水近 10 万吨。

（四）会展活动的垃圾污染及处理问题

一项由国际展览联盟进行的调查表明，每年各展览会制造的垃圾从 60 吨到 1.2 万吨不等，平均制造垃圾 2934 吨。

有数据显示，上海举办的中大规模展览，平均每次展览"出产"的废木材达 50 ~ 100 吨，大型展览一般要达到数百吨。这些木材带有铁钉及涂料，难以回收利用，只能通过焚烧销毁。

另据广交会统计，每届广交会产生装修垃圾超过 2500 吨，约占广州市 2000 万人口垃圾日产量的 1/2。

展会收摊、垃圾撒满的现象依然存在。展会办完，附近到处都是抛撒的展板、横幅，废弃的展具，给周围街道居民带来了不好的生存环境，也加重了垃圾回收负担，同时，一些劣质的材料不作处理投入

环境中，将对环境、人员产生不利影响。生态会展观念深入每个参与会展活动人心中势在必行。

（五）会展供应及服务体系不符合生态经济的要求

举办一个超大型的展会需要这个城市许多部门同时联动，如工商、税务、城管、公安、消防、口岸委、旅游等。这需要联动开展工作，进行综合协调。

会展业的发展，其本质是依靠服务作为支撑的，从中国当前的组织结构来看，各地的会展办和行业协会，在会展供应与服务体系上力量有限。

四 推进中国会展生态化发展的对策

（一）制定会展法律法规，促进会展管理创新

目前，中国在环境保护方面，已制定了较多的法律法规，如《中华人民共和国环境保护法》《中华人民共和国循环经济促进法》等，这些法律法规的出台，规范了企业的行为，为生态环境的保护提供了法律保障。近年来，由于会展经济取得了突飞猛进的发展，生态化问题日益凸显。政府部门也出台了相关法规条例来规范会展活动和会展行为。

如在《中国2010年上海世博会绿色指南》的指导下，世博园区内清洁能源的使用比例达到50%以上，世博园区绿地总面积超过100万平方米，园区内外投用了超过1000辆清洁能源汽车，世博园区内工程建筑废弃物和垃圾将100%回收，资源化利用率将达到50%以上。《中国2010年上海世博会绿色指南》无疑是生态化会展的里程碑性的指导方针，是政府规范会展活动的重要借鉴。

党的十八大之后，中央提出"八项规定和六项禁令"，其中规定了政府工作要"切忌走过场、搞形式主义""要轻车简从""不张贴悬挂标语横幅""不铺设迎宾地毯，不摆放花草，不安排宴请""严禁讲排场、比阔气，搞铺张浪费"等。这些规定和禁令不仅仅是对政府日常工作的约束，也影响着政府参与和组织的活动。中国目前大型的会展活动仍以政府主导为主，因此"八项规定和六项禁令"在倡导廉洁从政理念的同时，也为生态化会展的发展提供了指导。

但是这些政策法规还有待完善，很多关于生态化会展的规定还停留在方向指导上，缺乏具体的行为标准，可操作性不强；还有一些规定的条例过于具体化，甚至有以偏概全的现象，这样的政策法规的适用面较窄，缺少战略性的指导。

在会展项目管理方面，政府要严格把关，要坚守绿色办展的原则，对于宣传生态化理念、倡导低碳生活、绿色出行等会展活动要大力支持，对于符合会展生态化标准的会展企业要给予优惠政策并加以推介。对于有违生态化标准的会展活动要责令整改或予以否决。在倡导生态化会展的前期，规范会展行为方面，政府的作用是不可替代的。政府要积极制定完善政策法规、创新管理机制，正确引导会展业走向生态化道路，要为生态化会展经济提供法律支持和制度保障。

（二）完善会展生态化发展的评价体系

生态化会展标准是开展会展活动审查和评估、第三方认证工作的基础，也是企业等有关机构推行生态化会展活动的指南。目前，国内生态化会展研究还处于探索阶段，大多是宽泛的定性研究，而完善的生态化会展评价标准和认证体系是生态化会展走向成熟的重要标志，就目前的研究现状看，已有学者开始尝试建立会展生态化评价标准和评估体系。如江金波、李娜、王晓君在《生态会展评价体系及其定量分析的初步研究——以广州国际会展中心为例》中设置的评级体系（见表1）。

表1 会展生态化评价指标体系

评估目标	一级分目标指标层	二级分目标指标层	三级分目标指标层
生态会展	设施设备	设备与能源利用	清洁能源;节能灯使用率;节能空调使用率;电梯使用率
		布展用品	展示物;眉版;装饰物
		场馆设计	建筑材料的环保性;场馆内部结构
			场馆绿化覆盖率
	开发利用	场馆利用率	空间利用率(含展期和非展期);时间利用率
		展厅空间组织	通畅性(含通道宽度和密度);展位密度;展厅剩余空间
	管理运营	污染	光污染(如灯光);噪声污染(如音量超标);废气污染;视觉污染(含过度营销);固体废弃物(含布展用品和生活垃圾)
		人流量控制	最高门槛(含参展商、观众控制);展会高峰期错峰
		人力资源利用率	保洁人员合理配置率;参展商工作人员配置率;其他工作人员配置率

再例如,宋冰雪在《基于循环经济理论的绿色会展评价指标体系与综合评价方法研究》中,提出了以循环经济理论为基础设置的绿色会展评价指标体系(见表2)。

表2 基于循环经济理论的绿色会展评价指标体系

指标	综合层指标	评价因素层指标	评价因子层指标
外围指标	社会效益	社会效率	会展举办地居民满意度(%)
			参展商满意度(%)
			参观者满意度(%)
		从业人员素质	从业人员学历构成(%)
			从业人员健康状况(良好、一般、较差)
		就业状况	会展行业内失业率(%)
			会展业就业人数占第三产业就业人数比例(%)
			会展业就业人数增长率(%)
		社区环境文明	会展业发展提高举办地社区环境优化力度(%)
			会展业发展提高举办地居民文明素质力度(%)
	管理	法律、法规	会展业相关法律、法规、制度健全度
		行业管理	会展行业协会个数、会展行业管理措施、体系健全度、会展行业管理中政府参与度
		行业结构	会展行业结构是否合理

续表

指标	综合层指标	评价因素层指标	评价因子层指标
核心指标	经济效益	会展收入	会展业年均收入（元） 会展业年均收入年增长率（%） 会展业从业人员人均收入（元） 参展者展览会签售收入占其总收入百分比（%） 展区单位面积收入（万元/平方米）
		经济发展水平	会展业收入与旅游业收入比例（%） 会展业收入占第三产业收入比例（%） 会展业占 GDP 比重（%）
	"3R"原则下会展资源使用	资源使用效率	单位会展业 GDP 耗水量（吨/万元） 单位会展业 GDP 耗电量（千瓦时/万元） 单位会展业 GDP 耗油量（吨/万元） 会展业单位 GDP 资源消耗削减率（%） 会展场馆年使用率（%）
		环保资源	环保材料使用率（%） 绿色场馆建设率（%） 环保展品占所有展品比重（%）
		土地资源	展区单位土地面积产值（%） 展区单位土地面积人数（人/亩）
		水资源	展区用水率（%） 展区污水处理回用率（%） 展区节水设备使用比例（%）
		能源	展区清洁能源占总能源比例（%） 展区能源消耗削减率（%）
		资源回收	展区垃圾及废弃物回收和综合再利用比例（%） 展区垃圾及废弃物再循环资源化比例（%） 展区垃圾及废弃物资源化年增长率（%） 展区废弃物、废水处理投入占会展总收入百分比（%） 展区废水循环利用比例（%）
	环境保护	展区绿化	展区土地绿化率（%） 展区绿化投入占会展总收入的百分比（%）
		大气环境	展区大气 SO_2 浓度 展区大气 CO_2 浓度 展区 TSP 浓度 展区烟尘浓度 展区空气质量指数 展区大气环境质量达标率（%） 展区废弃物处理比例（%）

续表

指标	综合层指标	评价因素层指标	评价因子层指标
核心指标	环境保护	水环境	展区饮用水源水质达标率(%) 展区功能区水源达标率(%)
		声环境	展区环境噪声(分贝) 展区噪声达标率(%)
		垃圾	展区垃圾无公害分类处理率(%)
		绿色厕所	展区生态厕所比例(%)
		环境承载力	展区所有人数与展区环境容量比值(%) 展区环境承载力增减率(%)
		环保投入	环保投入占会展总收入百分比(%) 环保投入年递增率(%) 绿色会展科研经费投入增长率(%)
		环保行业标准	通过"绿色环球21"论证的会展比例(%) 通过环境质量管理体系ISO14000论证的展区比例(%) 通过环境质量管理体系ISO14000论证的绿色酒店(个)

会展业的健康有序发展，离不开健全的行业标准与评价体系。但目前完善的可操作性强的生态化会展评价体系还未真正建立，还需要政府部门、行业协会、学者和企业共同努力。

（三）要树立"6R"理念

在会展场馆的建造和运营模式方面，中国仍是粗放型发展方式，而国外较成熟的会展活动一般都遵循"6R"理念。第一，Respect（尊重自然），即要尊重自然规律；第二，Renew（可再生材料），多使用可再生材料、可再生能源；第三，Reuse and Recycle（可循环利用的材料），尽量使用可循环使用的材料，提高资源的利用率；第四，Reduce（减少废弃物和污染物），尽量减少废弃物和污染物的排放；第五，Remember（加强记忆和教育），加强公众环保意识的培养和宣传。"6R"理念的树立对于中国会展业走向成熟、走向国际化，具有重要意义。

会展场馆建造者在场馆建造时要坚持绿色环保原则，在场馆选址上要充分利用周边自然环境的优势；在场馆设计时，也要充分考虑到节能的需要，同时多利用太阳能等新能源；在建筑材料选取上，尽量使用可再生可循环材料。

会展项目组织者要将绿色生态化的理念落实到经营管理的各个方面，在展台设置、布局上处处体现绿色、生态化主题。同时可以考虑设立网上展会，让更多的人能够足不出户地"参展"，降低会展活动的额外碳排放。引导、鼓励参展商、运营方在展台搭建和运营管理方面添加绿色环保元素，努力塑造和提升展会的绿色环保形象。

会展活动参展商要意识到参照活动的每个行为都是展览的组成部分，任何一个环节出了问题，都会影响参展的效果，影响企业的形象。因此，企业要根据企业特点并结合观众的需求有针对性地宣传，让观众认识到企业在环保方面的意识、态度和作为。

（四）不断探讨会展生态化的发展模式

科学完善的发展模式是一个行业走向成熟的重要标志之一。目前，中国会展业还处于发展初期，发展模式尚未形成，仍需正确的引导。绿色生态化会展是会展业发展的必然趋势，在国外会展生态化程度已经达到较高水平，由于国内环境和发展阶段存在较大差异，我们不能照搬国外发展模式，应从国内具体环境出发结合国内会展的特点，并以国内生态化程度较高的会展活动为研究对象，总结出适合国内会展业发展的有益经验。就目前国内会展生态化程度而言，北京的奥运会和上海世博会这两届国际型会展活动的生态化程度已达到较高的水平。

学者杨六奇曾总结出"北京奥运会""上海世博会""西安世园会"的生态化发展模式。他认为北京奥运会的生态化发展模式是：

会前高调提倡，会中积极探索，会后留下绿地；上海世博会的生态化发展模式是：会前积极研讨，会中主打节能，会后带动产业；西安世园会的生态化发展模式是：会前提倡绿色文化，会中践行绿色活动，会后改变生活方式。政府部门、会展企业和学者仍需继续探索，同时借鉴国外会展活动在生态化方面的有益行为，最终探究出适合会展行业生态化的发展模式。

五　倡导与展望

中国已经将发展低碳产业和绿色生态化产业放到了国家战略的地位。会展业作为一种新的经济形态，对国民经济的贡献也越来越突出。正是会展业的强产业拉动力，使众多城市把会展业作为一个潜力巨大的新兴产业，一个新的经济亮点和新的经济增长点。

会展业要想获得持续的、健康的发展，必须寻求经济效益、社会效益和生态效益的统一，在行业内部大力倡导绿色环保的理念。

（一）会展活动是倡导生态化理念的重要平台

会展活动是成果展示和信息传播的重要平台，与电视广播、报纸刊物等传统宣传媒介不同，会展活动是现时性的宣传与交流，公众可以及时有效地获取市场信息和动态。会展组织者可以借会展平台发起绿色、生态化主题活动，宣传和推介绿色会展产品，唤醒会展参与者的绿色环保意识，使那些不注重环境保护的传统会展逐渐失去市场和观众的认可。政府部门可以通过参与会展活动，并积极利用会展活动的平台，向公众宣传环保政策，让公众树立环保的意识。

（二）会展经济可持续发展需要生态化的环境

会展经济的发展与自然环境息息相关，一方面会展经济发展所需的能源、资源均源于自然界；另一方面会展产业的发展所带来的成果不仅提升了自然物的价值，也丰富了自然物的种类。会展经济与自然界结合最典型的产业就是会展旅游业，会展旅游业依托的旅游资源属于自然资源，可见生态环境的状况影响着会展经济发展的前景和道路。保护生态环境是会展经济持续发展的基础，任何以牺牲自然环境为代价的发展模式都是得不偿失的。会展经济健康可持续发展需要绿色、生态化的自然环境，会展经济只有走上生态化道路才能获得源源不断的发展动力和广阔的发展前景。

（三）生态化会展符合科学发展观的发展理念

生态化会展就是要走一条绿色环保，健康可持续，实现经济与社会、人与自然和谐共处的发展道路，这正是科学发展观所倡导的"坚持以人为本，全面、协调、可持续的发展观，促进经济社会和人的全面发展"。因此，会展业走向生态化道路符合国家发展战略，是大势所趋，是落实科学发展观的重要体现。生态化会展不仅是绿色产品的展示平台，也是绿色环保理念的宣传媒介。会展业应争做节能减排、循环发展的先行者和贯彻落实科学发展观的践行者。

（四）会展生态化是会展产业链整体生态化

具有高产业关联度的会展业是集商贸、交通运输、餐饮住宿、购物娱乐、旅游观光等为一体的经济消费链。从会展活动流程来看，会展产业链主要包括：会展策划与组织管理、场馆规划与建设、营销与广告宣传、展台布置、交通运输、金融保险、知识产权保护、餐饮住宿、旅游休闲、展后评估等。会展经济要真正实现绿色、低碳和生态环保，成为绿色、生态化产业的代表，不仅是会展行业自身要转变经济发展方式，还要带动会展产业链实现发展方式根本性转变，最终使整个产业链走上生态化的发展道路。

当然，生态化会展之路不可能一蹴而就，要根本转变会展经济的发展方式需要政府、协会、会展企业、参展商、观众等多方的通力配合和共同努力。尽管生态化会展之路依旧任重而道远，但只要各方积极配合，紧随国家的战略规划，相信生态化会展之路不会太长。那时，会展经济必定能成为新型绿色、生态化产业的代表，成为国民经济的重要增长点。

参考文献

《欧洲第一会议国度：绿色会议在德国》，《社会观察》2012 年第 8 期。

过聚荣主编《中国会展经济发展报告（2012）》，社会科学文献出版社，2012。

张海林、魏雅莉：《滨海新区推行绿色会展经济模式的对策研究》，《商场现代化》2012 年第 3 期。

沈铁鸣：《拓新草原文化，打造国际生态会展节庆品牌》，《品牌》（理论月刊）2011 年第 7 期。

杨六奇：《浅论绿色会展的发展模式和策略》，载《2011 中国会展经济研究会学术年会论文集》，2011。

陈宜平：《发展中国绿色会展业的若干问题及对策》，《国际商务研究》2011 年第 2 期。

江金波、李娜、王晓君：《生态会展评价体系及其定量分析的初步研究——以广州国际会展中心为例》，《现代商业》2010 年第 9 期。

高姗：《以绿色打造城市会展品牌——以杭州为例》，《企业技术开发》2010 年第 12 期。

孟淑娟：《会展产业链盈利模式分析》，《经济研究导刊》2010 年第 11 期。

宋冰雪：《基于循环经济理论的绿色会展评价指标体系与综合评价方法研究》，东北财经大学，2010。

方忠、张华荣：《会展产业的生态化解读》，《西南民族大学学报》2009 年第 4 期。

何卫东：《打造适应"低碳"需要的绿色会展》，《社会观察》2009 年第 11 期。

李倩、盛逖：《城市产业生态化实现路径及效率研究——以北京市为例》，《城市发展研究》2008 年第 6 期。

车乐：《2010 上海"生态世博"规划导引指标体系研究》，同济大学，2006。

胡平：《中外会展论述》，上海人民出版社，2006。

孙明贵：《会展经济学》，机械工业出版社，2006。

B.12
中国网络节庆的发展
态势和管控对策

张玉明*

摘　要：

　　网络节日是依托网络在虚拟世界里创设的节日，是在互联网上开发的一种文化产品。当前，网络节日的发展态势是：创设方法多种多样而不拘一格、数量越来越多且间隔缩短、普遍缺乏内涵而重在搞笑逗乐、导向差异明显呈高低格局。管控对策是：规范创设以避免内外矛盾，控制总量以避免泛滥成灾，丰富内涵以避免浮躁幼稚，把握导向以实现寓教于乐。

关键词：

　　网络节日　发展态势　管控对策

一　创设态势与管控对策

（一）创设态势：方法多种多样而不拘一格

网络节日的创设方法多种多样、不拘一格。跨越数字和字母、中

---

* 张玉明，广东商学院校务委员、硕士生导师、教授，会展研究中心主任，会展管理专业负责人；主要从事工商管理、营销管理、会展管理领域的研究。

文和英文、普通话和方言，综合了谐音、象形、拆分、组合，确实从一个侧面显示出人为造节和人为编节的草根智慧。

1. 数字谐音造节法和数字象形造节法

5月20日谐音"我爱你"，创设为"网络情人节"；9月12日谐音"就要爱"，创设为"示爱节"；5月27日谐音"我爱妻"，创设为"爱妻日"；8月8日谐音"爸爸"，创设为"爸爸节"；广东方言中的"摆一摆"（到处说说，传播话题）谐音"八一八"，8月18日则被创设为"八卦节"（意为扒一扒某人某事）；阿拉伯数字1像一根光溜溜的棍子，在汉语中光棍指未婚且无女友的单身汉，由此把11月11日创设为"光棍节"（单身节）。

2. 字形拆分组合造节法和汉字英译象形造节法

汉字"萌"可以拆分为"十月十日"，可用于称赞乖巧的女生，由此将10月10日定为该类女生的"萌"节。汉语"萝莉"的英语拼写"loli"与阿拉伯数字10和11非常相似，因此10月11日便被命名为可爱女生的"萝莉节"。

3. 方言演化造节法

东北方言中的"二"是一个贬义词，指人做事鲁莽、做作、头脑简单、愚钝等，由此把包括多个"2"的日子创设为"最囧节"。如2011年2月22日和2011年12月22日，后者恰逢农历正月二十，星期二，共有六个2。

4. 其他造节法

包括借用法、改造法、颠倒法等。借用圆周率前三位数字将3月14日设计为"派节"；依据年轻女孩的意愿把三月七日改造为"女生节"（因为妇女不好听，所以比妇女节提前一天）；依据男性的意愿把"三八"妇女节颠倒过来创设出8月3日"男人节"（也叫"八三妇男节"）。

（二）管控对策：规范创设以避免内外矛盾

多种多样、不拘一格的网络节日创设方法以代表草根智慧而得到赞同者的认可和很多网民的追捧，同时，在一定程度上暴露出浮躁、幼稚、欠严谨等问题，引发了内外矛盾，受到否定者的批评和部分网民的质疑。因此，必须规范创设。

1. 规范创设以避免内部矛盾

内部矛盾指先后创设或用不同方法创设的网络节日自身的矛盾。

首先，按照数字谐音造节法，"网络情人节""示爱节""爱妻日"等当中的阿拉伯数字"2"都代表爱；按照方言演化造节法，"最囧节"当中的阿拉伯数字"2"却代表囧。囧是古代汉语常用字"冏"的衍生字，在现代汉语中属生僻字。其原意是"明亮、光明"，近年来，通过网络被网友们赋予了完全不同的"郁闷、悲伤、无奈、尴尬"之意，多用来指代行为人做事鲁莽、做作、头脑简单、愚钝、傻帽、很不给力等。但网友一般不用它来骂人，更多的是借机自嘲或者调侃朋友同事。也许是由于一种颠覆性的改造和创新运用、也许是代表和反映了多数网民的某种情绪，"囧"字居然奇迹般地迅速为人们所接受，很快流行开来并成为一种时尚，成为"21世纪最风行的一个汉字"。问题的症结在于，"2"到底代表什么，需要作出决定。

其次，按照网络节日依托的数字游戏方法（谐音、象形、颠倒等）类推，可以把3月8日"国际妇女节"和8月3日"男人节"相加，得到的是四个1，即"妇女节 + 男人节 = 光棍节"。对此，网民尖锐批评，曰足以令"全球囧囧"。

再次，按照数字谐音造节法类推，"八卦节"的数字818谐音"发要发"，大吉大利。还有，9月12日谐音"就要爱"成为"示爱节"，9月13日谐音"就要散"定为"分手节"，而9月14日

则谐音"就要死",虽然没有被创设为"涅槃节"或"新生节",但已令节迷很不舒服。另外,按照翻译造节法,数字"11"的英语发音是"伊来吻",日语发音是"就 起",都与"光棍"意义相反。

2. 规范创设以避免外部矛盾

外部矛盾指网络节日与其他中外节日的矛盾。

首先,与中国其他节日的矛盾。如内地"光棍节"与香港"夫妻节"和台湾"双(多)胞胎节"(节名为作者概括)的矛盾。按照数字象形造节法,11月11日成为内地的"光棍节",而香港将此设为"夫妻节"。香港回归祖国15年来,方方面面与内地日益渗透,各种合作越来越多,人员互派、一起工作和共同学习的机会愈加频繁。均衡繁荣和可持续发展的内地经济为香港提供了一个不可多得的腹地,拥有广泛的国际人脉和开放发达的香港也在"经济外交""公共外交"以及"人文外交"等不同层面为国家整体外交作出了独特贡献。在这种大背景下,新节日的创设就必须兼顾全面。如果说香港的"夫妻节"创设于2000年,晚于内地20世纪90年代创设的"光棍节",要改须从后者改起。那么,1987年10月台湾推出的"双(多)胞胎节"则绝对早于"光棍节"。同样是11月11日,台湾人取其连续四个相同数字成两双两对之意,创设为双胞胎与多胞胎家庭的特别聚会日,寓意与大陆完全相反。台湾问题虽然至今尚未解决,但在"九二共识"以及确认"一个中国"含义即将迎来20周年的前夕,在两岸领导人都进一步确认以"一个中国"为前提作为深化交流的基础的关键时刻,两岸百姓显然没有必要为了节日的寓意如此针锋相对、咄咄逼人。

其次,与其他国际节日的矛盾。如"光棍节"与世界"停战日"的矛盾。1919年11月7日英王乔治五世为纪念第一次世界大战于1918年11月11日上午11时结束并纪念在"一战"中失去生命的将士，同时祈祷和平永驻，将 11 月 11 日创立为"停战日"。该创意陆续得到多个国家的采纳，成为国际通用的节日。目前有些国家继续沿用，有些国家与时俱进做了修改。如马耳他和南非叫"虞美人花日"，日本叫"国民哀悼日"，英联邦称"阵亡将士纪念日"或"国殇纪念日"，美国改为"退伍军人日"。在全球纪念先烈先辈的重要日子里，我们的年轻人却忙于庆祝"光棍"，多少有一些无知无畏和无病呻吟的嫌疑。

另外，把 2011 年 11 月 1 日命名为与国际劳动节同名的"五一节"、把纪念辛亥革命的"双十节"设为"卖萌节"，不仅牵强附会、不伦不类，更欠严谨欠严肃。

诸如此类的种种矛盾在网络节日的创设、解释、推广中都需要认真讨论、取舍、统一，以避免混乱。出现问题的根源在于网络节日的创设过于简单草率，立足于谐音游戏或数字游戏，不管历史不看世界。为此，建议成立专门的机构、出台专门的管理条例，严格规范网络节日的创设方法和创设过程，避免灵机一动随意性地造节和编节，避免闲来无聊恶作剧地造节和编节，尤其要避免别有用意地造节和编节。

二　增长态势与管控对策

（一）增长态势：数量越来越多且间隔缩短

从 20 世纪 90 年代"女生节"和"光棍节"在山东大学和南京大学萌生以来，近年来，各式各样的网络节日越来越多，孕育时间也越来越短，几乎不到一年就诞生一个。目前已有"示爱节、男人节、卖萌节、萝莉节、迷糊节"等 20 多个节日（见表1）。

表1 中国主要网络节日一览

序号	时 间	节 名	又 名	创设方法等
1	2011年2月22日	最囧节	最二节	方言谐音
	2011年12月22日			农历正月二十，星期二，共有六个2
2	3月4日	迷糊节		谐音"颠三倒四"
3	3月7日	女生节		改造妇女节
4	3月14日	派节	圆周率节	套用圆周率
5	4月17日	世界铁哥们日	结拜节	谐音"死一起"
6	5月20日	网络情人节		谐音"我爱你"
7	5月25日	大学生心理健康节		
8	2006年6月6日	大顺节		谐音"六六大顺"
	2016年6月6日等			
9	6月16日	爱己日		
10	7月7日	中国情人节		传统七夕节的恢复
11	7月8日	乱来节		谐音"乱七八糟"
12	8月3日	男人节	国际妇男节	与妇女节相反
13	8月8日	爸爸节	父亲节	谐音"爸爸"。历史节日恢复（民国34年）
14	8月18日	八卦节		方言谐音
15	9月12日	示爱节		谐音
16	10月10日	卖萌日	国际萌节	拆字与组合
17	10月11日	萝莉节		英文与数字相像
18	11月11日	（大）光棍节	单身节	数字象形
	1月1日	（小）光棍节		
	1月11日	（中）光棍节		
	11月1日			
	2011年11月11日	（超级）光棍节		百年一遇
19	2011年11月2日	对称日	世界完全对称日	数字对称
	2020年2月2日			
20	11月16日	世界宽容日		

说明：本表由笔者根据各大网站的相关资料汇总整理。

另外还有"小三节"（给第三者创设）、"私奔节""世界美容日""一夜情"等。网迷相互告知，网上还有一堆节日在等待挖掘。总之，网络节日的诞生非常自由，只要有适合的机会和土壤，就会破土而出、风生水起。但最终能长到多高多大、会拥有多久多旺的生命力、能否成为流行和时尚，还要等待时间的检验和沉淀。

（二）管控对策：控制总量以避免泛滥成灾

尽管很多新生事物在成长过程中都会经历一个从过多、无序、杂乱到正常的过程，尽管量的积累最终会引发质的提升，但网络节日牵涉面太广，必须借助外力把它的数量控制在一个相对适宜的区间，把负面影响降到最低。

1. 当今国人节假日总量盘点

当今中国，有最受百姓推崇的十大传统节日（春节、中秋节、元宵节、端午节、国庆节、清明节、元旦、重阳节、劳动节、七夕节），有国人呼吁应该大力弘扬和传承的近代纪念日（国庆节、教师节、"九一八"事变纪念日——国耻日、建军节、南京大屠杀纪念日、抗日战争纪念日、中国共产党诞生日、抗日战争胜利纪念日、植树节、学雷锋纪念日等），还有数以万计的各种地方节庆和外来节庆。从1999年起，全年法定休息日已达114天，约占全年的1/3。可见，百姓可以放松的日子不是太少，而是很多。

就网络节日的参与主力——在校大学生而言，节日和法定休息日再加上寒暑假，一年仅剩半年。时间之于他们，比金子还宝贵。按现代时间观念，用一些没有什么意义的节日来无端浪费他们的时间，无异于谋财害命。

2. 三种控制措施

措施一，合并同类项。首先合并名称相同的节日。如大中小"光棍节"。其次合并主题相同的节日。如520"网络情人节"、912"示爱节"、舶来的"情人节"、传统的"七夕节"等约20个情人节。最后合并主体相同的节日。如合并全体女生的"女生节"、乖巧女生的"卖萌节"、可爱女生的"萝莉节"等。理由一：乖巧女生和可爱

女生没有评判标准；理由二：性格、长相、衣着、表情等绝对不是拥有专门节日的理由或特权；理由三：过"萝莉节"的多不是"萝莉"；理由四：节日没有实质性内容。

措施二，锁定节日主体。像"妇女节""男人节"一样，各种网络节日都要有明确的对象，群体之外不要瞎掺和，不要把所有的节都办成全民节。

措施三，取消没有必要的节日。如"小三节""乱来节""迷糊节""大顺节"等。对这类网络节日必须毫不留情、大浪淘沙。

要采取各种有力的措施控制网络节日的数量，防止它们不断克隆、翻版，成为网民不堪承受的另外一种重负，让人们天天准备过节、天天都要过节，天天节后调整。要防止全民娱乐、全年娱乐、一片歌舞升平之下潜藏的盛世危机。

三 内涵构成态势与管控对策

（一）内涵构成态势：普遍缺乏内涵而重在搞笑逗乐

与传统节日相比，网络节日普遍缺乏内涵，尤其是缺乏有积极意义和高雅格调的内涵，基本以搞笑逗乐为主。六大网络节日就是最有力的证明。

1. 从"光棍节"看如何搞笑

以起源于校园趣味文化的"光棍节"为例。目前，追捧者创意无穷，提出了各种各样的过节程序、仪式和方法。例如，早晨吃4根油条和一个包子，油条代表四个1，包子代表月日中间的点儿；坐11路公共汽车的全程；一个人吃单身晚餐；发表单身汉共同宣言；实施"饭吃光、酒喝光、钱花光"的"三光"政策；给资深光棍颁发光棍证或光棍徽章。光棍证证词为：兹证明该同志没老婆、没情人、没女友，真真正正光棍一条，望广大妇女同志多关爱、多疼爱、多怜爱。

2. 从"乱来节"看如何搞笑

再看3月4日"乱来节"。发起者号称过节可以丢3落4、挑3拣4、说3道4、颠3倒4、勾3搭4、朝3暮4，甚至还可以不3不4。

3. 部分专家学者对搞笑逗乐的评价

对网络节日搞笑逗乐的评价意见主要有三种。一是肯定。对搞笑的节日和活动非常赞赏，认为搞笑挺好，生活有压力，但应该笑对生活，让自己轻松一点。年轻人借机放松自己，在工作和赚钱之外想想个人的生活，也是好事，不必把生活搞得太沉重。二是观望。认为这些节日是好是坏、还能走多远，谁也说不准，大浪淘沙，只能拭目以待。三是反对。认为这些节日虽然从一个侧面触碰到某种社会问题，但都缺乏内涵，没有正当的主题和目的，也搞不清要通过哪些程序和仪式来实现主题、演绎主题、深化主题并达到过节的目的，过于"浮躁、幼稚"。

（二）管控对策：丰富内涵以避免浮躁幼稚

节事活动要同时满足人们的物质生活和精神生活。仅仅标新立异、稀奇古怪、搞笑宣泄容易给人新鲜、刺激、轻松、快乐，容易赢得年轻人的喜爱和追捧，在心理上满足他们某些方面的需要，但不可能持久。网络节日的生命力与其他节日一样，在于深刻的内涵，在于轻松之后有所感悟有所收获，而不是一笑了之。丰富内涵的途径主要是提炼和挖掘主题、兑现和演绎主题。

1. 通过提炼和挖掘主题来丰富内涵

主题是节日内涵最重要的元素之一，也是过节的理由之所在。好的节庆都有鲜明的主题。如"端午节"的主题是纪念战国时期楚国伟大的爱国主义诗人屈原和驱邪祛病，香港"夫妻节"历届主题有

"专一""恩爱传承、全城恩爱""谷中百合花""爱您一世""醉婚姻"等。再如现代节日中的浙江象山"中国开渔节",按级别仅仅是一个县域节庆,但因有"保护海洋,人海共荣""善待海洋,就是善待人类自己"的重大主题,已赢得世界共鸣。

2. 通过兑现和演绎主题来丰富内涵

兑现和演绎主题是用一定的程序、仪式、活动把经过提炼和挖掘的主题变成具体的可以参与的过程、可以体验的经历、可以看到的场景。如端午节,为纪念和祭祀设计的主要有点蜡烛和包粽子,为驱邪祛病设计的主要有饮雄黄酒、佩香袋、悬艾草、插菖蒲、挂钟馗像等。如第八届香港"夫妻节",按"谷中百合花"的主题,精心设计了赏花篇、惜花篇、栽花篇、采花篇、献花篇、神婚篇等程序和活动。再看英联邦的"阵亡将士纪念日",按照主题,设计了奏乐、默哀、放置花圈、祷告、诵读等仪式和程序。除相关军人外,香港的政府官员、各宗教领袖、航空青年团、少年领袖团、海事青年团和童军共同参加。

相比之下,网络节日往往没有主题,也无从兑现和演绎。最为网迷推崇的"光棍节"就是典型。"光棍节"不知道庆祝什么,任由参与者尽情玩耍。于是,有的参与者庆祝不需承担家庭责任、没有家庭约束的自由和快乐;有的宣告立志做单身一族的豪情壮志;有的抒发找不到对象的孤独和苦闷;有的甘做月老忙于为剩男剩女搞派对搞联谊做婚介;有的忙于挣钱发财趁机推销各种物品甚至发明了光棍证和单身徽章;有的抓紧良机发帖征婚、有的利用吉日举办婚庆;更多的则是稀里糊涂寻找一个吃喝玩乐、聚会、狂欢、宣泄的机会。没有主题还造成过节对象不明确、网民一哄而来等其他弊端,使本来就无序的节日更加混乱。

在网络节日中,兑现和演绎主题需要各级政府和管理者的组织、宣传、倡导、推动。以"女生节"为例。校园"女生节"可以出人学的相应管理机构来组织，设计程序和仪式，全程监督执行。如可以增加各类各级优秀女生的评选、宣传、表彰；可以开展各种女红方面的技艺培训、表演、比赛；可以举办学习全球巾帼英雄的活动、特别读书活动、人生规划讨论交流活动；可以交谈闺蜜悄悄话；等等。避免现实中盲目攀比哪个学院或班级的男生为女生凑钱更多、买礼物更多、献殷勤更多等低水平低品位的过节现象。

提炼、挖掘、兑现和演绎主题的最终目标是使以趣味文化和新新文化为基础的网络节日尽量融入一些值得肯定的文化符号和时代印记，使之远离空洞浮躁、一味搞笑、缺乏魅力甚至无病呻吟、庸俗低下等的嫌疑。

四　导向分化态势与管控对策

（一）导向分化态势：导向差异明显呈高低格局

1. 同一个节日导向不同

如"世界完全对称日"。有的网友忙于上传自己的照片，请大家检验自己的左脸和右脸是否对称；有的网友精心收集并上传各地著名的建筑和桥梁，让大家欣赏和品鉴凝固的对称美。再如"八卦节"。有的网友用八卦盖起"高楼"，跟帖从明星绯闻趣事一直摆到普通百姓生活中的鸡毛蒜皮；有的网友不惜口水发牢骚、出闷气；有的网友却抖漏出记忆深处孩提时代的种种趣事乐事，"想穿越到童年"。导向的高下一目了然。

2. 不同的节日导向不同

如"派节"和"卖萌日"。前者利用节日集聚"派"的狂热追随者，一边吃派，一边讨论关于"派"的话题，展开背诵"派"的比赛，祝愿大家都能学好数学。后者在网上挂满"卖萌"照片，包括

一些明星。没照片的网迷则按网上的"指南",嘟嘴鼓腮瞪眼,拍各种非主流卖萌照。年龄偏大的女性(伪萝莉)干脆发一些追忆青春的照片。使"萌节"成为大女孩、老女孩尽量扮可爱或装可爱,男生和男士则真心或假意地极尽祝福与赞美的节日。导向的高下不言而喻。

(二)管控对策:把握导向以实现寓教于乐

导向即引导的方向。任何工作和活动的最终结果都会体现出一种导向。网络节日也不例外。尽管"网虫"和"节迷"普遍声称过网络节日不求意义、娱乐至上,但娱乐也有导向,而且是必有导向。与大张旗鼓的宣传教育不同的是,网络节日不以显性导向为主,而以隐性导向为主。即中国古话所说"近朱者赤,近墨者黑"。从年轻时起就经常在网上娱乐,日积月累,久而久之,世界观、人生观、价值观、生活态度、生活方式等方方面面将受到怎样的影响确实是个未知数。在娱乐中不知不觉地"滴水穿石",必须引起高度的重视。

1. 影响面决定了必须把握导向

网络节日以其丰富多彩和贴近生活的内容、极强的参与性和互动性,在现实社会大行其道,影响面非常大。

表现之一是具有极强的吸引力。近年来,尤其是 2010 年以后,每一个网络节日的横空出世,都无一例外地会引起网上网下的共同欢腾,吸牢追捧者目光的同时引发各大论坛炙热的"灌水"狂潮。据《重庆商报》记者搜索,2010 年与"912 示爱节"有关的帖子多达 33 万余篇。据《春城晚报》记者搜索,2012 年关于"网络情人节"的帖子多达 53 万余个。

表现之二是形成了一种评判尺度。即是否知道网络节日、是否参与网络节日和参与的程度,成为评判人们是否足够开放、时尚、前沿,是否足够潮、IN、酷的尺度,似乎不懂网络节日就不够"怀深"，就会被时代、社会、朋友 OUT。借用一句时髦的话就是：对于网络节日的社会化，人类已经 HOLD 不住了。

表现之三是对现实社会的快速渗透。当今社会，网络对现实的影响与日俱增，网络节日就是最好的诠释。网络节日动摇了人们对传统节日的虔诚，转变着人们对传统节日的过法，转变着人们的日常生活方式。也势必由此影响网民的思想、观念乃至行动，尤其是青年网民的世界观、人生观和价值观。所以，导向问题绝对不容忽视。

2. 几种把握导向的方法

首先，进行导向辨识。200 多年前，曹雪芹的好友爱新觉罗·敦诚在其手稿残本《鹪鹩庵笔麈》中写道："居闲之乐，无逾于友，友集之乐，是在于谈。谈言之乐，又在奇谐雄辩，异趣横生，词文书史，供我挥霍，是谓谈之上乘。衔杯话旧，击钵分笺，兴致亦豪，雅言间出，是谓谈之中乘。论议不尽知之政令，臧否无足数之人物，是谓谈之下乘。至于叹羡没交涉之荣辱，分诉极无味之是非，斯又最下一乘也；如此不如无谈，并不如无集，且不如无友之为愈也。"敦诚把"闲谈"分为上、中、下、下下"四乘"，恰可以作为网络节日导向辨识的借鉴。因为网络节日的"网谈"就是现代方式的"闲谈"，网吧就是最好的"聊吧"，只是其影响之大和影响之快，与昔日三五好友相聚的"闲谈"不可同日而语。

其次，放大属于上乘的积极导向。如"世界宽容日"以培养人性的善良和友好为出发点，提醒人们在充满矛盾的社会发展过程中，要彼此包容、充满爱心，多一些理解和谅解，其导向无疑具有积极的意义，值得推广。

再次，提升属于中乘的中性导向。如"圆周率节"号召大家 3 月 14 日 15 时 9 分 26 秒时一起来吃个派，以后就能学好数学。其导向虽有唯心色彩，但本质也象征着美好，可以通过提升使之成为更加积极的导向。

最后，纠正或摒弃属于下乘和下下乘的负面导向。例如，纠正中国诸多网络节日关于爱的引导。爱是人类最崇高的感情之一。从大处讲，有对党对国家对人民对自然对集体的爱；从小处看，有对父母对兄妹对邻里对同事对同学对事业对生命的爱。而很多网络节日唯独倾向和突出情爱，甚至倡导依托网络寻找脱离和逃避现实的精神恋爱。在当今中学生早恋、大学生同居成为社会问题的大背景下，其导向需要斟酌。

退一步看，即使是宣传情爱，也有高下之分。香港"夫妻节"定在 11 月 11 日，取意"一夫一妻，一生一世"，寓意夫妻间互相忠诚终身相守，为年轻人作出正确情爱的示范。其导向与内地"光棍节"显然不在一个层面上。正因为如此，纽约市、温哥华市、维多利亚市、广州市等城市先后响应。另外，在世界很多国家祭奠已逝先烈和先辈的日子里，中国"光棍节"却推行"三光"活动，其导向是否合适，需要网民参与讨论。

把握导向并不要求网络节日都成为具有行政色彩的活动、都成为思想修养的课堂、都成为交流学问的契机，但以娱乐为主的网络节日确有高低之异、雅俗之别、文野之分。于人或有利有益、或有用有物、或有味有趣的，当为大力支持和推崇；无端耗人时间、精力、生命乃至误导人生的必须坚决杜绝和封杀。

中国网络节日同改革开放以来的许多新生事物一样，在蓬勃发展的过程中，既显示出自身的积极作用，又暴露出自身的先天不足和后天不良，所以需要更多的关注和研究，需要理性的回归和不断的完善提升。

参考文献

王彩霞：《光棍节的中国式疯狂》，《中国连锁》2011 年第 12 期。

冉婧：《"今天你过节了吗"——网络节日漫谈》，焦点网，2012 - 06 - 19。

史业娟：《光棍节上演电商"血拼"大戏》，《创新时代》2011 年第 12 期。

李靖、里斯：《网路节日促销价值甚微》，《中外管理》2012 年第 1 期。

林锦凤、魏卫：《基于社会文化视角的光棍节节日仪式分析》，《泉州师范学院学报》2011 年第 4 期。

欧阳楠：《网络春晚与网络视频的新时代》，《网络传播》2011 年第 4 期。

管弦：《专家表示：能走多远不重要，关键是打下了数字时代烙印》，《春城晚报》2012 年第 5 期。

韩见：《"网络春晚元年"与大众狂欢的重新兴起》，《艺术评论》2010 年第 4 期。

孟威：《"网络文化建设与发展专家座谈会"综述——贯彻十七大精神》，《推动网络文化发展与繁荣》，国务院新闻办公室网站，2008 年 2 月 21 日。

B.13
浙江省会展业发展观察

丁萍萍*

摘　要：

浙江会展业近年来发展迅猛，多项指标居全国前列，甚至首位。2011年，浙江省会展业产值达327亿元，占全省GDP的1%，拉动经济效益2943亿元，占全省第三产业的23%。在全球经济不佳的背景下，浙江省会展业逆势上扬，这主要得益于整合创新、稳步做优做强；依托产业，小城镇名展迭出；贯彻地标，推升办展水平。

关键词：

浙江会展　逆势上扬　整合创新

一　浙江会展业发展概况

（一）基础数据

根据浙江省国际会展业协会的统计，2011年，全省举办展会696场，展览面积734万平方米，同比增长5%；举办50人以上专业会议2.85万场，万人以上节庆活动452场，列全国第四位；出国参展面积25.9万平方米，国际标准展位2.88万个，列全国第一；出省参展面积34.5万平方米，国际标准展位3.83万个；从业人员122万；会

---

* 丁萍萍，浙江省会展学会秘书长。

展业直接产值达327亿元，同比增长13%，占全省GDP的1%，带动经济效益2943亿元，占全省第三产业的23%。浙江自2002年以来历年展览数据见图1至图4。

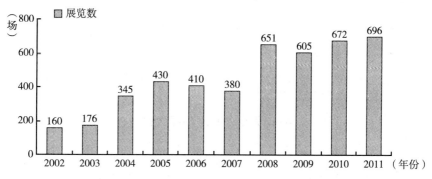

图1　浙江历年举办展览会数量

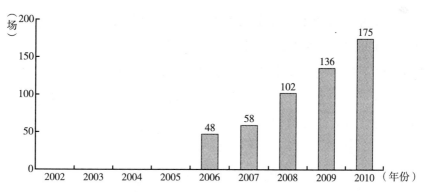

图2　浙江历年1万平方米以上展览会数量

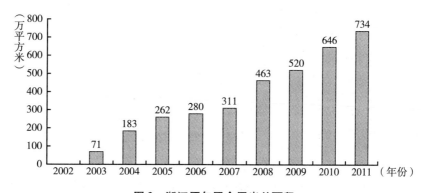

图3　浙江历年展会展出总面积

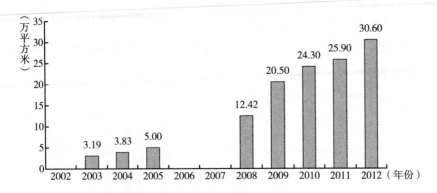

图4　浙江历年出国参展面积

（二）区域概况①

2012 年，杭州市举办展览 193 个，其中国际展会 35 个。展出面积 202 万平方米。举办会议 9260 个，其中国际会议 535 个（见表1）。举办各类节庆活动 200 余场，同比均略有提升。其中，第十四届西湖国际博览会成绩喜人，签约的 130 个项目中，含 36 个新项目、35 个国际项目。本届西博会实现贸易成交额 221.34 亿元人民币，引进外资 10.55 亿美元，引进内资 202.04 亿元人民币，吸引观众 1487 万人次（其中专业观众 8.12 万人次），各项指标均创历史新高。

表1　2009～2012 年杭州市举办会议总量

统计指标　　　　年　份	2009	2010	2011	2012
全年举办会议总数（个）	7208	8120	8580	9260
国际会议（个）	412	453	492	535
会议营业收入（万元）	22323	27664	30883	—
接待会议代表人数（人次）	318482	445715	453710	—
接待境外代表人数（人次）	34391	49728	54480	—

资料来源：杭州市会议展览业协会。

---

① 本文所引用的 2012 年度相关数据均为各地会展办（会展协会、会展场馆）、省农业厅等 11 家单位为本文笔者直接提供，在此深表谢意！

第十四届杭州西博会以产业升级为主导，以会展发展为契机，通过引进项目、创新办会、合作发展等渠道，搭建了一个国际性的交流展示平台，有力地推进了杭州"国际重要的旅游休闲中心"的打造，带领杭州迈入一个新的历史发展征程。

2012 年，宁波市举办各类会展项目 282 个，同比增长 5.2%，展会数与 2011 年基本持平，展出面积较上年增长 5.3%。其中 2 万平方米以上展会 27 个，3 万平方米以上展会 13 个。县级以上举办会议论坛 77 个、特色节庆 55 个。

2012 年，宁波市培育引进了一批"高、新、特、专"会展项目，令人眼前一亮，如第七届中国城镇水务发展新技术设备博览会、首届中国（南方）国际海产品博览会、第三十三届（2012）中国浙江国际自行车电动车展览会和首届世界"宁波帮"大会、2012 中国旅游合作联盟年会等；宁海县结合新落成的国际会展中心，创办了首届中国户外用品博览会、2012 宁海房地产交易会等特色展会。

2012 年，义乌会展业高位上扬、成绩斐然。全市共举办各类会展活动 158 个，其中展览 68 个，会议、论坛等活动 90 个。在展览项目中，商业性展览 32 个，同比增长 3.23%；展览面积 62.2 万平方米，同比增长 2.56%；参展企业 12460 家，同比增长 2.53%；观众 114.5 万人次，同比增长 5.19%；成交额 347.13 亿元，同比增长 6.08%。1 万平方米以上的展览项目 15 个，同比增长 15.38%，单展规模和办展专业水平进一步提升。

2012 年，受世界经济复苏不确定性等因素的影响，会展业面临巨大挑战。落地义乌的文博会、旅博会、义博会、森博会四大国家级展会悉数列入其主办部（局）的重点支持展会。义乌依托各自行业优势，办展规模、档次、专业水平明显提高，在不利形势下依然取得丰硕成果。四大展会展商数、展位数、成交额在义乌全年商贸展中起到了支撑作用（见表 2）。

表 2 落地义乌的四大国家级展会基本情况（2012 年）

展会名称	主办单位	展商数(个)	展位数(个)	成交额(亿元)
2012 第七届中国义乌文化产品交易博览会	文化部 浙江省人民政府	1372	3485	45.17
2012 第四届中国国际旅游商品博览会	国家旅游局 浙江省人民政府	1312	2099	30.96
2012 第十八届中国义乌国际小商品博览会	商务部 浙江省人民政府 中国国际贸易促进委员会 中国轻工业联合会 中国商业联合会	2892	6000	163.40
2012 第五届中国义乌国际森林产品博览会	国家林业局 浙江省人民政府	1200	3350	42.32
四大展会占义乌全年贸易展总比(%)	—	54.4	49.4	81.2

资料来源：义乌市会展办。

2012 年，温州市举办各类展览项目 37 个，其中展出面积 2 万平方米以上的有 12 个。全年总计展出面积 51.82 万平方米，展位数 2.5 万个，观众 120.2 万人次，其中境外观众 2542 人次（以上数据仅统计温州国际会展中心）。

2012 年，嘉兴市举办展览活动 42 项，较上年增加 10%，展出面积 42.5 万平方米。承接会议 34 次，外场活动 20 次（以上数据仅统计嘉兴国际会展中心）。

2012 年，绍兴县举办展会项目 20 个，展出面积 25 万平方米，全年举办的展会数量列全省各大中城市第六位（以上数据仅统计中国轻纺城国际会展中心）。

2012 年，台州市共举办展览项目 17 个，展出面积 19 万平方米，展位数 8000 多个，观众 25 万人次，举办会议 123 个（以上数据仅统计台州市国际会展中心）。

2012 年，温岭市共举办展会项目 15 个，其中新增引进展会 6 个，展出面积 11.9 万平方米，观众 25.55 万人次（以上数据仅统计温岭会展中心）。

二　浙江会展业年度特点

（一）逆势上扬，交出漂亮成绩单

2012 年，在全球经济不稳、浙江经济增速减缓的不利形势下，浙江会展业仍然呈现整体逆势上扬，取得了不小的进步，犹显不易。

杭州作为省内会议第一城风头不减，展览也出现新气象；宁波作为全省举办商贸类展会的"领头羊"，大展名展显著增多，节事活动也做得风生水起。

2012 浙江省农博会以"生态、精品、安全"为主题，突出农业发展成果展示和贸易洽谈，发展订单农业，成果丰硕，成效显著。本届农博会展出面积 5 万平方米，远超历届。农博会期间，到现场参观和购物的人数为 44.3 万人次，现场销售额 2.9 亿元，达成合作意向金额 77.6 亿元，分别比上年增加 60.5%、56.6%、51.3%。本届省农博会是浙江省举办农博会 13 年来最成功的一次。

已连续举办两届的浙江商务服务博览会是浙江省首个以商务服务为主要展示内容的展会，也是商务部 2012 年度重点支持的展会之一。本届展会展出面积 6300 平方米，参展机构和企业有 210 多家，来自美国、德国、英国等 20 多个国家和地区，标准展位 270 多个。

中国中华老字号精品博览会是中国杭州西湖博览会的一个重要项目，也是全国老字号企业的年度盛事。博览会作为商务部引导支持的唯一老字号展会，已成为"中华老字号第一展"。

（二）整合创新，稳步做优做强

1. 展会项目整合

如宁波市将原有的"宁波铸造及锻压工业展览会"与"中国宁波紧固件、零部件及制造装备展览会"整合为"宁波机械基础件及零部件展览会"；"中国宁波城市亮化及灯具灯饰采购交易会暨 LED 照明展览会"与"电子工业展览会"整合为"中国（宁波）光电、电子工业展览会"；"第七届中国城镇水务发展新技术设备博览会"与"2012 中国（宁波）国际水表及泵阀电机博览会"则调整为同期联办。进行展会项目整合的目的，是鼓励专业相近的中小展会联办创品牌、促实效。

2. 展会结构调整

积极发挥政策的导向作用，不断提升展会市场化比重。据宁波市会展办统计，2012 年政府主导型、政府 + 市场结合型和市场主导型展会比例从 2011 年的 1∶1∶1 提升到 1∶3∶3，展会结构调整迈出了重要步伐。

（三）依托产业，小县城名展迭出

1. 小城办大展，县域会展业绩骄人

浙江省是全国县域会展经济最为发达的省份之一。首先，义乌作为首个由国务院批准的县级市综合改革试点，国务院批复的义乌市国际贸易综合改革试点总体方案中明确提出，要把义乌打造成为重要的国家级会展平台。2012 年，商务部首次专门为义博会发文，明确要求各地商务主管部门组织参展、参会，积极支持办好义博会。2012 第十八届中国义乌国际小商品博览会实现了向进出口贸易并重、国际化程度更高的方向转变，在取得 UFI 认证后的义博会首展各项经济指标都有明显提升。

此外，绍兴的纺博会、余姚的塑博会、温岭的泵机展、永康的门博会等在县城举办的专业展会，都被列入商务部年度扶持展会。

2012 中国柯桥国际纺织品博览会，简称柯桥纺博会。柯桥纺博会是国家级展会，已连续举办 12 年，在纺织行业声誉日盛，越来越多的参展商和采购商把参加柯桥纺博会列入年度工作计划。2012 柯桥纺博会各项指标再创新高（见表 3）。

表 3　2012 柯桥纺博会基础数据一览

项　目	展商数(个)	展位数(个)	展览面积(万平方米)	专业采购商(人)	成交额(亿元)
春季纺博会	482	1056	2.1	21442	40.6
秋季纺博会	567	1309	3.1	28083	58.16
合　计	1049	2365	5.2	49525	98.76

资料来源：绍兴县会展办。

2012 中国（余姚）国际塑料博览会暨第十四届中国塑料博览会，吸引了来自美国、法国、俄罗斯、巴西等 21 个国家和地区的 100 多位客商前来参会。本届塑博会参展企业总数达到 489 家，其中，境外企业 94 家。中石化、中石油、中化集团、中国神华、德国巴斯夫、日本东芝机械等 6 家世界 500 强企业参展。参会客商满意率达到 93%，有 78% 的客商当场表示一定会参加下一届塑博会。

2012 中国泵与电机展览会在温岭会展中心成功举办。三天展会，吸引了 3.33 万人次进场参观洽谈，其中，有来自 18 个国家的 48 名外国客商参观展会。展出面积、参展企业、参观人数、展会成交额和展会特装比例均超往届，展会反馈满意率为 98%。

2012 第三届中国（永康）国际门业博览会移师永康国际会展中心举办后，无论在展会规模、档次、外向度及组织、安保、服务等方面都得到了极大的提升。据统计，三天会期参展参会人员达 16.6 万人次，同比增长 14.5%。其中专业观众 14.87 万人次，同比增长 15.5%；其他人员 1.73 万人次，同比增长 6.8%。交易额 20.66 亿元，同比增长 12.9%；出口额 5816.7 万美元，同比增长 14.4%。

2. 统筹安排，政府管理及时跟进

浙江省是全国县级城市设立"会展办"最多的省份。至 2012 年底，浙江已成立会展办公室的县级城市有：义乌、绍兴、慈溪、余姚、温岭，已成立大型活动办公室的县（市）有：奉化、宁海、象山。政府设立专门机构进行会展管理，体现出政府对会展业的重视程度。

3. 成立专门机构，开展县域会展研究

2012 年 5 月，中国会展经济研究会县域会展经济专业委员会成立大会在浙江岱山举行。为促进中国县域会展经济的发展，使会展产业更好地为县域经济发展服务，浙江三家单位联合发起成立了中国县域会展经济专业委员会，专门从事县域会展经济的研究。目前该机构已着手开展浙江县域会展经济基础状况调研工作。

（四）贯彻地标，推升办展水平

浙江省在全国率先出台了会展业标准规范市场。2009 年 12 月 25 日，浙江省地方标准《会展行业服务规范》（DB33/T770 – 2009）发布，这是全国第一个有关会展业的标准。2011 年 1 月，浙江省会展业标准化技术委员会正式成立。目前，浙江是全国唯一成立省级会展业标技委的省份。

2012 年，省会展业标技委组织开展了浙江省地方标准《会展行业服务规范》试点推广工作，为宣传贯彻会展地标编写了浙江省《会展行业服务规范》培训教材，选定 12 家试点单位，进行集中培训，并由标技委委员分工逐一对贯标试点单位进行具体指导、负责展会现场验收。

（五）教育先行，院校屡获大奖

2012 年，浙江有 3 所院校获中国会展经济年度大奖"中国会展教育优秀奖"。该奖项为中国会展经济研究会颁发的全国性奖项，授予在会展研究及会展教育领域取得突出成绩的院校。

　　浙江省一直是会展教育奖项的获奖大户。2009 年，浙江经贸职业技术学院与上海外贸学院双双摘得桂冠（浙江省占 50%，与上海市并列第一）。2010 年，浙江万里学院、浙江经贸职业技术学院、浙大城市学院 3 所院校荣获"中国会展教育优秀奖"（浙江省占 25%，仅次于上海市，居全国第二）。2011 年，浙江大学城市学院、浙江经贸职业技术学院、浙江纺织服装职业技术学院 3 所院校荣获"中国会展教育优秀奖"（浙江省占 20%，居全国首位）。其中，浙江经贸职业技术学院是国内唯一连续三年获此殊荣的院校，也是 2009 年和 2010 年全国荣膺该奖项唯一的高职院校。

B.14
中国会展企业国际化的新思考

黄 彪*

摘 要：

中国会展业作为朝阳产业，正在逐渐显示出其成长性，并步入国际化轨道，这是企业拓展生存发展空间、获得最优化配置资源、在全球化的进程中形成自己竞争优势的必经之路。该文以灵通展览系统股份有限公司为例，分析了中国会展企业在国际化过程中的优与劣、得与失，以供其他企业借鉴。

关键词：

中国会展企业 国际化 对策措施

在经济全球化迅速发展的今天，国际化趋势似一股巨大的浪潮席卷全球，很少有一个民族、一个国家、一个组织，甚至个人不参与其中。作为经济系统中最活跃的组织，企业也应积极参与进去，拓展生存发展空间，获得资源以得到最优化配置，在全球化的进程中形成自己的竞争优势。

一 国际化发展战略的必要性

弗里德曼将全球化划分为三个阶段。

---

* 黄彪，灵通展览系统股份有限公司总裁。

• "全球化 1.0"（1492～1800 年），国家之间的融合和全球化，开始于 1492 年哥伦布发现 "新大陆" 之时，持续到 1800 年前后，是劳动力推动着这一阶段的全球化进程，这期间世界从大变为中等。

• "全球化 2.0"（1800～2000 年），是公司之间的融合。这个阶段全球化表现为从蒸汽机、铁路到电话和计算机的普及，这期间世界从中等变小。

• "全球化 3.0"（2000 年至今）中，个人成为主角，肤色或东西方的文化差异不再是合作或竞争的障碍。软件的不断创新，网络的普及，让世界各地人们可以通过互联网轻松实现自己的社会分工。

中国会展企业国际化也是企业发展的必然结果。首先，中国已成为世界第二大经济体、第一大贸易国，已经成为世界制造业中心；同时中国正在成为世界研发中心、采购中心、销售中心、物流中心，也必将成为世界展览中心。其次，企业的经营环境发生了巨大的变化，进入国际市场的障碍大为减少。最后，客户都在国际化，参展商大量地参加国际展览会，企业被客户带进了国际市场，企业的国际化战略将是未来企业生存与发展的关键。

每一个会展从业人员都深刻地体会到 "国内市场国际化、国际竞争国内化" 的新的竞争格局，全球化的趋势要求企业成为国际化的企业，这种趋势不可逆转，也无可回避。中国会展企业实施国际化战略已经刻不容缓。

二　国际化发展战略存在的问题

1. 国际化战略不清晰

许多会展公司国际化时没有形成一个清晰的战略重点，一些投资决策带有浓厚的机会主义色彩，有的会展企业由于投资决策失误，不

仅没有获得预想的收益，反而付出了巨大的代价。中国会展企业在国际化进程中应该有明确的发展战略。

2. 不重视知识产权及技术壁垒

中国会展企业在国际化初级阶段还可以凭借成本优势、资源优势进入国际市场，但在目前，会展企业的优势就必须体现在技术上，技术包括产品、商业模式和开发新市场，要开拓好国际市场首先要突破技术壁垒。

3. 对文化差异不够重视

中国会展企业在确立国际化发展战略过程中所面临的另一项巨大挑战是文化无法兼容风险。这包含了企业文化的不同和跨国、跨地域文化的巨大差异。企业必须面对突破文化障碍的艰巨挑战。教训最深刻的是"TCL–汤姆逊并购案"，TCL 付出了巨额学费。

中国的企业文化延续了含蓄、传统的风格，而西方的管理风格则是公开而直接，具体到企业间又是各自的企业文化间的差异。企业要做大，向国际化迈进，在进行跨文化管理时，就应充分了解本企业文化和国外文化，选择自己的跨文化管理模式，使不同的文化得以最佳结合，从而形成自己的核心竞争力。

4. 人才问题

人才问题可能是国内会展企业国际化面临的最大障碍。国际化运作相当复杂，而国内的会展企业经理人普遍缺乏相关的财务和法律经验，更缺少这方面的专业人才，往往过于依赖国外的银行、律师和一些国外中介机构，这不仅影响到中国会展企业的正确、及时、科学的决策，有时候还会因合同缺陷等原因上当受骗。缺乏具备国际贸易、投资、金融等方面专业知识和技能的专业人才，实际上就很难有效实施企业的国际化战略，甚至还造成了企业商业风险的增加。

5. 不能保持恒定的质量和服务

确保优质的产品和完善的服务是国际化企业的管理理念，这些成功的企业一方面会形成一丝不苟的工作习惯，另一方面会寻求外部约束标准。一切应形成标准化，制度化。

三 灵通在国际化道路上的对策和思路

中国会展企业国际化有三个层次：基础层次是产品或者服务输出——将产品或服务销售到国际市场；中级层次是组织输出——在海外设公司或设厂；高级层次是全球价值链整合——全球供应链整合。

企业进入国际市场，所面临的将是一个全新的环境，原来的市场定位、经营策略、组织形式、企业文化、人才团队等，都有可能不适应新的市场竞争的要求。

1. 在宏观战略上，应以培育企业核心竞争力为中心，确立国际化发展战略

灵通成立了中国第一家展览器材技术中心，专门从事展具的研制和开发工作，2009 年升级为"江苏省展览展示器材工程技术研究中心"，2010 年，灵通市级企业技术中心荣升为"江苏省技术中心"。同时聘请国内、国外专家，推进产品研发的进程。累计取得了 125 项专利技术，并且在国际上注册了 18 项 PCT 国际专利。

灵通技术中心的升级，意味着灵通作为中国展览展示器材的行业带头人，在中国政府宏观政策积极推进企业技术创新、技术转型的形势下，在未来将更致力于展览展示技术方面的研究，引领中国展示行业技术向绿色环保方向发展，为中国展览展示技术超越世界先进水平、为中国展览业发展作出贡献。

美国著名管理学家沙因在《企业文化生存指南》中指出：企业文化是企业的核心竞争力。

国际化意味着我们要在不同国家和地区，与不同种族背景的同

事、合作伙伴及客户在不同的文化氛围中工作。文化竞争是市场竞争的载体，市场竞争是文化竞争的表现，企业的核心竞争力最终集中表现在文化竞争力这个层面上。

国家与国家的差距，实质上就是文化的差距；企业跟企业的竞争，本质上就是文化的竞争。做企业的核心是做企业文化，企业文化是不断自我超越，是精神变物质、物质变精神的创造过程。

国际化的企业文化应具备以下特点：

（1）开放性：企业文化需要不断地进行自我扬弃、自我完善，是发展变化着的，具有显著的开放性；

（2）包容性：尊重与自信；

（3）独特性：是指国际化企业在跨国经营管理过程中一些成功的精神特质和做法，是国际化企业实施差别化战略、提升企业核心竞争力的重要表现。

灵通的企业精神是认认真真做事，真心真意待人。在此基础上，提倡公正、竞争、激励机制，通过增强团队活力，激发个人潜能。最后，加强国际化团队建设。

美国 UPS（联邦快递）总裁曾说过：我们要照顾好员工，他们就会照顾好客户，进而照顾好我们的利润。

美国钢铁大王卡内基说过：带走我的员工，把工厂留下，不久工厂就会长满杂草；搬走我的工厂，把员工留下，不久我将会有更好的工厂。

人才战略是企业国际化的基础，今天如果拥有最优秀的人才，明天就会有最优秀的企业。应通过不懈努力建设国际化的人才团队，增强企业综合实力，提高国际竞争力，形成企业的核心竞争优势。

灵通不断探索和完善，努力打造一个关爱员工、善待员工、培养员工、提升员工的标准化管理流程。第一，人才的获取。就是招募什么样的人才来加盟我们的团队，灵通非常重视人员对企业文化的认同度。第二，人才的开发。每个人员入职以后，如何能让他得到可持续的培训、可持续的效益、可持续的能力提升，这是我们非常重视的。第三，人才的评估。通过完善的体系，来对每个人员做有效评估，然后进行相应的授权，来提高他的绩效。第四，人才的激励。有了好的人才以后，通过薪酬管理、激励机制，将员工的绩效预期与公司的目标进行关联。第五，人才的规划。我们很重视每个人才的职业生涯规划、发展方向等。通过这五个要素，培养出灵通目前的这支非常具有激情和活力的团队。在人才战略制定方面，公司内部一直强调公正机制、竞争机制和激励机制的建立与完善。

2. 在具体市场战略上，从目标市场、进入方式、竞争战略选择三方面做了充足的工作

首先，结合自身企业的实际情况选择合适的海外市场。

灵通开始进入国际市场时，国际化发展总体思路是：突出重点区域，进行重点突破；以配件销售带动铝型材销售；培育和扶持自己的代理商。同时，探索在国外（德国、俄罗斯、美国、日本）建立合资分公司的可行性，把主要精力集中在德国、俄罗斯、新加坡、日本、韩国、美国、英国、意大利、法国、澳大利亚、南非、墨西哥、沙特阿拉伯、阿联酋等国家和地区，将其作为对外市场开拓的重点。对这些国家展览市场的现状和未来发展趋势进行认真的研究，对于每个国家都要制定相应的进入市场的方法和策略，并建立专门的档案。目前，灵通国际市场开拓方面不断向纵深发展，灵通产品已经远销86 个国家和地区。

其次，采取循序渐进的市场进入方式。

就国内企业而言，缺乏对海外市场竞争情况的了解以及资金和人力资源的匮乏是困扰其海外扩张的主要瓶颈。因此，国内企业在海外市场进入方式的选择上，采用了渐进性的策略，从低风险、低控制的

进入方式，逐渐向高风险、高控制的进入方式过渡。

根据全球展具市场环境和企业未来发展方向，并通过分析国际市场和公司自身的优势与劣势，灵通计划经过三个阶级走向国际化：第一阶段在国外通过代理进行销售，第二阶段在国外建立分公司，第三阶级在国外建立自己的加工基地，从易到难，逐步推进。

2011年2月3日，经过历时5年的考察和研究，由常州灵通投资50万欧元的LT-Systems Europe GmbH（LT系统欧洲有限公司）在德国成立。公司特别聘请曾经任职于国际知名展具企业并有多年展览从业经验的专家Jan-Marcus Faust为总经理，同时邀请资深展览专家Raphael Smith为公司高级顾问。LT-Systems Europe GmbH（LT系统欧洲有限公司）正式营业后，将集仓储、销售、生产、加工为一体，更好地提高对客户的快速响应能力，提升对欧洲客户的服务，深化灵通国际市场拓展战略。2011年是灵通公司德国分公司起步的第一年，业务情况处于亏损状态。2012年，灵通公司德国分公司经营扭亏为盈，运营趋于正常。

最后，充分运用利基战略。

国内企业发展也是一个从比较优势向竞争优势变迁的过程。这一变迁过程中，利基战略常常是一种有效突破国外市场的竞争战略。利基战略是以专业化战略为基础的一种复合战略，可以看成企业跨国经营，并不断成长壮大的竞争战略选择。该战略的实质就是结合自身优势，寻找市场缝隙，集中力量进入，专业化发展，并成为领先者，实现市场渗透，同时建立各种壁垒，不断提升企业的国际竞争力。例如，海尔集团在美国市场上就恰当地运用了利基战略，它并未直接向GE、惠尔浦等企业占优势的200L以上的大型冰柜发起攻击，而是在美国市场开发出了从60L到160L的各种类型的小型冰柜和设计新颖的酒柜，然后再考虑市场的全面渗透。再如，格兰仕的微波炉制造、万向集团的万向节生产，都成功地运用了这一战略。这一战略选择对广大中小企业的跨国经营更具借鉴意义。

3. 强化基础管理，提升企业系统执行力

细化公司内部各项基础管理工作：具体体现在分工细致、流程明确、过程管理三个方面。提升快速反应能力：由于时差等多方面原因，国外客户对于配合方面提出更高的要求，接到客户邮件时企业必须作出及时的处理。

企业在创业阶段靠的是个人能力，在成长到成功阶段靠的是团队能力，从成熟到持续发展阶段则要靠企业系统组织能力。企业从成功到成熟，从系统制度建设到形成系统组织能力，是实施永久生存的方法。偶然的成功往往是一个绝版，系统组织能力才能保证我们必然的成熟，才能保证国际化的实现。

企业要突出服务，要针对客户实现精细化的定制服务，满足客户需求并争取超越顾客期望。随着市场竞争的加剧，最终起决定因素的必将是企业的服务能力。企业对客户要有一种真诚服务的心态，对客户要有诚心、真心、耐心，要有一种持之以恒、永远尊重客户的服务心态。

4. 强化对国际市场竞争战略的研究

要从中国国情与会展业需要出发，创新中国会展企业国际化战略模式。中国会展业发展的多样性决定了中国企业国际化发展模式的多样性，也没有一种模式是放之四海而皆准的，企业必须从国情和实际出发，借鉴、吸收，最后创新发展出适合本企业的国际化经营模式。

我们要站在全球市场战略高度，创造出强于竞争对手的具有独特性的和持久性的战略优势。

5. 加强国际化风险的控制

企业在国际化过程中，面临更为复杂的国际环境。因此，企业对

国际风险的感知、如何评判这些风险发生的可能性及其程度，基于风险感知的进入战略选择及风险防范进行研究探索，是国际化管理的重要内容。

国际化绝不等于把产品卖给国外那么简单，国际化是一个系统工程，涉及国际市场对企业的贡献率、品牌的国际影响力、海外市场销量、产品与技术的全球领先度、海外产业基地布局，等等。

6. 强化宣传品牌概念

品牌是未来全球市场营销的法宝，美国著名广告专家莱特·瑞特指出：在未来30年市场营销发展中，拥有市场比拥有工厂重要，而拥有市场的最佳途径就是先拥有具有市场优势的品牌，企业要在未来的市场竞争中立于不败之地，必须通过相应的市场定位和营销方式，才能打造成为世界品牌。

品牌的问题有如下两个层面的问题。

第一个是国家层面，就是国家的形象，即"中国制造"在全球市场上的形象。长期以来，中国制造逐渐形成了一个从价廉物不美到现在的价廉物美，靠低价格和优质量来获得市场份额。从2012年出口数据来看，中国已经成为世界第一出口大国。这种市场份额的赢得，主要是靠我们的价廉物美。这个价廉物美总体上来说已经构成了目前中国企业、中国产品在全球的一个总体的国家形象。

第二个层面是企业的品牌。企业的品牌就是在价廉物美的同时，一些比较好的企业会长期建立自己独特的知识产权，它的服务、管理、质量，赢得了消费者逐渐的认可，获取了自己企业品牌带来的收益。

灵通的品牌定位是成为绿色展览的领导者，让环保展具进入每一个展示空间；品牌承诺是成就客户才能成就自己；品牌概念是通过创新、品质、服务提升公司核心竞争能力，倡导绿色环保理念，在推动行业发展、国际化、绿色展览、对顾客负责、实现员工自身价值五个高度基础上，致力于将灵通打造成为"全球最具影响力的展示系统制造商和服务商"。有了这样准确的品牌战略，才能确保灵通在国际化道路上赢得竞争优势。

　　中国会展企业国际化是企业强大的必由之路，这场战斗不仅是客户之争，还是文化之争、制度之争。要想走向成功，必须要有成熟的规划，目前中国会展企业国际化还停留在初级阶段，国际化道路任重而道远。

区域报告

Regional Reports

B.15

2012年江苏省会展业发展情况综述

王志杨*

摘　要：

面对复杂多变的国内外形势，坚持以"创业创新创优，争先领先率先"的新江苏精神作为各项工作的指导思想，持续发展的总基调，江苏省会展业取得了令人鼓舞的新进步。2012年，全省各地组织举办和承办的各类展览会、博览会达到550个，展出面积520万平方米，展览数量略有下降，展出面积反而略有增长。

关键词：

江苏省　会展业

* 王志杨，江苏省会议展览业协会副秘书长。

2012 年是中国会展业在"稳增长控物价调结构"方针指引下，走过的极其艰难的一年，也是江苏会展业富有创新、创意和创造性发展的一年。

2012 年以来，世界经济复苏放缓，国际国内需求持续低迷，江苏省经济发展的总体形势严峻复杂，各种不稳定、不确定的因素依然众多，不但对全省社会、经济、人民生活造成了极大的影响，也对全省会展业的发展提出了更高的要求和希望。

面对复杂多变的国内外形势，江苏会展业坚持以"创业创新创优，争先领先率先"的新江苏精神作为各项工作的指导思想，坚持以科学发展为主题，以转变经济发展方式为主线，牢牢把握稳中求进、好中求快、持续发展的总基调，全省会展业取得了令人鼓舞的新进步。

据不完全统计，2012 年，全省各地组织举办和承办的各类展览会、博览会达到 550 个，展出面积 520 万平方米，展览数量略有下降，展出面积反而略有增长。其中，各级政府有组织举办的各种境内外主要展会 99 个，比上年增加了 7 个，有近万家企业及产品通过参加展会的形式，销往境外。全年组织举办和接待承办的各类国际、国内会议 5 万多个，比上年同期仍有不同程度的增加。全省全年在省内外组织和举办的各类节事节庆活动 600 多个，比上年同期亦有所增长。

一 紧紧围绕"稳增长、调结构"的中心工作，充分发挥展览的窗口、平台和经贸交易作用

为了克服和战胜国际、国内各种严峻的经济形势和复杂局面的挑战，江苏会展业充分发挥会展行业在困难面前，在经济危机面前不畏艰险、迎难而上的精神，更加充分地显现出行业标杆、产业窗口、展

示平台、经济风向标的重要作用。

1. 坚持境内境外展会一起抓，把推动本土展会发展和深度拓展境外国际展会市场统一起来

实行大部制以后，坚持内外贸一体化发展战略，帮助企业双向拓展市场，提升统筹利用两个市场、两种资源的能力，成了共同的愿望和共识。江苏省商务厅在认真总结上年贸易促进计划执行情况的基础上，继续加强对境内外展会的分类指导和目录管理，研究制订了全省重点支持的展会目录，制订印发了 2012 年贸易促进计划，列入计划的境内外重点展会共 99 个，其中，境外展会 75 个，境内展会 24 个，均比上年略有增长。将组织和帮助企业积极参加境内外展会，深度开拓国际国内市场作为贸易促进工作的重要内容，对全省会展业起到了积极推动作用。

实施分类指导和目录管理以后，一方面对境外展会按自办展会、重点展会和推荐展会实施不同的管理办法和扶持政策；另一方面，充分调动全省各地的积极性，引导各地结合实际、高度重视、统筹协调、积极对接、广泛宣传、精心组织，扎实推进全省会展业健康发展。

2012 年，江苏省在积极组织企业参加广交会、华交会、大阪展、亚欧博览会等境内外重点展会的同时，还充分利用区域贸易协定的优惠政策，更加注重拓展新兴市场及周边市场，重点扶持一批新增的非洲、南美洲、大洋洲的展会，全年共重点组织了 100 多次境内外展会，参展展位超过 1.5 万个，参展企业超过 8000 家。

为了推进进口平台建设，结合区域口岸优势，加快大宗商品和部分消费品的集散地的建设，通过创办具有特色和重点的新兴展会，强化和促进贸易进口。2012 年 3 月 29 日在江苏昆山成功举办了首届中国国际进口商品博览会，通过加强进口来促进中国外贸转变发展方式、促进外贸协调发展，不刻意追求顺差，致力于贸易平衡发展、协调发展，向国际社会传递出一个强烈的信号：扩大进口。用实际行动转变外贸发展方式，均衡贸易发展，打开了外贸发展新的空间。全国首个国际产品进口博览会不但令人鼓舞地取得了意想不到的成功和影响，而且给人启迪的是，会展业又成了行业和产业转型升级、转轨提升的最佳选择和最佳平台。

2. 坚持区域经济、城市经济与会展经济的有机结合，相互促进，共同提高

在新时期江苏精神的指引下，江苏会展坚持"三创三先"，继续推进"三沿"开发，在共建园区和出口基地的同时，更加注重会展业在全省的空间布局和地域重点布局，把全力打造国际会展平台建设列入全省三大平台建设之一。

2012 年，从全省会展场馆的平台建设方面来看，南京市不但启动了河西国际博览中心的二期工程建设，而且规划了南京市会展业国际化建设三年行动计划（2013~2015），计划在南京禄口国际机场周边预留 50 万平方米的展览场馆建设用地。苏州市在尝试苏州国际博览中心和苏州文化艺术中心并轨经营、集中管理的同时，也启动了苏州国际博览中心的二期增建和改造工程。无锡太湖国际博览中心则于 10 月顺利完成二期建设，使实际展览面积整整扩大了一倍，达到 6.4 万平方米。扬州国际展览中心也在上半年完成了二期改扩建工程，新增展览面积 7000 平方米，全馆承展面积达到 1.5 万平方米。镇江体育会展中心在年内顺利建成，可以承担展览任务的展馆面积达到 2 万平方米，填补了镇江市没有符合国际标准、无法承担国际性展会的空白。以上这些在会展场馆和展示平台方面的硬件工程建设，都为全省各市、各地承担和发展会展经济奠定了重要基础。

3. 坚持"引进来"与"走出去"并举，促进江苏会展业国际化程度不断提升

2012 年，江苏省委、省政府最新确立的江苏经济国际化战略目

标提出，经济国际化与基本实现现代化相结合，加快形成以国际化企业为主体、国际化城市为基础、国际化人才为支撑的对外开放新局面。在贯彻和实施经济国际化的"江苏战略"中，会展业更能展现和发挥其独特的作用。

在江苏会展业国际化之路的探索过程中，南京会展业是成功的典范。多年来，南京会展业大胆迈出国门，坚持走国际化合作的路子，先后与汉诺威、斯图加特、莱比锡、菲德烈斯哈芬、荷兰、丹麦、中国台湾、中国香港等国内外多家展览公司建立了长期稳定的合作关系，成功地引进了德国斯图加特展览公司在南京成立注册500万元的第一家国外展览公司，第一个引进并联合成功举办了"亚洲户外用品展"，第一个引进并落户南京举办了"台湾名品交易会"。到2012年，已经落户并成功在南京举办的国际性知名展会达到11个之多，连续举办7届的"亚洲户外用品展"已经成为与美国盐湖城、德国菲德烈斯哈芬的欧洲户外用品展齐名的世界三大户外用品展之一；连续举办4届的"台湾名品交易会"也成为台湾会展界在大陆举办的同类展会中规模最大、影响最广、展会观众最多、展会效益最好的展会之一。

与此同时，江苏走出去的境外展会成为着力培育新的外贸增长点、提升外贸增长后劲、实现"稳增长、调结构"、促进江苏经济平稳健康发展的重要方面。2012年江苏省政府重点扶持的75个境外展会就占到全省重点扶持的近百个展会的3/4以上。

2012年以来，受国际金融危机的冲击，江苏的加工贸易和出口增速明显下滑。在转型升级的压力下，扩大内需和组织内销成为江西省2012年以来应对危机的有效途径之一。江苏在借助会展平台和展会渠道广泛组织江苏企业进行内销、扩大内销渠道的同时，还有针对性地组织专题展会，帮助企业主动转型，积极探索内销、转型之路。江苏省政府组织的"江苏产品万里行"活动，以集中形象展示、集中强势推销的形式，在 2012 年的特定时间段，连续在南昌、郑州、济南、重庆等 4 个城市，举办了 4 届"江苏产品万里行"的集中展示活动，每届展会展示面积 2 万平方米，参展企业达五六百家，出展摊位超过 1000 个，带动 2000 多家江苏企业和数千种江苏产品，走出省门，走向全国。不但展示销售了江苏的各类产品，而且扩大和加强了江苏企业、江苏产品与展会举办所在地城市、企业、经济之间的联系，扩大了国内市场的覆盖面，增强了相互了解，推动了产业合作，实现了互利共赢。

二 紧紧围绕"三创三先"的新时期江苏精神，用创新精神指导创新实践

2012 年是"十二五"规划中承上启下的重要一年，也是江苏省经济承前启后持续发展的重要一年。江苏省会展业积极响应和认真贯彻江苏省委、省政府关于"创业创新创优，争先领先率先"的新时期江苏精神，努力运用创新精神，指导全省会展实践的创新活动。

1. "精耕细作"，把会议产业作为江苏会展业发展的新增长点

会议产业本身就是会展经济的重要组成部分，在江苏会展业的发展过程中，占有重要地位。从进入 21 世纪以后的十多年来看，江苏的会议产业发展，无论在数量上，还是质量上都有大幅度的提升。其中国际性会议所占比重不断增加，规模、影响力连续扩大。政府和行业商协会的会议，特别是全国性的部门或专业会议更是以每年 20%~30% 的比例增长。

2012 年，按照国务院两部委下发的"关于严格控制以政府和政府部门名义在华举办和参与举办一般性会议论坛"的要求，特别是十八大以后关于改革会风的规定，会议论坛的数量有所控制，会议的质量有所提高，政府类会议有所调控，但经贸类、发展类的会议论坛

仍然不减。全省各地各类会议接踵而至。第五届中国国际服务外包合作大会，中美城市经济合作和投资会议，2012海峡两岸企业家紫金山峰会，推进跨国公司地区总部和功能性机构发展大会等一系列大型国际会议的接连举办，充分说明了在世界经济萧条的情况下，世界其他各国更加注重中国市场，更加希望通过参加中国内地各种类型的会议，积极寻找商机，寻求合作，探寻解困脱危之路。

与此同时，全省各地也更加重视走出去，到世界各地去举办各种类型的推介会和洽谈会，寻求更多的合作商机。比如，江苏省利用英国伦敦奥运会的时机，在伦敦组织举办了以"人文江苏，添新奥运"为主题的2012"感知江苏"文化周，南京市以推广青奥会为契机，举办了以"当南京邂逅伦敦"为主题的推介会，向全世界发出了"相聚伦敦，相约南京"的邀约。无论是同期的展览还是会议，都为江苏和南京争得了头彩，扩大了影响，提升了国际化的程度。南京市在全国举办国际性会议城市的排位中名列第5，2012年全市共举办规模以上会议1687个，其中国际性会议448个，同比增长23.7%。

2. "融合发展"，把文化、旅游与节事节庆活动有机结合，放大会展经济的汇通融合功能

在"大会展"理念指引下，江苏会展将文化会展、旅游会展与节事节庆活动有机结合起来，加强在"大会展"旗帜下的汇通融合。在文化会展方面，全省通过多年努力，已经逐步形成了以南京文交会、苏州文博会和无锡文博会为标志的三大文化展会、博览会和交易会，而且在2012年9月9日至10月10日，在全省组织举办了第一届江苏省文化艺术节，在全省13个市分别组织举办了130～140场文化、文艺类的演艺、展演、展示活动，集中展示和体现了江苏文化艺术的创作和演艺成果，为迎接十八大的胜利召开，烘托了气氛，强化了氛围。在会展旅游方面，更加注重将会奖旅游、奖励旅游与商务旅游、会展旅游有机结合，在重点打造区域性旅游会展的同时，更加注重运用办展办会的形式，提升全省各地节事节庆活动的策划水平和运作能力。将当地、一时一事的节事节庆活动，通过主题提炼、策划升华、运作深化、组织市场化等方式，使之更加能够适应市场化运作发展的需要，又能保持和发扬乡土文化、民众风俗风趣的大众化口味，保持其群众性喜闻乐见的特点和特色，使之具有更为强劲的持续性和生命力。

3. "品牌提升"，坚持品牌发展战略，积极引导江苏会展业走质量取胜之路

为了适应结构调整、转型升级的需要，我们特别注重，积极引导江苏会展业围绕"稳增长、调结构、促转型"的总体方针，在全省开展和贯彻实施品牌会展发展战略。从 2012 年下半年开始，在全省范围内广泛开展争创和组织江苏品牌展会、优秀展会、创新展会的总结、评比、表彰活动。通过大力宣传，在各市层层推荐和推选的基础上，从全省已经举办的 650 多个展会项目中，推选出一批有代表性的展会项目，经过协会初评和专家评审等多道评审，共评出 51 个获奖的展会项目。其中，以"亚洲户外用品展览会"为代表的 17 个展会项目获得了"江苏省品牌展会"称号，以"南京台湾名品交易会"为代表的 26 个展会项目获得了"江苏省优秀展会"称号，以"中国国际进口产品博览会"为代表的 8 个展会获得了"江苏省创新展会"称号。这大大鼓舞和激励了全省会展业界，在社会上引起了极大的反响，也更加坚定了江苏会展业坚持走品牌发展之路的决心。

三　紧紧围绕转型升级、稳定发展的总方针，为江苏会展业健康发展打基础

受国际国内政治、经济、社会等各种不利因素的干扰和影响，江

苏会展业在 2012 年内，更加注重从加强自身建设、增强会展企业自身实力以及应对困难局面能力的角度，从加强基础建设的角度去做工作，积极探索，摆脱困境，闯出新路。

一是进一步加强全省各级会展组织和机构的自身建设。省协会加强了与各市会展办、会展行业协会及其他会展组织的沟通与联络，积极支持和帮助各市、各地创造条件成立自己的会展行业协会及其他会展组织，积极开展工作，发挥作用，活跃中介机构的活动和工作，协助各地组织和举办各类会展培训与交流工作，促进会展中介组织和机构的建设。

二是通过组织各类活动，促进会展企业、会展组织之间的相互学习和交流，促进合作和共同提高。省协会通过组织省内会展企业和会展从业人员在省内外、长三角内外、国内外进行同业学习、走访和交流活动，向省外、国内的先进地区、先行城市、先进企业取经学习，到欧洲国家及中国香港、澳门和台湾等地，与会展同业同人进行相互交流和合作，从而开阔眼界、增进友谊，促进了互动，加深了合作和理解。

三是通过组织培训和逐步建立健全各项制度，培养人才，完善基础工作。2012 年是全省通过多次培训，逐步建立和健全会展统计制度的重要一年，南京、苏州、无锡等市会展办、会展行业协会分别与市统计局合作，分批培训，分别统一制定了各市进行会展统计的制度和办法，省协会在省商务厅的指导下，不但有重点地推荐 12 家会展企业（场馆）成为商务部商贸流通业统计调查典型企业，建立起全省会展业重点企业网络直接试点企业和试报网络，而且有重点地组织建立起全省的会展基础数据的统计工作网络，为进一步建立和完善全省会展统计网络和制度打下了基础。

党的十八大的胜利召开，标志着中国的政治、经济、社会、文化和生态文明建设又将进入一个新的历史发展阶段，也为会展业的发展指明了新的努力方向。我们应该在认真总结和回顾 2012 年全省会展业发展过程中已经取得成绩和进步的同时，以积极的态度，去正视和对待前进中的困难、问题和不足，努力发挥自己的主观能动性，在思索中前进，在创新中发展，在不断前行的道路上创造新的业绩，追求新的进步。

B.16
2012 年上海会展业稳步发展

上海市会展行业协会

摘 要：

2012 年上海会展业继续稳步发展，展览会总展出面积规模继续扩大，展览业的"硬件"也日臻完善，上海新国际博览中心全面落成，世博展览馆完美转型投入使用，中国博览会会展综合体正式破土动工，改变了上海多年来大型场馆不足的局面。会议（论坛）、节事活动质量有了进一步提升，节事活动内容更加丰富，为到 2015 年上海基本建成国际会展中心城市的目标又迈进了一步。

关键词：

上海市 会展业

一 行业发展基本情况

（一）展览会数量、规模均列全国会展城市之首

2012 年上海共举办 806 个展览项目，比上年的 674 个增长 19.6%；总展出面积达到 1109.3 万平方米，比上年的 953 万平方米增长 16.4%。其中，举办国际展览会 265 个，比上年的 227 个增长 16.7%；展出面积 826.9 万平方米，比上年的 689 万平方米增长 20.0%。无论是项目数量还是规模，均已成为全国会展城市

之首，随着上海展览馆的扩大，上海展览会单个项目规模也在不断扩大（见表 1）。

表 1　2012 年上海展览会项目规模与 2011 年比较

规模（平方米）类别	项目数量（个）			项目规模（万平方米）		
	2012 年	2011 年	增长率（%）	2012 年	2011 年	增长率（%）
10 万以上（含）	21	20	5	309.4	279.7	10.6
5 万（含）~10 万	26	19	36.8	177.9	135.1	31.7
3 万（含）~5 万	30	28	7.1	116.1	102.7	13.1
1 万（含）~3 万	155	116	33.6	267.8	201.9	32.7
1 万以下	574	491	16.9	238.1	233.6	1.9
合　计	806	674	19.6	1109.3	953	16.4

从表 1 分析可知，规模化的展览会项目在不断扩大，3 万平方米以上的特大型项目有 77 个，同比增加 10 个，增长了 14.9%，展出面积 603.4 万平方米，同比增加 85.4 万平方米，增长了 16.9%。

（二）国际会议论坛仅次于北京

在后世博效应的影响下，全球经济分析会议、陆家嘴金融论坛、浦江论坛等国际性会议（论坛）质量进一步提升。上海国际创意论坛、上海会展论坛等以创意、创新为主题的国际论坛品牌效应不断扩大。目前，从国际会议举办情况看，上海已跻身于全球前 25 位，在国内仅次于北京。

（三）节事活动丰富多彩，文化类会展发展迅猛

全年举办的各类节事活动，内容丰富，主题清晰，特别是文化创意类活动向着品牌化、系列化方向发展。如上海国际电影节、上海电视节、上海国际艺术节、中国国际动漫游戏博览会（CCG）、中国国际数码互动娱乐展览会（Chinajoy）、中国上海书展、上海之春国际

音乐节、上海艺术博览会、上海国际印刷周、上海双年展、上海"设计之都"活动周、上海春季艺术沙龙等均已成为上海品牌化的国际性文化节庆会展活动。各区（县）的各类文化创意节庆活动开展踊跃，如嘉定汽车文化节、金山沙滩音乐节、宝山动漫节等，充分挖掘各区（县）历史、文化、产业内涵，促进商旅文融合发展。上海的节事活动已突破地方区域，向国际化拓展。丰富多彩的文化类会展活动，推动了上海文化产业的发展。

（四）会展业对经济社会发展的辐射作用明显

1. 拉动区域内相关行业的发展

会展业具有强大的产业带动能力，其与旅游、餐饮、宾馆、印刷、装潢、广告、物流、零售、通信、交通、金融、保险商务活动等行业构成产业协作链条，对本区域的经济发展具有很强的带动效应和后向关联效应，拉动上海 GDP 约 8%，其中 2012 年仅展览会的直接收入就达到 250 多亿元。

2. 可增加区域内就业机会数万人

会展业是个产业链，从项目策划运作、广告到现场施工、物流、后勤配套服务等，需要各类人才共同完成。根据英联邦展览业联合会测算，每增加 1000 平方米的展览净面积，就可创造近百个就业机会。按照此推算，2012 年上海展览市场增加了 7 万余人次的就业机会。

二 上海展览企业和相关产业发展情况

根据 2012 年底协会 450 家会员单位结构分析：展览主（承）办企业 60 家，占 13.3%；会议、旅游服务 44 家，占 9.8%；展示工程企业 279 家，占 62.0%；场馆企业 16 家，占 3.6%；其他配套服务企业 51 家，占 11.3%。以展览主（承）办企业为核心，相关配套服务企业齐全，形成了一个完整的产业链。

（一）本土展览主（承）办单位健康发展

上海办展主体，即展览会的主（承）办企业通过市场化运作，发展更健康。

1. 本土办展主体占主导地位

据统计，在上海举办的 1 万平方米以上的项目 232 个，总展出规模 869 万平方米。其中，有 157 个项目为上海本土办展主体主办，总规模 577.5 万平方米，占比 66.4%。本土企业办展已占主导地位，这为上海展览行业发展打下坚实基础（见表 2）。

表 2　1 万平方米以上展览会项目分类（按办展主体类别分类）

办展主体类别		项目数（个）	规模（万平方米）
本土办展 （157 个,577.5 万平方米）	上海注册的国有企业办展	44	159.2
	上海注册的外资企业办展	23	111.9
	上海注册的合资企业办展	37	140.3
	上海注册的民营企业办展	53	166.1
市外来展 （75 个,291.7 万平方米）	中国贸促会各行业分会办展	11	65.5
	国家级社会团体及政府办展	25	68.7
	北京注册的企业办展	25	127.7
	北京以外的外地企业及地方政府办展	9	16.9
	国际性组织及企业直接办展	5	12.9
合计		232	869.2

2. 展览项目市场化运作率达到 96%

上海组展企业所举办的各类展览会项目，从 21 世纪起基本上都摆脱了依赖政府、依靠政府财政补贴的局面，率先进入市场，实行自主经营市场化运作的机制。2012 年展览会项目运作的市场化程度已达 96%，比上年提高了 1 个百分点，这为上海展览业健康、稳步发展增添了动力。

3. 上海多种所有制的办展主体同步发展

上海展览会办展主体向多元所有制发展，2012 年从各类展览会项目办展面积分析，国有展览企业占比 27.5%，独资、合资展览企业占比 43.7%，民营展览企业占比 28.8%，国企、独合资、民企占比基本形成了 3∶4∶3 的较合理格局。

4. 上海本土办展企业办展能力不断提升

2012 年在上海举办展览会项目面积超过 10 万平方米的有 20 家，其中在上海注册的本土企业有 16 家，占比 80%。按规模排名前 20 的企业办展总面积为 502.4 万平方米，其中上海本土企业办展面积为 407.8 万平方米，占比 81.2%。本土企业办展能力的提升，为上海展览业发展奠定了基础（见表 3）。

表 3　2012 年在上海举办展览会总规模 10 万平方米以上的企业排名

排名	公司名称	企业归属地	总规模（万平方米）
1	上海博华国际展览有限公司	上海	66.0
2	中国贸促会纺织行业分会	北京	53.6
3	慕尼黑展览（上海）有限公司	上海	45.6
4	上海市国际展览有限公司	上海	36.5
5	上海现代国际展览有限公司	上海	31.6
6	法兰克福（上海）展览有限公司	上海	28.8
7	汉诺威米兰展览（上海）有限公司	上海	27.6
8	上海万耀企龙展览有限公司	上海	26.5
9	上海环球展览有限公司	上海	25.9
10	上海科学技术开发交流中心	上海	20.0
11	北京雅展展览服务有限公司	北京	20.0
12	上海国际展览中心有限公司	上海	18.0
13	上海外经贸商务展览有限公司	上海	15.2
14	上海浦东国际展览公司	上海	14.8
15	亿百媒会展（上海）有限公司	上海	14.5
16	上海世博（集团）有限公司	上海	13.8
17	上海百文会展有限公司	上海	11.7
18	上海协升展览有限公司	上海	11.5
19	中国五金制品协会	北京	10.4
20	中国焙烤食品糖制品工业协会	北京	10.4
合　计			502.4

5. 行业已诞生了一批高级人才

2005 年，经上海市人事局批准，由上海市职业能力考试院、上海世博人才发展中心、上海市会展行业协会联合组织上海市会展管理专业技术水平认定工作。目前，已有 500 余名长三角地区业内人士分别获得会展管理高级、中级、初级职称，其中 88 名会展人士获得了高级职称；2012 年通过培训认证，又诞生了一批高级会展展示设计人才。这些人才已成为上海会展业发展的中流砥柱。

（二）展览场馆规模将成为全球之最

在展览会项目向规模化发展的趋势下，2012 年上海展览场馆呈现大型展馆出租率明显增长、中小型展馆出租率略有下降的现象。

1. 上海新国际博览中心全面落成

2012 年 2 月 15 日，上海新国际博览中心全面落成，拥有 17 个风格相似的单层无柱式展厅，室内外展览面积共计 30 万平方米。2012 年，上海新国际博览中心全年共举办展会 103 个，展览合同销售面积达 594.6 万平方米。年场馆出租面积增长率达到 20% 左右，出租率达到 57.1%，市场占有率达到 52% 以上。

2. 世博展览馆完美转型投入使用

借助后世博效应，世博会主题馆改造转型，8 万平方米的世博展览馆改建成标准的展览场馆，弥补了上海 5 万 ~ 10 万平方米展馆的空缺。2012 年，世博展览馆共举办了 78 个展会项目、展出面积达到 194.4 万平方米，比 2011 年翻了一番，全年出租率达到 52.5%，市场占有率达到 17.5%；吸引了 900 多万观众前来观展，成为世博园后续利用中最具"人气"的场馆之一。

3. 中国博览会会展综合体项目开工建设

中国博览会会展综合体项目正式破土动工，将于 2014 年底全面建成。届时可提供室内外展览面积 50 万平方米，以及会议中心、餐

饮、商业等较齐全的配套设施。

据统计，2012 年，上海新国际博览中心和上海世博展览馆的出租率分别为 57.1% 和 52.51%，市场占有率分别为 52% 和 17.5%。上海展览中心、光大会展中心、世贸商城、上海国际展览中心的出租率也均在 30% 以上，呈良性发展的态势（见表 4）。

表 4　2012 年上海各场馆展览会项目情况

展览场馆＼项目	数量（个）	规模（万平方米）	其中国际展		其中国内展		出租率（%）
			数量（个）	规模（万平方米）	数量（个）	规模（万平方米）	
新国际博览中心	103	594.558	103	594.558	0	0	57.10
世博展览馆	78	194.4	59	146.7	19	47.7	52.51
光大会展中心	161	102.85	30	19.37	131	83.48	44.87
展览中心	88	49.8669	25	25.3645	63	24.5024	31.42
世贸商城	69	49.78	13	14.7	56	35.08	31.28
国际展览中心	40	27.6	23	16.8	17	10.8	31.51
东亚展览馆	17	8.5	3	1.5	14	7	25.88
国际会议中心	10	2.4	4	1.2	6	1.2	12.06
浦东展览馆	9	5.7	3	2.7	6	3	8.68
农展馆	20	15.2	0	0	20	15.2	27.40
汽车会展中心	6	7.2	2	4	4	3.2	3.29
其他小场馆	205	51.25	0	0	205	51.25	—
总　计	806	1109.3049	265	826.8925	541	282.4124	—

2012 年上海已有 11 个展览场馆，可供展览面积 50 万平方米（其中室内 40 万平方米），到 2014 年底中博会会展综合体建成后，上海将有 100 万平方米的场馆可供使用（其中室内展览面积 80 万平方米），届时，上海将成为全球场馆规模之最。

（三）为场馆配套的软件、硬件设施日趋完善

1. 场馆的综合服务水平不断提高

协会委托第三方评估公司对上海五个主要展览场馆 2010 ~

2011 年综合服务水平进行评估，通过对 62 个上海国际品牌展、优秀展数据的比对，121 个展会现场调研，回收 6329 份问卷调查资料进行分析，会展主（承）办企业、展示工程企业、物流企业以及参展商、专业观众，对五个场馆的综合评价较好，基本都能达标。综合场馆的硬件设施、运营管理及服务水平和客户满意度，五个场馆的测评总分依次为上海新国际博览中心、上海世贸商城、上海展览中心、上海国际展览中心、上海光大会展中心。通过评估，对每个场馆也提出了不少改进意见和建议，场馆的综合满意度不断提升。

2. 以展览场馆为核心，会议设施、餐饮、交通等配套设施日趋完善

（1）将于 2014 年建成的浦西虹桥商务区的中博会会展综合体将拥有 5 万平方米以上的会议中心。百余间风格各异的会议室、会客厅，分为 20 人、50 人、100 人、300 人、500 人、800 人、4000 人等不同规模，可用于举办中小型会议、论坛、发布会及各类酒会等。10 万平方米的南广场，1 万平方米的中央广场，1 万平方米的多功能展厅，两条 40 米宽、400 米长的中央步道等富于变化的空间和场地将打造为精彩纷呈的演出、会议及活动聚集地。会展综合体地理位置优越，处于长三角地区门户，航空、高铁轨道交通，高架四通八达，交通便捷，周边配套服务齐全。

（2）傍长风公园，临苏州河而立的上海跨国采购会展中心，将于 2013 年建成，是一座集展览、会议、活动等多功能于一体的现代化、国际化的会展中心。整个中心拥有 13000 平方米的室内展厅、5000 平方米的会议厅、5000 平方米的餐厅和 800 个车位的车库，其中最令人瞩目的要属 3000 平方米的超大型无柱会议厅——明珠厅。并配备各类先进齐全的设施，是举办各类高端的展览、会议和活动的最佳场所。周边交通便捷，毗邻内环线、中环线、虹桥机场；环绕轨

道交通 2 号、13 号、15 号线；区域巴士将在会展中心和各大公交站点穿梭；周边配套有方圆两公里内 11 家四星级、五星级高档酒店和 30 多家商务经济型酒店；2 个游艇码头 100 个游艇泊位，长风公园；长风景畔娱乐中心、大型商场、购物中心"国盛中心"。

（3）地处浦东陆家嘴地区最前哨的上海国际会议中心，毗邻东方明珠电视塔，与外滩万国建筑群隔江相望，交通设施方便快捷，地理位置得天独厚，素以举办大型国际会议、商务论坛而蜚声海内外。拥有 20 多个规格不同、人数不等（15～3000 人）的会议场馆及最先进的视听设备，7 楼上海厅是目前国内最大的无柱大厅（面积 4400 平方米，可同时容纳 2000 人用餐或 3000 人开会）。

（4）上海新国际博览中心拥有 51 个规模不等、风格各异的附属会议室，可用于举办中小型会议、论坛以及鸡尾酒会等。3 个附属入口大厅，兼备观众注册、信息咨询、开幕式、商务中心、咖啡厅、餐厅以及衣帽间等多功能。充足的停车场地，可容纳 4730 个车位。新国际博览中心周边有浦东嘉里大酒店、卓美亚喜马拉雅酒店等星级酒店，轨道交通有 2 号线、7 号线。

（5）世博会后，上海世博中心转型成为大型高规格国际会议的重要场所，有大会堂、上海厅、多功能厅、中会议厅、小会议厅、VIP 会议厅、专用会议厅、新闻发布厅、贵宾厅、宴会厅、江景餐厅以及可容纳 550 辆车的地下停车库和地面停车区域。上海世博中心承担了上海市"两会"及其他重要政务性会议的举办；同时对市场和社会开放，以其会议、展览、活动、宴会、演出等专业功能形成核心竞争力，充分展示上海国际大都会形象，提升上海城市的综合竞争力，是上海新的城市名片。

（6）隶属嘉定区的上海汽车会展中心，拥有 3 万平方米的场馆，主要用于会议及相关的新闻发布、项目推广、产品发布等相关会展活动。

（四）展示工程企业服务内涵和质量不断提升

1. 上海会展业的稳步发展，不仅使办展主体呈健康发展态势，展示工程企业承接业务面也不断拓宽

各展览会项目有 60% 以上为特装展位，其设计制作的科技含量、绿色环保元素大增。具有展示工程资质的企业优势显现，如现代国际、美术设计、龙展、笔克、形家、点意空间、和煦、汇展等展示工程一级资质企业不仅积极推进上海临展的展示设计向高科技、环保、节能等方面发展，而且将展示设计、业务延伸拓展到博物馆和展示厅，并承接一些政府招标项目。作为展览项目主要配套企业的壮大，推动了展览项目的发展。展示工程企业在为上海成为创意城市、设计之都建设中作出了贡献。

2. 设计创意水平不断提高

2010 年，上海许多展示工程企业参与了世博会建设，设计创意水平经受了国际舞台的考验和锤炼，得到了大幅提升。在 2012 年上海市会展行业协会组织开展的 2011～2012 年原创展示设计作品评比表彰活动中，经过高校和业内专家评审，从 30 家参选企业提供的 91 件作品中评出了最佳原创展示设计作品 20 件和优秀原创展示设计作品 25 件。这些获奖作品，一方面体现了上海展示工程企业设计创意水平的日益提高，另一方面为推动上海创意产业发展、加快上海"设计之都"建设起到了积极作用。

3. 绿色环保、循环使用的展具正在推进

为积极响应十八大提出的大力推进生态文明建设的战略要求，结合会展业实际，上海市会展行业协会正在积极推进低碳、节能、环保的展览展具在展会中的使用，倡导绿色展览。

4. 积极参加展示设计人才培训、认证

为配合上海"创意城市，设计之都"的建设，全面提升会展业

的创意设计水平，协会于 2012 年创建了展示设计师的培训、认证体系，根据展示设计师的标准，协会在业内认定了张定国、孙峰等 10 人为上海市会展行业首批高级展示设计师。随即开设了高级展示设计师培训课程，广大展示工程企业积极响应参与，来自展示工程企业的负责人、设计总监近 50 人参加了首批培训，充分体现了上海展示工程企业自发提高专业设计技能的迫切需求。

（五）相关行业为上海展览业的发展作出了贡献

经过 2010 年上海世博会的历练，物流、宾馆、旅行社、会展院校等行业发展更健康，它们在为上海展览业的发展中作出了贡献。

三　2013 年上海会展业发展思路

2013 年是全面贯彻落实党的十八大精神的开局之年，是实施"十二五"规划承前启后的关键一年，也是上海深入推进创新驱动、转型发展的重要一年。上海会展业将不断优化会展环境、加强行业规范、提升行业服务水平、实现新的跨越，进一步推进上海国际会展中心城市建设的进程。

（一）研究制定发展会展业的鼓励和扶持政策

虽然上海的国际展览项目在国内名列前茅，但上海展览企业的内部环境，特别是在规范市场、鼓励发展等方面还存在一些问题，这对上海展览企业自身的长远发展是不利的。目前，上海市政府对上海展览业发展除 2005 年制定的上海展览业管理办法外，尚未有针对会展业发展的相关扶持政策。上海会展业"十二五"发展规划中所明确的，如为上海展览行业在国际市场的宣传、重大展览项目的申办、品牌展会的培育、政策法规的宣传、信息平台的维护、专业人才的培养和认证等设立专项资金；如何创造环境，提供优惠政策，引进国际一流品牌展会项目。为境内外展览企业营造良好的发展环境和创业氛围，需要配合政府尽快研究制定落实会展业发展政策措施等。

（二）制定行业地方标准，规范会展市场

（1）制定展览业地方行业标准。在会展业快速发展的今天，会展行业标准化建设的不健全，导致会展准入"门槛"较低、展会数量虽然众多，但低水平重复办展项目不少，展会质量不高，已成为困扰会展业进一步发展的难题。2012 年《展览主承办机构服务质量要求及等级划分》地方标准已立项，2013 年将重点推进展示工程企业、场馆经营企业以及国际展览会项目的行业地方标准的制定，规范展览企业的经营行为。

（2）建立上海会展行业主体信用评价体系，推动行业诚信体系建设。建立展览企业的信用评估制度，对经营规范、诚信度高的展览企业，将在展会申请、政策扶持等方面给予支持；对存在各类违规、违法等不规范行为的企业将实施淘汰。

（三）提升会展行业的国际化、专业化、市场化、规范化水平

（1）为提升展览主承办企业的国际化、市场化、专业化水平，应继续开展国际展览项目评估，推进专业化、国际化进程。

（2）为积极响应落实十八大生态文明建设的战略措施，应推动展示工程企业使用绿色、环保材料，倡导低碳办展。

（3）为提升场馆服务水平，应继续开展上海 11 家展览主要场馆综合服务水平评估。

（四）加强会展创意设计人才公共服务平台建设

为配合上海"创意城市，设计之都"的建设，加强对会展创意

设计人才的培育，全面提升会展行业的专业水平，加快推进上海会展创意设计人才建设专项服务平台项目的建设。

（五）继续加强对会展人才的培训

在会展管理、展示设计培训、认证的基础上，启动展会活动策划人才的培训和认证工作。

B.17
2012年新疆会展业发展报告

胡 平*

摘 要：

2012年是新疆会展业快速发展的一年，展览会数量和规模、展览空间和利用、展览主体和行业管理都呈现欣欣向荣的局面。2012年，新疆共举办各类展览会60个，展览总面积78.97万平方米。会展时间分布合理，空间发展均衡；会展主体构成多元化，市场化趋势明显；会展协会和法规不断涌现，管理趋于规范。

关键词：

新疆·会展经济

改革开放以来，新疆会展业经历了从无到有、从小到大的发展历程，新疆已逐步成为中国西部会展经济发展的一片沃土。新疆独特的地理位置和资源优势，以及在中国对外开放大局中的重要战略地位，决定了会展在新疆经济发展中的重要地位。据统计，2006～2010年，新疆举办各类展会186个，展览直接收入约8000万元，为有关行业创造的间接收入约7.2亿元，5年间新疆共组团参加了区外展会近100个，签约金额达1509亿元，国（境）外办展及参展73个，成交金额合计达20.39亿美元，成效显著。

据不完全统计，新疆每年都要举办各种会展50余次（其中国际

---

* 胡平，新疆旅游学院副院长。

性会展占会展总数的 1/3 多），特别是 2011 年有了"中国—亚欧博览会"以来，新疆会展业更是驶入快车道，新疆每年组团出国办展、参展和赴内地参展也在逐年增加。

一　2012 年新疆会展业发展现状及特点

新疆经贸展主要是国家实施西部大开发后增加的，2003 年在乌鲁木齐举办的不同规模、各类经贸会展近 50 个，还不包括各地州、市举办的展会。到 2011 年基本维持这样一个展览会数量。2012 年是新疆会展业快速发展的一年，展览会数量和规模、展览空间和利用、展览主体和行业管理都呈现欣欣向荣的局面。

1. 会展数量稳步增长，规模呈现跨越式发展

2012 年，新疆共举办各类展览会 60 个（如果加上每月一期的人才交流会，共有 71 个各类展览会）。展览总面积 78.97 万平方米，1 万平方米以上的展览会有 20 个，占总数的 33%，展览面积 68.5 万平方米，占总数的 87%（见表 1）。

以乌鲁木齐为例，和 2011 年相比，会展数量增加 1 个，但是会展面积增加了 80%，说明展览会的总体规模和单体规模都有明显增长，呈现跨越式发展态势。

各种类型展会的规模都有明显增长，质量都有明显提升。从综合性展会来看，亚欧博览会已经成为中国西部及中亚地区重要的经贸盛会，中国—亚欧博览会在 2012 年中国会展行业年会——中国会展业高峰论坛大会暨 2012 年度中国会展产业评选颁奖典礼上获得"2012 中国十大政府主导型展会"之一的称号，2012 年展览面积已经达到 8.9 万平方米；再从专业性展会看，一些小的专业展会逐年做大，成为相关行业经常举办的品牌展会，也获得良好的社会效益和经济效益。例如，2012 第九届中国新疆国际煤炭工业博览会（新疆煤博会），是旨在提升新疆煤炭行业的能源优化转型和产业升级，大力发展煤电、煤化工等绿色能源经济，促进国际企业、援疆企业与本地交流的大型能源盛会，赢得了各大能源集团和国内外大型设备商的一致好评，已由上届展地面积 2 万平方米，扩大到 2012 年的 5 万平方米的规模，成为亚洲两大煤炭展之一和国际性知名专业品牌展。

2. 会展时间分布合理，空间呈现均衡发展

2012 年新疆会展主要集中在 4 ~ 9 月（见图 1）。但是和往年相比，更趋于均衡，结束了以往冬季没有展览会的历史。虽然 2 月的展览会主要以人才交易会为主，但是从展馆利用和展业发展来说还是有积极意义的。

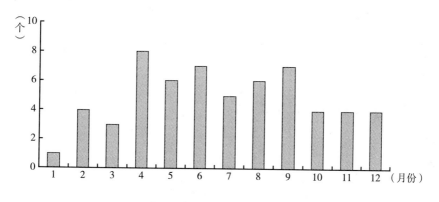

图 1　新疆展览会月度分布

2012 年，新疆能够举办展览的展览场地有 9 个，其中 6 个分布在乌鲁木齐，还有喀什、克拉玛依和石河子分别有一个展览场地，其中克拉玛依是 2012 年的新增展览馆，石河子依托石河子文化宫也举办了几次展览活动。乌鲁木齐 6 个展览馆的功能结构做了调整，专业性展览会一般都进入新疆国际展览中心举办；新疆国际博览中心转型成为新疆艺术中心，和自治区博物馆一样成为公益性展览的举办场地，

表 1　2012 年新疆展览会一览

序号	名称	日期	地点	主办单位	承办单位
1	2012 第五届中国新疆新春年货博览会	1 月 1~20 日	新疆国际会展中心	新疆维吾尔自治区商务厅/乌鲁木齐市人民政府/新疆维吾尔自治区消费者协会	
2	2012 年自治区首届春季大型人才交流会	2 月 11~12 日	中国新疆人才市场	自治区人才服务中心/自治区毕业生就业指导中心/中国新疆人才市场	
3	2012 年自治区第二届春季大型人才交流会	2 月 25~26 日	中国新疆人才市场	自治区人才服务中心/自治区毕业生就业指导中心/中国新疆人才市场	
4	2012 年自治区第三届春季大型人才交流会	3 月 10~11 日	中国新疆人才市场	自治区人才服务中心/自治区毕业生就业指导中心/中国新疆人才市场	
5	首届春季大型人才招聘会	2 月 11~12 日	新疆国际会展中心	新疆国际博览中心展览有限公司	
6	第二届春季大型人才招聘会	2 月 25~26 日	新疆国际会展中心	新疆国际博览中心展览有限公司	
7	2012 年第三届春季人才招聘会	3 月 10~11 日	新疆国际会展中心	新疆国际博览中心展览有限公司	
8	2012 年第四届春季人才招聘会	3 月 24~25 日	新疆国际会展中心	国际博览中心人才市场	
9	2012 春季大型人才交流会	4 月 21~22 日	新疆国际会展中心	国际博览中心人才市场	
10	全疆大型人才交流会（此会每月一场 3 月 3,4 日,3 月 17,18 日,4 月 14,15 日,5 月 26,27 日,6 月 16,17 日,7 月 21,22 日,8 月 18,19 日,9 月 22,23 日,10 月 27,28 日,11 月 17,18 日,12 月 15,16 日）	2 月 18~19 日	自治区体育中心	自治区人事厅	
11	第二届新疆精品暨名犬宠物展览暨首届新疆水族渔具大宠物用品交易会	4 月 1~4 日	新疆国际会展中心	新疆国际博览中心展览有限公司/乌鲁木齐市畜牧兽医学会小动物分会	
12	第二届中国新疆节能环保与能源工业技术博览会	4 月 20~22 日	新疆国际会展中心	新疆维吾尔自治区经济和信息委员会/新疆维吾尔自治区环保厅	新疆撤哈拉展览有限责任公司

续表

序号	名称	日期	地点	主办单位	承办单位
13	2012乌鲁木齐第二届春季房产交易会	4月20~22日	新疆国际会展中心	乌鲁木齐晚报社/乌鲁木齐房地产俱乐部	
14	慕思·2012第二届春季房车交易会	4月20~22日	新疆国际会展中心	乌鲁木齐晚报社/乌鲁木齐房地产俱乐部	
15	首届五家渠金香节全国美食、旅游产品博览会	4月26日至5月10日	五家渠青格达湖郁金香节景区	新疆五家渠市旅游局	新疆国际博览中心展览有限公司
16	2012苏杭丝绸品牌服装服饰全国巡回展（新疆）展销会暨全国名优农副土特产品交易会	4月26至5月14日	新疆国际会展中心	旭峰会展有限公司	
17	第十三届新疆国际农业机械博览会	5月17~19日	自治区体育中心	新疆维吾尔自治区人民政府	新疆维吾尔自治区农牧业机械管理局/中国农业机械工业协会/新疆生产建设兵团农机局/新疆维吾尔自治区农机电行业办公室/中国际贸易促进委员会新疆分会/新疆维吾尔自治区农机流通协会/新疆维式展览有限公司
18	2012第二届中国新疆市政市容清洁技术设备展示会	5月16~19日	新疆国际会展中心	新疆振威国际展览有限公司	
19	2012第二届中国新疆国际矿业及技装备大会	5月16~19日	新疆国际会展中心	新疆维吾尔自治区经济和信息化委员会/新疆维吾尔自治区国土资源厅/新疆维吾尔自治区招商发展局商务厅/新疆振威国际展览有限公司	振威展览集团
20	2012年第二届中国（新疆）国际工程机械、建筑机械、工程车辆及设备展览会	5月16~19日	新疆国际会展中心	新疆振威国际展览有限公司	
21	2012年第八届新疆春季住宅产业博览会	5月11~14日	新疆国际会展中心	乌鲁木齐市人民政府/自治区住房和城乡建设厅/乌鲁木齐市商务局/新疆维吾尔自治区房地产业协会	新疆国际会展中心/新疆丝绸之路展览有限公司

续表

序号	名称	日期	地点	主办单位	承办单位
22	第二届中国清真美食文化节暨新疆特色餐饮食品博览会	5月20~22日	新疆国际会展中心	新疆维吾尔自治区促进新疆特色餐饮业发展工作指导小组/中国烹饪协会/乌鲁木齐市人民政府	
23	2012第二届中国·新疆亚欧国际汽车博览会	6月20~24日	新疆国际会展中心	新疆国际博览中心展有限公司/新疆天汇汽车服务有限公司	
24	第二届新疆金融博览会	6月20~23日	新疆医博会展中心	乌鲁木齐市商业银行	
25	第二届中国新疆茶文化博览会	6月19~24日	新疆国际会展中心	新疆国际博览中心展有限公司/新疆维吾尔自治区茶文化协会	
26	第五届中国新疆观赏石和田玉精品博览会暨第二届新疆书法艺术品收藏品博览会	6月18~27日	新疆国际会展中心	新疆维吾尔自治区商务厅/新疆维吾尔自治区旅游局/新疆维吾尔自治区招商局/乌鲁木齐市人民政府/新疆国际会展中心	新疆国际博览中心展览有限公司
27	2012年第八届新疆社会公共安全产品与警用技术装备博览会	6月6~8日	新疆国际会展中心	新疆维吾尔自治区人民政府/新疆维吾尔自治区公安厅/新疆维吾尔自治区司法厅/武警新疆总队/新疆消防/新疆监狱管理局	乌鲁木齐市公安局治安管理支队/新疆国际博览中心展览有限公司/广州利峰展览科技有限公司
28	2012第九届中国新疆国际煤炭工业博览会	6月6~8日	新疆国际会展中心	新疆维吾尔自治区人民政府	新疆维吾尔自治区经济和信息化委员会/新疆维吾尔自治区煤炭工业管理局/新疆生产建设兵团安全生产监督管理局/新疆煤矿安全监察局/新疆维吾尔自治区招商发展局/振威展览集团
29	2012年新疆(国际)糖酒食品博览会	7月28~30日	新疆国际会展中心	新疆维吾尔自治区招商发展局(经协办)	乌鲁木齐聚文化传播有限公司

续表

序号	名称	日期	地点	主办单位	承办单位
30	2012中国·乌鲁木齐国际节能照明LED及电子电工展览会	7月25~27日	新疆国际会展中心	乌鲁木齐市人民政府/新疆维吾尔自治区住房和城乡建设厅/新疆维吾尔自治区商务厅/新疆维吾尔自治区经济和信息化委员会/新疆维吾尔科学技术厅/新疆维吾尔自治区文化厅/中国国际贸易促进委员会新疆分会	乌鲁木齐市商务局/新疆雷诺展览有限公司/深圳市LED产业联合会/广州利峰展览科技有限公司
31	2012首届新疆连锁加盟及创业投资展览会	7月19~23日	自治区体育中心	新疆体育中心	
32	2012中国(新疆)国际建筑节能及新型建材博览会	7月16~18日	新疆国际会展中心	天津振威展览有限公司西安分公司/陕西省建设厅住宅产业化促进中心/陕西省土木建筑学会	新疆振威国际展览有限公司
33	2012中国(新疆)国际供热供暖与空调热泵技术设备展览会	7月16~18日	新疆国际会展中心	振威展览集团/中国建筑金属结构协会辐射供暖供冷委员会	新疆振威国际展览有限公司
34	2012年第十七届新疆国际医疗器械博览会	8月14~16日	新疆国际会展中心		新疆振威国际展览有限公司
35	第十二届新疆国际农机交易会	8月14~16日	新疆国际会展中心	新疆维吾尔自治区农业厅/新疆维吾尔自治区农牧业机械管理局/兵团农机局	新疆振威国际展览有限公司
36	2012第十二届中国(新疆)国际农业博览会	8月14~16日	新疆国际会展中心	新疆维吾尔自治区农业厅/新疆维吾尔自治区畜牧厅等	新疆振威国际展览有限公司
37	2012第十二届新疆国际汽车工业博览会	8月2~7日	华凌国际博览中心	中国汽车工业协会/乌鲁木齐市人民政府	乌鲁木齐市招商发展局/乌鲁木齐晚报社/新疆凯式展览有限公司
38	首届中国新疆(华凌)国际珠宝玉石博览会	8月28日 至 9月9日	华凌国际博览中心	新疆维吾尔自治区工商联(总商会)/新疆华凌工贸(集团)有限公司/珠宝商会	
39	2012中国·新疆秋季车展	9月26~29日	新疆国际会展中心	乌鲁木齐晚报社/新疆魅力橙果文化传媒有限公司/新疆人民广播电台949交通广播	
40	2012年乌鲁木齐秋季房车交易会	9月26~29日	新疆国际会展中心	乌鲁木齐晚报社/新疆魅力橙果文化传媒有限公司/新疆人民广播电台949交通广播	

续表

序号	名称	日期	地点	主办单位	承办单位
41	中国新疆国际消费电子与通信产品展览	9月19~21日	新疆国际会展中心	中国机械工业管理协会	中国机械工业企业管理协会
42	2012乌鲁木齐轻工商品洽交易会	9月8月至10月11日	新疆国际会展中心	旭峰会展有限公司	
43	第二届中国—亚欧博览会	9月2~7日	新疆国际会展中心	新疆维吾尔自治区人民政府/商务部/中宣部/中央外宣办/外交部/国家发展和改革委员会/科技部/工业和信息化部/公安部/财政部/交通运输部/铁道部/农业部/文化部/中国人民银行/国家海关总署/国家税务总局/国家质检总局/国家能源局/国家旅游局/国台办/中国民用航空局/全国工商联/中国贸促会/国家开发银行/中国进出口银行/中国出口信用保险公司	
44	2012年第九届新疆秋季住宅产业博览会	10月12~15日	新疆国际会展中心	乌鲁木齐市人民政府/自治区住房和城乡建设厅/乌鲁木齐市商务局 新疆维吾尔自治区房地产业协会	新疆国际会展中心/新疆丝绸之路展览有限公司
45	第二届时尚皮草羽绒羊绒服装购物节	10月14~28日	自治区体育中心	旭峰会展有限公司	
46	首届中国西部冰雪旅游节暨第七届冬季旅游产业博览会	11月30至12月2日	新疆国际会展中心	中国国家旅游局	新疆维吾尔自治区旅游局/新疆国际博览览有限公司
47	2012年秋季大型人才招聘会	11月3~4日	新疆国际会展中心	国际博览中心人才市场	
48	中国和家网·乌鲁木齐站第二届家装16号	12月15~16日	新疆国际会展中心	西安和家电子商务有限公司	新疆国际会展中心
49	2012新疆第四届国备季车展	12月7~11日	新疆国际会展中心	新疆天汇汽车服务有限公司/新疆都市消费晨报	新疆国际博览中心/新疆维吾尔自治区旅游局
50	2012中国新疆旅游商品博览会	8月10~15日	克拉玛依会展中心	中国旅游协会/新疆维吾尔自治区旅游局	新疆维吾尔自治区旅游协会/克拉玛农市旅游局/新疆国际博览中心/新疆国际博览览有限公司

续表

序号	名称	日期	地点	主办单位	承办单位
51	2012 第十一届新疆（克拉玛依）国际石油天然气及石化技术装备展览会	9 月 12～14 日	克拉玛依会展中心	新疆维吾尔自治区经济和信息化委员会/新疆维吾尔自治区石油和化学工业管理办公室/振威展览集团	振威展览集团
52	2012 首届全国秋冬品牌服装服饰暨名优土特产品博览会	10 月 18 日至 11 月 4 日	克拉玛依会展中心	新疆维吾尔自治区招商发展局/克拉玛依市人民政府	克拉玛依城市建设投资发展有限责任公司/旭峰会展有限公司
53	2012 秋季品牌服装服饰暨农副土特产品交易会	9 月 26 日至 10 月 9 日	石河子文化宫	旭峰会展有限公司	
54	2012 羊绒羽绒皮草品牌服装服饰农副产品交易会	11 月 2～18 日	石河子文化宫	旭峰会展有限公司	
55	2012 迎新春糖酒食品年货购物节	12 月 13～27 日	石河子文化宫	旭峰会展有限公司	
56	2012 冬季品牌服装服饰暨农副土特产品交易会	12 月 1～20 日	石河子文化宫	旭峰会展有限公司	
57	首届新疆（南疆）农业博览会	4 月 8～10 日	喀什国际会展中心	兰州博望展览服务有限公司新疆分公司	
58	第八届新疆喀什·中亚南亚商品交易会	6 月 28 日至 7 月 2 日	喀什国际会展中心	新疆维吾尔自治区人民政府/国家贸促会	
59	第三届丝路明珠——喀什噶尔国际旅游文化节暨首届民族乐器博览会	10 月 16～21 日	喀什国际会展中心	新疆自治区旅游局/喀什地区行政公署	
60	第二届新疆（南疆）农业博览会	11 月 10～12 日	喀什国际会展中心	新疆维吾尔自治区喀什地区农村工作领导小组	喀什地区农业局/喀什地区农机局/喀什地区水利局/喀什地区畜牧局/农三师农业局/兰州博望新疆公司

资料来源：www.cxiaf.com.cn；www.youxiuhui.com；www.haozhanhui.com；www.xjicme.com.cn；www.xjicec.com；www.expxxj.com；www.xjhzw.cn。

一些非专业场馆如华凌集团博览中心、体育中心、人才交易市场、银都会展中心也举办了一些有自身特色的展览会。乌鲁木齐的新疆国际会展中心、喀什国际会展中心和克拉玛依国际会展中心是新疆3座现代化程度比较高的专业展览馆，室内展览场地总面积达到8.5万平方米。

除乌鲁木齐以外的展览馆得到了较大发展，所以新疆展览会也得到了较快的发展，克拉玛依会展的发展是2012年新疆会展业的一个缩影。因此无论是展览场馆空间，还是展览会的空间分布都呈现均衡发展态势（见表2）。

3. 会展主体构成多元化，市场化趋势明显

在新疆会展业办展主体中，政府主导型的展览会还是比较多的，特别是中国—亚欧博览会还是属于典型的政府策划、招展、招商和运行的展览会。但是随着新疆的开放和跨越式发展，越来越多的会展企业来新疆主办展览会，其中也出现了振威展览集团这样的企业，2012年的展览会共有12家企业作为主办或承办单位进入新疆的会展业，特别是内地很多品牌企业进入趋势明显。如上海世博会新疆馆的设计承建方——北京点意空间国际展览集团就看好新疆会展业的发展前景，目前正在筹建新疆分公司，计划如何通过展览将地方城市文化特色准确定位并进行策划、系统营销，将全国各地成形的经验项目带到新疆来，引领行业的发展。

随着会展业的崛起，目前，在乌鲁木齐注册的专业展览公司已有20余家，如中基、伏泰克、华夏、雅式、振威等，在有关部门和商会协会的支持下，每年都能举办或参与若干个会展，相互之间也进行着激烈的竞争，从而促进了新疆会展业向专业化方向发展。新疆部分主承办企业如表3所示。以上说明新疆正在从政府办展向政府引导、企业办展的方向发展，市场化趋势明显。

表 2 新疆主要展馆一览

	名称	面积	备注
1	新疆国际会展中心	室内面积将达 4.5 万平方米；室外展场面积 5 万平方米，地下建筑总面积约 1.74 万平方米	共设置 6 个主展厅，1 个小展厅，1 个轻型展厅。会议中心设置会议室 16 个，可同时容纳 4000 人参会。会议中心整体设计将室至大型会议与展中心与大型会议中心融为一体，以框架及型钢组合为主要结构形式。其中展馆采用大跨度张弦桁架，跨度 108 米，为国内第三大跨度，西北第一跨度。会议中心五层作为重要会议的核心部位，为达到通透的视觉及美观艺术效果，其南北两侧观景窗采用拉索式双曲面中空玻璃幕墙，其双曲面玻璃的制作及长达 37.5 米的对称悬排安装难度，在同类工程中也属罕见。新疆国际会展中心造型宛如一轮升起的明月，取"明月出天山"的意境。新疆国际会展中心的两边还将修建一对张开的钢结构"翅膀"，寓意新疆维吾尔自治区蓬勃发展。作为中国—亚欧博览会的举办场馆，设国际标准展位 3000 个，并设有国际会议中心和一家星级酒店。
2	华凌国际博览中心	展览用地面积 2.5 万平方米，其中网架展厅面积 1.3 万平方米	华凌国际博览中心是新疆华凌集团的专业性展览机构，位于乌鲁木齐市中心——华凌综合北发市场内。华凌综合批发市场占地 1500 亩，进驻经营厂商 4200 多家，日客流量 10 万多人次，车流量 1 万多车次，融人流、物流、资金流、信息流于一体，是西北地区最大的市场。现博览中心已成为新疆举办各种展览会、展销会、商务洽谈、新技术推广会、交易会的重要场所之一。同时承接会议、演出、新闻发布会、拍卖会、联谊会、商务洽谈，是企业展示形象、进行经贸洽谈活动的大舞台。博览中心的多功能大厅有 6500 平方米，不但配有一流的音响设备，还兼有西部地区最大的伸缩舞台，又可举办大型文艺演出，是目前新疆维吾尔自治区规模较完善、功能较为齐全的展览中心。展馆的建筑主体有 8 部高速客梯，32 部自动扶梯，28 部机械人行梯，8 部货梯，两部自动步行梯等共 70 多部各类电梯。其中两部汽车专用梯有效荷载分别达到 7.5 吨，5 吨，可以把各种轿车、越野车直接送到 6 层展厅。
3	新疆国际博览中心	室内可展面积 1.5 万平方米，室外展场面积 9650 平方米	可搭建 1060 个(3m×3m)国际标准展位，40 个非标准展位，共计展位 1100 个。自 1992 年以来，中心成功地举办了十二届乌鲁木齐对外经济贸易洽谈会，2000 年 7 月，成功地举办了国内旅游交易会。良好的办展设施和规范的服务、管理，受到了国内外客商的赞誉。随着新疆国际会展中心的建成和交付使用，从 2011 年和 2012 年新疆国际博览中心的会展活动的举办次数上有着明显的数量上的变化，很多规模大、影响力大的展会活动也随着新疆国际会展中心的建成而转移。

续表

	名称	面积	备注
4	新疆维吾尔自治区博物馆	建筑面积 17288 平方米，地下一层、地上二层	展厅面积 7800 平方米，基本陈列有"新疆历史文物""新疆民族民俗"。还举办过"中国原始社会""伟大祖国丝织工艺""新疆原始社会""汉—唐时期的新疆""魏晋南北朝隋唐时期的高昌壁画(摹本)""新疆石窟壁画""新疆出土文物""祖国绸绣""馆藏书画"等专题陈列和展览。1986 年"中国新疆文物"先后在日本及赴京等地展出;1988 年"新疆民族民俗""中国新疆文物"先后在日本长岛、东京、冈山、仙台等地展出。"维吾尔族工艺品"分赴澳门、香港展出。
5	新疆体育中心展馆	容纳 7000 名观众的体育馆	目前我国西部地区规模最大、科技含量和智能化水平较高的综合性体育建筑群。建筑设施包括容纳 5 万观众的体育场，容纳 7000 名观众的室内体育馆，大型综合训练馆、室内外网球馆等。不仅是西北五省最大的室内体育馆，而且是新疆唯一个省级全民健身活动中心。120 米大跨度的钢结构屋顶可用于篮排球、网球、羽毛球、乒乓球、体操等比赛及篮球比赛等。体育馆分为地下一层和地上三层，比赛场地为标准一类场地。按照国际一类场馆标准，该馆可举办国际体操比赛、手球比赛及篮球比赛等。馆内一层设有 8 大、中、小会议室，多个业务用房及一个可同声传译 4 种语言的新闻发布厅。
6	中国新疆人才市场交易大厅	共设有 300 余个展位	专营人才招聘交流的展览场地。
7	喀什国际会展中心	展区总面积 2.9 平方米	喀什国际会展中心占地 81000 多平地 8100 多平地，总建筑面积约 32000 多平方米。喀什国际会展中心将集展览、展示、商贸洽谈等服务于一体的现代化大型综合会展中心，将是喀什"喀交会"等大型活动举办场所，它的投资修建成使喀什市在落实国务院文件提出的"将喀什建设成为面向中亚的区域性商贸旅游中心"的步伐中迈出重要一步。
8	克拉玛依市会展中心	面积达 1.1 万平方米	会展中心距市中心 8 公里。会展中心总用地面积约 60 公顷。一期工程用地面积 19.529 公顷，一期建筑面积 30246 平方米，其中室外工程展览场地 12700 平方米。停车场的停车位有 680 个。会展中心心绿化率达 30%。会展中心外形是一个像水立方的长方体建筑，建筑高度 23 米，一层是主体，二层是内部会议室，中央空调等设备用房在三层和四层。会展大厅还可以做自动升降的聚合物放卷门系统，大车可以直接驶入厅。会展大厅以外北个外立面有两套大型卷帘门。
9	石河子文化宫	建筑面积 14857.73 平方米，地上二层，地下一层	石河子文化宫办公地址设在二小区，主要是丰富市民业余文化生活，组织开展职工文体娱乐活动，部署群众性的精神文明文体活动。户外活动占地面积 6400 平方米。

资料来源：http://www.expo-china.com/；http://www.haozhanhui.com/。

表 3　新疆主要展览企业一览

序号	名称	简介	备注
1	新疆振威国际展览有限公司	新疆振威国际展览有限公司(简称新疆振威)作为振威展览旗下全资子公司,于1999年在疆成立。新疆振威经济发展,依托新疆资源及区位优势,致力于以会展推动新疆优势资源转化,促进新疆经济化品牌展会的道路上。如:ICIE 中国新疆国际煤炭工业博览会;CIPPE 新疆国际石油天然气与石化装备展览会;ICECHINA 中国新疆国际石油矿业技术装备大会。CXIAF 新疆国际农业博览会;IMECHINA 中国新疆国际工程机械,工程车辆及设备博览会。新疆振威已经成为全疆最具品牌性和影响力的展览公司。	振威展览是中国最具规模和影响力的展览会组织机构之一,始创于2000年。2006年被评为中国十大最具影响力的会展企业。2007年被评为中国十大最佳展览会公司。2008年被评为中国最具发展潜力的展览公司。中国国际商会常务理事单位,中国会展经济研究会副会长单位。是中国最早加入 UFI 国际展览业协会的成员之一。
2	新疆雅式展览有限公司	新疆雅式展览有限公司是从事展览组织、策划,实施的专业公司,中国新疆国际商会副会长单位。我们为展商提供的参展式服务规划的。公司形象策划和产品宣传设计,商务洽谈安排,商务信息回馈全方位的服务,使展商每次参加一次新疆和新疆发展。公司致力于行业和新疆主管部门一贯的高度信赖和支持,客户至上的工作风格不仅赢得了新疆自治区政府主管部门……化工,石油,暖通,农业机械,农业生产资料,工程机械等众多行业的青睐,把由新疆雅式展览有限公司在新疆承办的展览会看做每年不可或缺的行业盛会。"新疆国际石油化工工业博览会""新疆国际汽车工业博览会""新疆国际农业机械展览会""中亚(新疆)农业生产资料交易洽谈会"已被自治区定为每年一届的例会,成为会展行业的一流品牌。	公司拥有专业水平高,意识超前,勇于创新,敬业团结的队伍,在北京、上海、广州、西安、兰州等地为各种展会提供了可靠的保证。
3	新疆国际博览中心展览有限公司	新疆国际博览中心展览有限公司是新疆国际博览中心控股,员工参股的有限公司,下设综合部,策划部,现场服务部和营销一、二、三、四、五部,共8个部门,经营1.8万平方米展馆和1万平方米室外展场。承接了15届"乌洽会""全国书市""旅交会""冬博会""丝绸之路博览节"等近200个大型展览会,并创建了"林果可"等20余个自创品展,锻炼和培养了一支服务热情高效的接展队伍,一支善于创新业务精于策划的营销队伍,一支善于吃苦于细致的现场服务队伍,一支脑敏锐勇于拓展的外联队伍。	公司是新疆唯一具有专业场馆优势的展览公司,是国际(内)展览公司协会及相关单位到新疆办展和开拓中亚市场的最佳战略合作伙伴。

续表

序号	名称	简介	备注
4	新疆丝路文化传播有限公司	新疆丝路文化传播有限公司成立于2002年,是一家集展览、策划、设计、制作、执行、服务于一体的专业性服务公司。在丝路人的不懈努力下,成功策划执行新疆多项大型活动,大型展厅、大型展团的展台设计制作搭建等工作。	目前,丝路拥有1个独立展览制作工厂,共计2000平方米,位居新疆最大规模的展览制作工厂之一。
5	旭峰会展有限责任公司	旭峰会展现拥有陕西旭峰西安分公司、新疆旭峰会展有限公司、旭峰一分公司、旭峰二分公司等数家全资分支机构。公司现有员工100多人,组建了一支高素质、专业化的管理团队。公司成立十多年来,组织策划展会与活动200多场,陆续培养了"西安糖酒食品年货会"、"兰州(西安)展示交易会"、"中国(青海)结构调整暨经济贸易洽谈会二期展"、"中国(杨凌)农业高新科技成果博览会"、"羽绒羊绒服装服饰(西安)展示交易会"、"苏杭丝绸服装博览会"、"中国新疆乌鲁木齐对外经济贸易洽谈会二期展"、"中国(西安)国际户外运动博览会"等品牌展会。	旭峰会展有限责任公司是专门从事会展策划、组织和承办各类活动的会展服务企业,是中国展览馆协会理事单位。
6	新疆雷诺展览有限公司	新疆雷诺展览有限公司成立于2007年,是一家从事会展历史博物馆、纪念馆、部队史馆等展陈设计实施;以及中、西、南亚、中国及新疆地区商业性展会、大型会议及活动的整体组织策划、设计实施的专业性展览公司。主营业务包括:举办专业性展览会;策划实施大型文化活动;组织高端商务团组赴境外参展。如:2008年汶川奥运宣传图片巡回展[广州];2009年第19届中国厨师节[深圳];2010年中华医学会[北京];2009年中国文化产品博览会[扬州];2010年中国中小企业博览会[福州];2010年中国民俗产品交易会[呼和浩特];2008年吉尔吉斯斯坦中国文化产品展览会[深圳];2009年蒙古国中国新疆出口商品展示会;2010年塔吉克斯坦中国新疆出口商品展洽会;2010年哈萨克斯坦中国新疆出口商品博览会;2010年迪拜[秋季]商品博览会等。	公司是新疆国际商会副会长单位,曾多次被行业主管部门评为"3A级诚信企业"。公司资金实力雄厚,具有丰富的展会组织与管理经验,培养了一支爱岗敬业、诚信服务的管理团队,组展经验,让我们在中亚、西亚、南亚、东欧、东南亚、中东等国家建立了广泛的合作关系。
7	乌鲁木齐聚达文化传播有限公司	乌鲁木齐聚达文化传播有限公司是一家从事国内外会展代理、会展策划与承办、展会设计与搭建的专业展览公司,公司设有招商部、外联部、设计部以及综合部。以聚精英,共创未来的人才理念,聚集了新疆优秀的招商招展人员以及会展前中后期服务人员,成功地组织了多届会饮博览会。	

续表

序号	名称	简介	备注
8	新疆撒哈拉广告展览有限责任公司	新疆撒哈拉广告展览有限责任公司是一家专业从事博物馆、陈列厅、展示厅、展览会、展台特装、贸易洽谈会、学术交流会、商业空间、会议策划、大型庆典活动、广告设计制作的公司,具备雄厚的技术和设备力量,拥有睿智的策划、设计和资深的技术施工。	
9	新疆丝绸之路展览有限公司	新疆丝绸之路展览有限公司主要承办各类大型展会,有多年的办会经验,固定的客户群,公司发展稳定,有良好的市场资源和发展潜力。	
10	新疆伏泰兄国际广告展览有限公司	新疆伏泰兄国际广告展览有限公司成立于1998年,经过十多年的创新、发展,现已成为集展览、展示招商、设计、承建、会议策划、组织、实施、广告策划、制作、发布、平面设计、制作及多媒体、影视创意、一体的专业广告展览公司,在国际、国内展览和会议事务方面积累了丰富的实务经验。	1998～2009年(共12届)乌洽会广告总代理商;2002年公司被国家商务部(原中国对外经济贸易合作部)核准为新疆唯一具备出国、出境办展资格的专业展览公司;2008年公司被新疆专业展览领导小组聘为专家组成员单位;2010上海世博会新疆展区广告总代理。
11	新疆华夏展览有限公司	新疆华夏展览有限公司主要经营举办企业产品宣传及宣教类展览;展厅策划、设计、布置和展板制作、图片的编辑制作及展位出租。注册资本100万元。	
12	新疆现代展览有限公司	新疆现代展览有限公司(原新疆展览公司)成立于1991年,是新疆成立最早的专业承办各类展览、警示教育基地。多年来,本公司为自治区党委、自治区人民政府各厅、局、委,办策划并承办了50多届大型展事,观众参观人数在200万人次以上,内容涉及政治宣传、警示教育、科普文化,商业展览等各领域。公司主营大型陈列馆(室)、单位荣誉室、预防教育展厅;大型警示教育、政治宣传、科普文化、成果展览;展具具的销售,如人楼柱系列、桁架系列等。	公司设计并承制了近30家警示教教育基地(展厅、展馆),遍及天山南北。从内容的编辑提供,展厅的设计施工一全程提供服务。

资料来源: www.youxiuhui.com; www.cxiaf.com.cn; www.xjicme.com.cn; www.xjicec.com; www.haozhanhui.com; www.xjicec.com; www.xjhzw.cn。

4. 会展协会和法规涌现，管理趋于规范

2012 年 2 月 27 日，新疆会展业协会在乌鲁木齐成立，这标志着新疆会展行业发展进入新时期新阶段。2012 年 8 月 20 日，由新疆维吾尔自治区住房和城乡建设厅组织编制的《展览布展防火规程》开始施行。据了解，这是新疆发布的首个有关会展消防的地方标准，在全国亦不多见。《展览布展防火规程》共有 8 章，通过编制技术规程，进一步明确场馆管理单位、展览主办单位、参展商、布展施工单位等各方责任。

无论是协会成立，还是法规诞生，都标志着新疆会展业的管理有法可依，对于其健康发展都是一个利好消息。

5. 会展覆盖领域扩大，出展效益明显增加

以前新疆的展会以宣传性、政治性为主，即使是乌洽会、喀交会也是以外贸类为主，但是 2012 年新疆展览覆盖的领域非常广泛，包括外经贸、内贸、招商引资、科技、机电、汽车、信息、石油化工、煤炭、广告印刷、美容美发、房地产、金融、旅游、农业、服装、食品、城市建设、医疗器械、轻工产品等国民经济的各行各业。这些专业会展无论规模大小，定期不定期举办，都从多个侧面反映了新疆经济的突飞猛进，也说明了各行业需要展会作为发展自身的平台。

2012 年，新疆共参加 36 个境外展会项目，其中境外办展项目 5 个、境外参展项目 16 个、引导企业参展项目 15 个。目前，已在哈萨克斯坦、乌兹别克斯坦、吉尔吉斯斯坦、塔吉克斯坦、俄罗斯、蒙古国等周边国家连续举办多届新疆商品展览会，并将逐步拓展至更广阔的中亚市场。

随着 19 个省市对口援疆的深入，新疆到对口省市举办展览会的频率也在增加，2012 年仅在北京、上海、广州等地举办的新疆农产品交易会就有十多场。其中，2012 年上海、北京、广州、武汉四大新疆特色农产品交易会签约金额初步统计超过 350 亿元，新疆农业展会经济带来丰硕成果（见表 4）。

表 4　部分新疆出展一览

序号	名称	日期	地点	主办单位	承办单位	备注
1	2012 年第十届哈萨克斯坦—中国商品展览会	5 月 23～26 日	阿拉木图	商务部、自治区人民政府、新疆生产建设兵团	商务部外贸发展事务局、自治区商务厅、兵团商务局、伊犁哈萨克自治州人民政府	展览面积 7000 平方米
2	2012 年格鲁吉亚—中国新疆出口商品展洽会	11 月 22～23 日	第比利斯	中国新疆维吾尔自治区商务厅、乌鲁木齐市人民政府	中国新疆维吾尔自治区边境贸易管理局、乌鲁木齐市商务局、新疆华凌工贸（集团）有限公司	展馆面积 4000 平方米，设国际标准展位 200 个
3	第三届新疆农产品北京交易会	11 月 20 日至 12 月 3 日	全国农业展览馆	农业部、自治区人民政府		展销产品 1000 多种
4	首届新疆特色农产品（上海）交易会	10 月 27～30 日	上海国际农展中心			186 家农业企业参展
5	2012 新疆特色林果产品（广州）交易会	11 月 9～11 日	广州市中国进出口商品交易会琶洲展馆	国家林业局、新疆维吾尔自治区人民政府		500 种新疆优势林农产品
6	2012 新疆特色农产品（武汉）展示展销会	11 月 13～15 日	武商集团百圣店室外展区	新疆维吾尔自治区人民政府	新疆维吾尔自治区党委农办、新疆果业集团、湖北城市圈名优农产品营销协会	参展企业 100 家左右

资料来源：根据部分媒体报道资料整理。

6. 大会展概念初显，节庆活动稳步增加

会展涉及会、展、节、庆、赛、演等多种元素。目前，新疆会展还比较多地停留在展览会阶段的狭义概念范畴，但是在 2012 年新疆

已有大量的会议、节庆活动等，因此"大会展"的内容已经渗入新疆，并显示出好的发展势头，其中有一些节庆活动由于和新疆旅游产业的密切结合，显示出非常好的发展前景。

2012 年，新疆举办各类节庆活动 20 多场（见表 5），自治区级旅游节庆活动有特种旅游节、冰雪旅游节、新疆胡杨节、风情万里行国际旅游节；地州级旅游节庆活动有塔城裕民山花节、伊犁天马节、吐鲁番葡萄节、赛里木湖那达慕大会、哈密瓜节、和田玉石节、石河子军垦文化旅游节、喀什噶尔国际旅游节、丝绸之路冰雪风情节等。其中有一些节庆活动，如"中国丝绸之路吐鲁番葡萄节"已经办至第二十一届，使吐鲁番地区葡萄销售额达到 19.5 亿元，经济效益和社会效益都非常明显。

表 5　2012 年新疆旅游节庆一览

序号	时间	地点	名称	备注
1	1 月 17 ~ 3 月初	额敏	塔城额敏县首届冰雪旅游节	也迷里滑雪场
2	1 月 15 日 ~ 2 月 28 日	福海	第七届乌伦古湖冬捕文化旅游节	2 万名游客参加开幕式
3	4 月 15 日 ~ 7 月 31 日	伊宁	第三届新疆伊犁杏花旅游节	包括开幕式、杏园主题活动、广场展示活动和体育赛事
4	4 月 28 日 ~ 8 月 5 日	裕民	第六届新疆裕民山花节	千人徒步游、千人万车游裕民
5	4 月 7 日 ~ 10 月 7 日	克拉玛依	2012 克拉玛依旅游节暨克拉玛依玉石文化节	仅广东省、乌鲁木齐市 5 月、6 月已报名组团参加克拉玛依玉寻宝游活动的人数就超过 1 万人次
6	5 月 5 日 ~ 10 月 19 日	温宿	第八届阿克苏"多浪·龟兹"文化旅游节暨温宿县首届万人徒步天山健康行	近万名旅游爱好者感受龟兹文化，共享旅游盛宴
7	5 月 8 ~ 12 日	阿勒泰	中国新疆阿勒泰第二届民俗文化旅游节	由惠民政策宣传、集体婚礼仪式、万人民俗舞蹈比赛、民俗文化奇石彩玉展示、民俗体育活动、旅游环线赛事推介六个部分组成

续表

序号	时间	地点	名称	备注
8	6 月 21 ~ 28 日	石河子	第八届中国新疆国际旅游节	来自美、英、意、澳等 27 个国家和地区的 200 名国外旅行商和来自国内 25 个省区市的 200 余名国内旅行商和媒体嘉宾出席开幕式
9	6 月 29 ~ 30 日	阿克陶	新疆克州第五届《玛纳斯》国际文化旅游节暨新疆第四届国际旅游摄影节	举办的六大主题活动
10	7 月 12 ~ 15 日	哈密	第九届哈密瓜节	吸引了近万人参观、品尝
11	7 月 10 ~ 20 日	昭苏	第三届新疆伊犁天马之乡国际旅游节暨昭苏草原第三届马术耐力赛	
12	7 月 25 ~ 27 日	和布克赛尔	新疆塔城地区和布克赛尔县第五届江格尔文化旅游节暨第十三届那达慕大会	举行赛马、摔跤、射箭等民族体育活动和各类文艺表演活动
13	8 月 28 ~ 29 日	和田	第九届和田玉石文化节	本次玉石文化节向往来的游客和玉石爱好者，以及美国、意大利、塞尔维亚等 25 个国家的驻华使节推介
14	8 月 26 日 ~ 9 月 5 日	吐鲁番	第二十一届中国丝绸之路吐鲁番葡萄节	吐鲁番地区葡萄销售额达到每年 19.5 亿元，葡萄收入占当地农业人均总收入的 39%
15	9 月 7 ~ 9 日	塔城	第三届中国·新疆塔城蔬菜文化旅游节暨中亚—新疆塔城进出口商品交易会	开幕式 2 万余人
16	9 月 17 ~ 19 日	博乐	2012 博尔塔拉"那达慕"草原节	吸引疆内外约 12 万名游客来博观光旅游，实现旅游收入 3000 多万元
17	9 月 28 ~ 30 日	伊吾	第四届中国新疆国际旅游摄影节·国际胡杨节暨哈密伊吾第四届胡杨节	
18	10 月 1 ~ 6 日	库尔勒	第三届新疆国际特种旅游节暨千车万人穿越塔克拉玛干大沙漠	281 辆自驾车、1200 余名游客
19	10 月 16 ~ 21 日	喀什	第三届丝路明珠——喀什噶尔国际旅游文化节暨首届民族乐器博览会	
20	11 月 30 日 ~ 12 月 2 日	乌鲁木齐	中国西部冰雪旅游节暨第七届新疆冬博会	

资料来源：根据天山网、自治区旅游局官网等网络整理。

二　新疆会展业发展的问题与不足

近年来，虽然新疆的会展业发展迅速，但是应该认识到，新疆会展业与东部、中部地区相比，除了在区位条件、经济实力、市场发育水平和会展经营管理水平等方面存在较大差距外，还存在一定的制约会展市场良性发展的因素。

1. 会展数量规模扩大了，但是与内地差距明显，会展质量有待提升

2012 年新疆会展数量，特别是 1 万平方米以上的展览会数量有明显增长，但是由于会展企业良莠不齐，特别是个别企业唯利是图，造成办展规模小、参展观众少、宣传不到位、参展商不满意等现象。如展览会没有结束，参展商已经离开；贸易型展览会变成消费展览会；国际参展参观的比例偏低；看热闹的普通观众偏多等，很大程度上影响了展览会的质量和形象。

另外，新疆的会展虽然不算很多，但竞争非常激烈，争抢客户的现象比较严重，这些现象在全国也普遍存在，但新疆会展数量少，相互争抢，势必削弱对展会的质量管理。

目前的情况是，政出多门，同类型或重复性办展的情况太多，比如服装服饰展，没有多少真正厂家参展，多是经销商、代理商、摊贩等，而且掺杂着一些其他产品，结果办成了大杂烩、大卖场，参展观众也只是凑凑热闹，如此循环下去，参展商会越来越少，专业观众会越来越稀。

2. 会展发展较快，但是会展结构不平衡，市场化程度待推进

新疆展览会绝大部分属于政府主导型展览会，这一点从很多主办单位都是政府部门可以看出，这也是由新疆目前所处的发展阶段所决定的。同时展馆也是政府的，"政府有展馆，政府还办展，政府还要管展"的模式势必影响会展市场化发展，许多企业不敢、不愿来新疆发展。

在新疆会展市场类型中，人才交流会比例也偏高，2012 年的统计中，60 个展览会中有 10 个是人才交流会，虽然在传统的会展淡季是一个弥补，但是不得不说这类展会附加值比较低，更加是一种政府公益行为。

应该说，乌鲁木齐的会展有一个比较好的发展，2012 年新疆80% 的会展数量和 90% 的会展面积是在乌鲁木齐完成的，而喀什、克拉玛依、霍尔果斯等地会展才刚刚起步，无论是南北疆发展，还是东西部联动都需要地区结构的平衡发展，因此新疆会展结构还有地区结构平衡的问题。

3. 会展行业管理到位，但是专业公司缺乏，从业人员素质有待提高

2012 年新疆会展行业协会成立，建立了完善的行业协会组织，商务部门和贸促会也着力规范现行的会展市场，发挥协调作用，为引领新疆的会展业朝良性的轨道发展起到了积极的作用。但是目前新疆很多展会都是由内地展览公司或政府出面承办，从展会主题到招展招商等全程策划，都是由内地的展览公司组织举办，新疆只起场地的租赁作用，因此专业会展公司，特别是本土的专业会展公司很少。

新疆展览公司只有几十家，数量较少，规模和实力也较弱，上海现有大小近 800 家展览公司，成都也有近 200 家，这样在保障了城市展会数量的同时，客观上也带动了信息的交流。会展经济是一个朝阳行业，大有潜力，所以无论是政府部门，还是行业，都应多考虑一下如何尽快把展览公司发展起来，特别是专业性强有实力的展览公司。

新疆本土的会展从业人员大都是半路出家，缺乏专业的会展人才，特别是会展和管理方面的人才。目前，从教育学历而言，还没有

全日制本科生的培养；从培训而言，也没有自治区层面的会展培训项目。因此，新疆亟须大量的会展人才。

4. 亚博会品牌凸显，但是会展功能放大效应不明显，管理措施待加强

中国—亚欧博览会给新疆会展经济发展带来了空前机遇。按照国际经验，一个成功的展会带动的相关行业是1∶9的关系。应该说会展在新疆也获得了广泛认可。一个知名展会举办下来给举办城市带来许多方面的效益，你可以不熟悉这个城市，但你绝对会记住这个展会。就像云南的园艺世博会，让世界都记住了它，也带来了旅游上的繁荣，还增强了国际影响力，经济效益就更不用说了——这就是会展的魅力。

但是具体到新疆会展业如何放大这一效应，如何积极利用会展所产生的综合效应来促进其他部门经济的发展，如文化、旅游、交通、广告、餐饮、酒店等，还是显得办法不多，措施不够强劲。新疆处于"内联大陆、西出中亚"的地理位置上，本身没有多少产业优势，更需要大量的会展，尤其是大型的国内及国际性会展来促进新疆地域经济的发展。

5. 国际博览局主导展会作用明显，但是主导行业不明显，作用待提升

如何利用国际博览局来主导整个新疆会展业的发展，需要引起足够的重视，让博览局成为新疆会展业的管理机构，统一协调新疆的会展资源，并为外来会展项目提供"一站式"服务。

这些问题如长期得不到妥善解决，将会严重扰乱新疆会展市场秩序，影响新疆会展业的健康发展。规范和加强新疆会展行业的管理已成当务之急。

三 新疆会展业发展的对策与思路

新疆会展业中的有些问题已经长期存在，但并不是长期存在就是合理，随着新疆会展业的快速发展，是可以找到对策的。

1. 综合利用新疆自身优势，做大规模

新疆综合利用的优势有以下几点：一是地缘优势：祖国西北、历史悠久、文化多元、区位独特、资源丰富、特色浓郁。周边与巴基斯坦、塔吉克斯坦、阿富汗、吉尔吉斯斯坦、印度等八个国家接壤或毗邻，有多个一类边境的独特口岸区位优势。近年来，他们充分利用境内外两个市场、两种资源，把未来的发展置于国家"向西开放"战略和中亚南亚区域一体化国际大背景下谋划。二是援疆优势：优势特色搭平台，引得商客八方来。在偏远的边疆地区搞会展，是一种敢尝螃蟹的举动。19 个对口援疆省市不仅为新疆提供了资金，也提供了技术、人才、市场，并与他们建立了紧密的合作关系。三是资源优势：资源优势到产业优势，产业优势到会展优势。

在这一系列优势面前，新疆展览会首先是要做大数量和规模，争取从现在的 60 个展览会发展到 100 个展览会，从现在的不到 80 万平方米展览面积发展到 100 万平方米展览面积。以新疆国际会展中心为例，利用率假设达到 35% 的水平，每年这一个展览馆的展览面积就达到 100 万平方米。因此现在新疆会展业"放水养鱼，做多做大"是当务之急。

要想做多必须调动市场主体，特别是企业的积极性，应鼓励会展企业发展，政府渐渐从办展主体中撤离出来，成为一个市场经济的维护者、监督者。

2. 进一步发挥亚博会效应，做强品牌

一个展览会的形成是一个特定的历史产物，从"乌洽会"到"亚博会"都是举国体制的结果，也是新疆能够借以进一步发挥和利用的平台。

首先，应做好以亚欧博览会为核心的乌鲁木齐会展规划和布局。

积极筹划在不同时期为国内外客商提供新的主题展会，提高筹展、承办、招商、推荐、服务等各方面展会运作水平和能力。

其次，亚欧博览会也应该走出乌鲁木齐，走到南疆喀什，走到霍尔果斯，可以是一种品牌输出，也可以是为会展薄弱地区提供智力和技术支持。

3. 加大对会展业发展扶持力度，做活政策

全国各地都有一些推进展览业发展的政策，这些政策是政府主导向政府引导的抓手，新疆应当积极推出以下政策抓手。

制定《进一步发展新疆会展业的若干意见》，营造适合会展业发展的良好外部环境。明确会展市场的准入机制和主办主体的资质条件，大力培育骨干展会企业，实现政府主导办展向企业办展、政府扶持转变。简化行政审批手续，提高展会组织承办效率。

建立新疆会展业发展专项基金，每年不少于 2000 万元，根据不同展会规模层次，提供相应专项补贴，降低国内外参展商参展参会费用。采取有力措施，积极扶持主题展会对外招商招展，对国内外参展商展品展具给予报关及销售收入税收优惠。对于引进一定规模的展览会的个人或机构给予奖励。

提供宣传营销上的便利，根据展会特点，有针对性地组织国内外行业协会、采购团体及大型采购商赴会，支持国内外知名企业在新疆各类展会期间举办新产品、新技术发布推荐活动，实现展会供需双方的高效对接。

开设"会展策划与实务"等项目培训，鼓励各类学校设置会展相关专业，为展会企业开展培训，加快专业人才队伍培养。完善行业管理组织，提高行业自律水平。

4. 提高会展业社会化水平，做全服务

会展活动是个产业链，也是一条服务链，大型展会的举办，是对城市综合实力的全面检验。新疆要全面提升基础条件，进一步打造发达的交通通信、一流的会展场馆、优质的宾馆饭店、便捷高效的物流体系等硬件设施，培育会展经济发展的各类要素市场和中介服务，提升创意设计、广告宣传、语言翻译、金融保险、法律公证、审计会计、安全保障等社会化配套服务体系；同时，建立统一协调的会展市场监管体系，对展会的质量和展览服务公司的资质进行市场化、动态化的评估和认证，推行信息公开制度，促进会展经济健康发展。

5. 完善国际博览局主导行业作用，做强管理

新疆国际博览局需要转变工作思路，调整职能，一是在对会展主办方的支持方面，全面协调；二是在引进展会上，不能简单地就活动而活动，而是要通过这些活动，来促进新疆社会、经济、文化、旅游的整体推进和再提升再发展；三是在工作思路上，它们已经不再仅仅关注展会直接带来的成交额是多少，而是更关注给新疆能带来什么、给新疆产业能带来什么。

新疆国际博览局应优化办会办展环境，提升办会办展水平，以其会展业的管理机构，统一协调会展资源，成为新疆现阶段政府主导型会展业发展的实际承担者。

四 新疆会展业发展的未来与趋势

新疆正在走一条跨越式发展的道路，很多内地走过的发展道路也是未来新疆会展业的发展之路，比如国际化、市场化、规范化、标准化等都会得以慢慢体现。因此，新疆会展业发展前景非常光明。

1. 会展国际化趋势凸显

近年来，在新疆举办的各种展览中，国际性展会只占到 1/3 左右，虽然数量不多，但其产生的影响和效益却很大。例如，通过举办亚博会，推动了新疆的外引内联，全国许多省、区、市和中亚国家、

俄罗斯、巴基斯坦、中国香港、日本等国家、地区的商会、部门及企业积极参与，使得亚博会越办越大，越办越好。而亚博会本身，也成为引领新疆会展业、中国西部独具特色、中亚地区最具影响的国际性经贸洽谈会。

2. 产业依托型展会发展越来越快

未来几年，新疆会展业将伴随着中国改革开放和西部大开发之势保持较快的发展势头，将充分利用新疆的区位资源和产业优势，塑造地方展会品牌，培育有新疆特色的会展市场。就目前而言，新疆的许多优势产业有了长足的发展，如石油化工、煤炭、纺织、农牧业、特色食品、旅游等行业在国际国内市场上都有一定的知名度和市场份额。应该依托这些优势，大力开发以其为主的展会，使新疆成为全国或西部该行业展示的"中心"。

3. 会展市场竞争越来越激烈

随着新疆会展业的发展，会展企业将越来越成为会展市场的主体。特别是在市场发展初期，企业规模小，产品品牌还没有建立，竞争也不规范，会展企业将在市场竞争中优胜劣汰也是难以避免的。在激烈的市场竞争中，竞争力强的企业将在越做越大的会展经济蛋糕上占有较大的份额，成为新疆会展业的支柱企业，甚至龙头企业，同时，必然有一些实力较弱、经营不善的企业被淘汰出局。正所谓"大浪淘沙"。

同时也要注意，随着国际化进程与开放程度加剧，新疆还可能伴随着境外和内地会展企业竞争。国外企业、内地企业有品牌优势、资金优势、人才优势，还有先发优势，可能在一段时间内是新疆会展业的市场主体，因此，新疆会展业要"不求所有，但求所用"，鼓励会展企业的积极参与和竞争，鼓励优胜劣汰。

4. 会展对相关行业拉动显著

随着新疆会展数量增加，规模加大，人们对会展商机认识程度越来越高，各种群众性智慧将得到体现。新疆将利用会展经济这个 1 : 9 的杠杆，积极拉动交通、电信、运输、餐饮、娱乐、购物、酒店、广告等诸多相关产业的发展。

其实会展与旅游等相关产业的结合已经初现端倪，新疆具有丰富的自然旅游资源和人力旅游资源，雄浑绮丽的高山、大漠、草原、湖泊、古丝绸之路、高昌古城、交河故城、楼兰古城、天池、喀纳斯湖等景观，为塑造旅游业品牌展会提供了得天独厚的资源优势。

5. 会展行业管理规范

随着政府转变职能和会展市场发育程度的加速，新疆会展行业协会组织的自律性提升，会展业的管理、协调、服务职能将得到全面改善。会展业发展环境将进一步得到优化，进而带动新疆经济社会的全面进步。

与国内外相比，新疆会展业的差距显而易见。政府和行业组织还可以通过合作的方式，加强与国内外会展的联合，把本区的展会品牌做大做强，加快新疆会展经济的发展速度，实现优势互补、资源共享，提高会展市场竞争力和市场占有率。还可以主动走出去，积极举办出国展览或参加境外展览。可以借助已建立的品牌展会，加强新疆与国外工商会、跨国会展公司的合作，以扩大展会规模，提高展会实效，实现新疆会展业的全面发展。

参考文献

马龙：《发挥中国—亚欧博览会对首府会展经济的带动作用》，2012 年 8 月 23 日《新疆日报》。

《新疆会展业成拉动经济新引擎》，天山网，www. sme. gov. cn，2012 – 02 – 29。

《喀什国际会展中心建设工程开工》，2009 年 2 月 17 日《喀什日报》。

《新疆"喀交会"规格提升成对外开放名片》，中国新闻网，2012 – 06 – 27。

B.18
2012年浙江省会展业年度发展报告

郭 牧*

摘 要：

　　2012年，浙江省会展业发展的总体态势稳中有升，全年举办展览711场，展览面积共计806万平方米（列全国第四位）；举办50人以上的专业会议2.91万场，万人以上的节庆活动462场；提供社会就业岗位125万个；以上会展业直接产值达352亿元，占全省GDP的1%，占全省第三产业的比重为22.5%，拉动经济效益3168亿元，对整个区域的发展都产生了强大的推动作用。

关键词：

　　浙江省　会展业

　　会展业素有"城市的面包"和"触摸世界的窗口"之称，会展举办城市在得到巨大的直接和间接经济效益的同时，还加强了与外界的商贸、文化交流，推进了基础设施建设，提高了城市的知名度，优化了地区经济结构，对整个区域的发展都产生了强大的推动作用。

　　2012年，全球经济仍处于复苏缓慢、不确定因素增多的状态，世界经济持续低迷连带国际贸易增长步履蹒跚，特别是受欧洲债务危机影响，中国进出口市场呈现萎靡之势。经济的增速放缓，整个会展

* 郭牧，浙江省国际会议展览业协会会长，中国会展经济研究会副会长。

经济也在一定程度上受到冲击。尽管如此，浙江省在宏观背景下攻坚克难，会展业仍保持了较高的活跃度和良好的发展态势。与此同时，会展业在结构调整、开拓市场、促进消费、加强合作交流、扩大产品出口、推动经济快速持续健康发展等方面发挥了重要作用。

一 2012 年浙江省会展业发展概况

1. 规模总量有所突破，品牌效应日益扩大

2012 年，浙江省会展业发展取得不俗成绩。根据浙江省国际会议展览业协会统计，2012 年，全省举办展览 711 场，展览面积共计 806 万平方米（列全国第四位）；举办 50 人以上的专业会议 2.91 万场，万人以上的节庆活动 462 场；出国参展面积达 30.5 万平方米，国际标准展位 3.39 万个，相比上年增长了 17%（列全国第一位）；出省参展面积 43.2 万平方米，国际标准展位 4.8 万个，相比上年增长了 13%；提供社会就业岗位 125 万个；以上会展业直接产值达 352 亿元，占全省 GDP 的 1%，占全省第三产业的比重为 22.5%，带动经济效益 3168 亿元，社会贡献度较高。

从以上会展业发展取得的成果来看，2012 年浙江省会展业发展的总体态势是稳中有升，其中，出国展和出省展的成果显著，展示了浙江省会展在跨区域发展方面的独特优势。这说明浙江省会展行业发展已经与外向型经济基础形成了良好的结合，会展推动经济、经济促进会展的良性互动已经形成。另外，2012 年会展发展重点突出，特别是一些品牌展会获得了快速发展，提升了展会的综合影响力。十年磨一剑，品牌铸造至关重要。例如，2012 年杭州的西湖国际博览会，共举办 130 个会议、展览、活动项目，实现贸易成交额 221.34 亿元，协议引进外资 10.55 亿美元，协议引进内资 202.04 亿元。来自 40 多个国家的友好城市代表、驻华使领馆代表等中外来宾、客商和市民、

游客共 1487 万人次参加了本届博览会。2012 年义乌小商品国际博览会（第十八届）主展馆设国际标准展位 6000 个，展览面积 15 万平方米，共有 2892 家企业参展，展品分别来自境外 63 个国家和地区、境内 30 个省（区、市）；有来自 206 个国家和地区的 193552 名客商参会，其中境外客商 20886 人，实现成交额 163.40 亿元。2012 年第十一届中国国际日用消费品博览会（宁波举办）展览面积 12.5 万平方米，共有 1800 余家境内外企业参展，展览商品 10 余万种；境外 11 个国家和地区以及国内 17 个省（市）和浙江省 11 个地市分别组团参展；到会专业客商 3.5 万余人，其中，境外采购商 1.05 万人，分别来自 78 个国家和地区，有 20 家跨国集团到会采购，贸易成交额达 5.86 亿美元。除此之外，宁波国际服装服饰博览会、中国国际家居博览会（宁波）、杭州国际动漫节、中国杭州文化创意产业博览会、中国义乌国际森林产品博览会等一批有代表性的展会也都取得了高速发展，在全国乃至世界范围内形成了一定的影响力，也为浙江省在全国会展行业中的领先地位奠定了坚实的基础。

2. 展览会议良性互动，节庆活动底蕴十足

浙江省不仅在展览业上成绩不凡，打造出了多个具有良好口碑的龙头展览，在会议方面也加大了力度，着力于举办水平高、范围广、专业性强、影响力大的高端会议和论坛。2012 年，杭州市政府继续贯彻和落实"打造最具魅力的国际会议目的地"的目标，实现了会议行业的新突破。2012 年杭州的宾馆饭店等会议场馆共承接各类会议 9260 个，同比增长 8%，其中国际会议 535 个，同比增长 18%，较往年均有较大提升。根据中国会议酒店联盟统计，杭州市会议产业已在全国大中城市中位列第三。

在举办会议的同时，很多会议还以"展中会""展前会""展后会"的形式与展览业密切结合，形成良好的互动效应。例如，在2012 年的西湖国际博览会中，第十三届中国杭州国际汽车工业展览会、2012 中国国际智能博览会、2012 中国（杭州）物联网产业博览会、浙江省第十九届房地产博览会、第七届中国国际休闲产业博览会等核心展览会之间，穿插了国际投资合作大会、2012 第六届中国—拉美企业家高峰会、第十四届西湖国际中小企业研讨会等高端会议；中国义乌国际小商品博览会的展览也与义乌当地举办的中国商品交易市场发展高峰论坛、中国国际商贸发展大会、第六届中国中小企业节等高层次的会议论坛良性结合，以展促会，以会促展，发挥了会议、展览二者的协同效应，一方面扩大了会议和展览的影响力与号召力；另一方面也为企业之间的贸易合作提供了更好的平台。

与此同时，浙江省的节庆活动在结合各地人文特色与地理资源的基础上，因地制宜，百花齐放。杭州的烟花大会点燃品质杭城的浪漫因子；钱江观潮节展示了奔腾江潮中的激情豪迈；嘉兴端午民俗文化节传承了千年的文化；宁波的梁祝文化节诉说亘古不变的爱情诗篇；余姚的杨梅节体现了平凡生活中的趣意盎然；还有平湖的西瓜节、余姚四明山旅游节等活动，都日益成为全国闻名的、民众参与度高的节庆活动。

3. 国际展览再创佳绩，引进走出相互补充

"引进来"和"走出去"两者缺一不可，相辅相成。浙江省对于展览"引进来"和"走出去"的重视是探索具有浙江特色的产业国际化和企业国际化发展的新模式。

浙江省在区域特色展览不断取得成绩的基础上，也重视对国外一些优秀展览、展商的引进，这样在扩大展会的影响范围之余，还可以学习和借鉴其专业的管理方式。从省会城市杭州来看，2012 年的国际展览占到全年总展览的 18.1%，可见浙江省各地对"引进来"的重视。2012 年义博会的展品分别来自境外 63 个国家和地区，有来自206 个国家和地区的 193552 名客商参会，同比增长 7.67%，其中境外客商 20886 人，同比增长 7.83%，到会外商居前五位的国家和地区依次是韩国、印度、中国台湾、美国、伊拉克；实现成交额 163.40

亿元，同比增长3.73%，其中，外贸成交额15.83亿美元，占总成交额的61.6%，同比增长6.53%。4月，义乌首次举办进口商品展，"试水"进口、转口贸易，吸引了来自德国、法国、西班牙、日本等80多个国家（地区）的300多家企业参展。另外，嘉兴继杭州之后成功引进了由浙江广电集团和韩国光州文化放送株式会社主办的韩国"国际3D魔幻艺术中国特别展"，反响强烈，展出天数达到43天，观众人数超过5万，票房收入超过150万元。

同时，"走出去"项目也在如火如荼进行。义博会与香港环球资源公司合作，成功组织在迪拜和印度的2个境外展中展。在迪拜，义博会深受中东客商的欢迎，共接待专业采购商10640人次，同比增长18.2%。在印度，义博会印度展组织20家企业参展，设展位29个，同比增长16%，展位数创历届之最。另外，浙江省的本土民营会展企业的国际化也在不断加快。浙江远大国际会展有限公司先后组织省内进出口企业参加了在美国、德国、法国、巴拿马、日本、沙迦、马来西亚、澳大利亚、喀麦隆、中东以及中国香港等国家和地区举办的各类专业展会88场，展位达2380多个，参展面积2万平方米。特别是自办的日本大阪、越南、迪拜等浙江出口商品展，影响较大。浙江德纳展览有限公司亦多次组织中国企业赴东南亚、欧洲、非洲等地区的境外展览会参展考察。

浙江是个资源小省、外贸大省，浙江企业出省参加国际性专业展的积极性很高，特别是参加专业性的国际贸易展会。据跟踪参加广交会、华交会、东盟博览会、东亚博览会、南亚博览会及北京的中国国际时装周、中国国际门业展等，上海的国际太阳能展、工博会、法兰克福汽配展、家纺展等，广州的华南印包展、办公家具展、家纺展、法兰克福照明展等20多个专业性国际贸易展统计，参展面积达43.2万平方米，4.8万个标准展位。仅广交会浙江参展企业就达2万多个展位，占广交会展位数的18%。华东出口商品交易会20%左右的展位是浙江企业。据浙江省商务厅综合处在 2000 多家外贸企业的抽样调查中，62% 左右的出口订单都是参加各类专业贸易展览会上获得的，所以这类展会特别受到浙江省参展企业的认可。

二 浙江省会展业发展特征

1. 区域合作趋于紧密，"大会展"格局初步形成

浙江省会展经济形成东、北、南、中四个会展区域格局。其中，北部地区以杭州的"西湖博览会"独占鳌头，海宁的"中国皮革博览会"和"中国家纺博览会"联袂唱戏；东部地区以宁波的"中国国际日用消费品博览会"和"国际服装节"双双领跑；南部地区以温州的"中国轻工产品博览会"独树一帜；中部地区以义乌的"中国国际小商品博览会"独领风骚，绍兴的"中国国际纺织品博览会"、永康的"中国五金博览会"、台州的"中国塑料交易会""中国日用商品交易会"精品搭台。其中，以义乌为代表的中部地区发展最快，东部地区紧随其后，北部地区蓄势即发，南部地区相对滞后。

浙江省各区之间虽有强弱之分、地域之异，但是，相互之间联系密切。面对国内外会展行业的竞争和挑战，谋求共同发展，相邻城市之间相互协作，加速会展经济向国内外辐射和延伸；实现优势互补、资源共享，提高市场竞争力和市场占有率。如杭州在大力举办会议展览的同时，将部分国际友好城市市长峰会、中国城市会展发展大会等部分项目延伸到周边县（市）举办，推动了区域会展共同发展。义乌充分利用会展这一平台，加强与全国优势产业基地的政府部门和机构的联系，积极引导各地专业机构来义乌办展或组团参加专业展会。消交会引进了浦江绗缝产业基地，五金会引进了永康五金工具基地，文博会引进了江西景德镇陶瓷基地，旅博会引进了广东潮州酒店用品

基地，义博会机械展引进了温州瑞安轻工机械基地，汽车用品交易会引进了天台汽车用品产业基地。6月由温州永嘉展览公司在义乌主承办的教玩具展览会，展位321个，参展企业绝大多数来自享有"中国教玩具之都"的温州永嘉县。另外，柯桥主动到杭州、宁波等城市展会开展对接活动。而嘉兴会展中心则尝试与兄弟会展中心等展览公司进行合作，开展了代理招展招商工作，多渠道谋求企业发展壮大。各区域间相互交流和学习，事先通报有关展会情况，避免重复办展影响效果。并与当地产业特色相结合，形成多个地区之间有效联动的"大会展"格局，共同提升浙江省会展综合实力。

2. 会展城市各具特色，错位发展相得益彰

浙江省专业市场数量多，规模大，综合能力强，辐射范围广，被誉为中国"市场大省"，在城市会展发展路径中，差异化发展突出。首先，不同城市的功能定位、地域特色不同，杭州具有得天独厚的文化和经济优势、行政优势、旅游优势、创新优势，这就决定了杭州具有突出的综合优势。因此，在展览业大力发展的基础上，打造最具魅力的国际会议目的地是其会展发展突破口。宁波在产业、场馆和物流、城市知名度方面优势明显，进出口贸易频繁。因此，除倾力办好"浙洽会"外，还可以将日用消费品博览会、服装服饰博览会作为重点发展。

另外，浙江特色块状经济是浙江会展业可持续发展的基础。据国家统计局对全国532种主要工业产品调查，浙江有56种特色产品产量居全国第一，居前10位的产品有336种，全省产值超过亿元的各类特色产业区块有500多处，涉及100多个大小行业的20多万家企业。浙江省特色产业优势，成为浙江发展会展业的有效资源，也成为会展业发展壮大的持续动力。如宁波市服装市场、义乌市中国小商品市场、绍兴市轻纺市场、永康市五金市场、海宁市皮革市场等在全国乃至世界都享有盛名，为会展业的形成和发展打下了坚实的基础。浙江会展业以地方特色产业为依托，成为浙江会展业发展的独特模式。宁波消博会与服装节、中国（义乌）国际小商品博览会、中国（温州）国际机床工模具展览会、中国（绍兴）纺织品博览会、中国（余姚）塑料博览会、台州塑料制品交易会等相继成为浙江省乃至全国重要的品牌展会。

从以十城市会展状况可以看出，不同城市分别在会展产业发展上走出了自己的特色，避开直接竞争，形成错位发展，彼此之间又能形成有效补充和良好沟通，共同构成了浙江省会展业发展的良好格局，并推动会展经济健康、长足发展。

3. 办展主体多元化，县域会展初显活力

办展主体多元化是中国现代会展发展的趋势和方向，国有展览机构、行业协会、会展公司等越来越多元化的主体，以及不同主体之间的合作办展，展示了会展行业的蓬勃发展。基于浙江地区块状经济特色，浙江省会展业的市场化运作程度也明显高于全国其他省市，在办展主体多元化方面居全国领先地位。贸易型会展占据了主导地位，民营企业在参展企业中占据很大份额。办展主体由单一政府主导转向政府牵头监督，其他办展主体主办，如杭州西博会、义乌义博会、森博会、宁波消博会等全都是这种模式。产业化运作有利于会展行业成为地方支柱型赢利产业，有利于经济结构转型。

基于浙江省县域的"特色产业集群经济"特色，浙江省的县域会展已经初显活力，形成了一定的气候，未来发展潜力巨大。如余姚、慈溪、绍兴、温岭、永康等县或县级市都拥有本地的会展中心，并依托地方块状经济培养了塑料博览会、轴承及专用装备展览会、纺博会、五金博览会等一批独具地方特色的专业展会。同时，为正确引导、鼓励和支持、促进中国县域会展经济的发展，使会展产业更好地为县域经济发展服务，并摸索出县域会展业可持续发展的模式，2012年，浙江尚海投资发展有限公司、浙江省东方会展产业研究所和浙江

省会展学会二家单位联合发起成立中国县域会展经济专业委员会，专门从事中国县域会展经济研究。

三 未来发展趋势展望

1. 做大做强重点展会，提升品牌影响力

会展业的持续兴旺和效益增长，有赖于树立和维护会展品牌，重点展会具有强大的辐射带动作用，因此浙江省要做大做强品牌展会，东北南中区域应培养起龙头展会，做精做实一批专业品牌展会。强化展会特色，创新展会形式，突出展会主题，提升展会品质，整合会展资源，扩大宣传途径，进一步打造杭州的"西博会"、宁波的"消博会"、义乌的"小商品博览会"等主要会展品牌，赋予这些会展品牌以丰富内涵，使之成为当地一种符号和象征，扩大国际性影响。在培养品牌会展的基础上，进一步增强这些展会对该区域经济、文化等多方面的拉动作用。同时要提高展览场馆设施标准和专业会展人才水平，这是打造重点展会的基础，从而多力齐发共同打造专业化程度高、市场竞争有序、服务体系完备并能接轨国际水平的品牌化、高端化展会。

2. 加强规划与监管，引导行业创新发展

为会展业创造良好的发展环境，政府应挑重担。将会展的发展纳入城市的整体规划中，明确会展业在城市中的地位，制定会展业总体发展目标和长远规划，根据地方发展情况合理规划会展硬件设施及交通、运输、酒店、信息传媒等配套服务设施建设。同时，应尽快制定与会展发展相关的，包括场馆建设、会展主体建设、会展运输，特别是知识产权方面的政策法规及实施细则。

进一步强化会展行业协会桥梁和纽带的作用，建立和推行符合国际惯例的会展项目评估和主体资质认证，完善信息联络、代理咨询、

调解等服务功能；发挥行业统计、调查、分析等自律管理作用，进一步提高服务水平；引导会展企业创新，强化信息化管理并开辟电子会展、网络会展等新途径，推动会展经济获得健康持续发展。

浙江省会展业组织管理亦应摆正政府位置。首先应明确政府管辖职能，并将政府由过去的直接领导、管理转变为指导、协调、支持、服务。同时，加强行业监管，规范会展秩序。对于审批的会展应认真审核，淘汰不合格的展会，提高浙江省展会的质量。

3. 促进校企会三方互动，加强行业教育和培训

学校是会展人才培养的摇篮，现在浙江省开设会展专业的学校已有多所，但在与实践对接的人才培养上还有待进一步完善；同时要注意人才培养中的差异化，这样才能有利于会展各个产业链上都拥有专业人才。目前，会展的教育体制制约着会展人才的发展，并且学校的教育制度、课程体系一定程度上制约了完全的市场化。因此，学校应加强与会展企业以及会展协会的联系，形成以市场和社会需求为导向的运行机制，从而使学校、企业、协会三方合作模式得到真正落实。第一，开展紧密型合作，如"联合培养班""企业班"等做法。第二，开展制度型合作，校企合作行为应该更加规范化，教学参与、生产实践参与都应建立长期合作机制。安排广泛的实习活动，为学生创造接触行业第一线和亲身实践的机会。第三，会展协会应从更细心、更具体、更专业的角度，加强与学校的交流合作，开辟将学校纳入会员单位的新路径，使产业结构更趋完善。

大 事 记

Chronicle of Events

B.19
2012 年会展经济大事记

2011 年 12 月

12 月 5 日

国家会议中心与中国国际航空公司签订战略合作协议，双方利用各自的资源和优势，携手开拓国际市场，联合国内的主办机构申办、竞标国际会议。

12 月 9 日

由北京市旅游发展委员会与中国会展经济研究会共同主办的第四届中国会议产业大会暨北京高端旅游与会议产业联盟成立大会在国家会议中心隆重进行，会期三天，1400 多名来自国内外会议产业界的代表参加了此次盛会。

12 月 17 日

"2011 品牌中国年度人物评选" 在北京召开。展会会期四天。

12 月 20 日

➢ 商务部出台《商务部关于"十二五"期间促进会展业发展的指导意见》，意见提出"十二五"规划期间，中国会展业的方针为"整合资源、错位发展、提高质量、调控总量"。

➢ 四川省政府办公厅正式印发《四川省"十二五"服务业发展规划》。这是会展业发展首次被列入服务业发展规划。该规划提出，"十二五"期间，全省会展展览场次、展览面积、参会人数年均增长15%，到2015年会展业实现收入70亿元以上。培育中国西部国际博览会等一批综合和专业性知名展会品牌，培育壮大 10 ~ 15 个品牌展会，培育 2 ~ 3 个本土展会进入国家级展会行列，力争每年 1 ~ 2 个国际性、国家级经贸展会落户四川。

12 月 22 日

上海市旅游局举办了"上海会议大使"年会，表彰"上海会议大使"对上海会议旅游业所作出的杰出贡献。上海市已聘请了71名各行业专家学者和行业精英担任"上海会议大使"。

12 月 29 日

青岛市会展业发展办公室组织召开青岛市会展业联盟成立大会，市政府副市长徐振溪出席会议，会议表决通过了《青岛市会展业联盟章程》及组织架构。

2012 年 1 月

1 月 3 日

为期三天的第八届中国（海南）冬季旅游房地产博览会在海口市会展中心落幕，三天来近 3 万人次前来看房，前两天成交及预订仅106 套。

1月5日

➤ 苏州工业园区在北京举行工作汇报会。商务部王超副部长等领导出席。会上，中国会展经济研究会任兴洲副会长代表国务院发展研究中心与苏州工业园区签署合作协议。苏州工业园区的工作汇报中提到要发展会展经济，打造会展园。

➤ 1月5~7日，长三角城市会展联盟年会在江西南昌召开。经过2002~2011年会展业黄金十年的发展和促进，长三角区域各会展城市依托上海的带动辐射，结合各地区自身产业经济的优势，许多会员城市都取得了飞越式的发展，而温州作为该区域较早举办会展并有着深厚产业集群优势的城市，在会展业的发展上已经远远落后于杭州、宁波、义乌等周边地区。

1月6日

➤ 山东省贸促会组织"2011首届山东省会展行业大学生创意大赛复赛评审会"，本次山东省会展行业大学生创意大赛复赛有来自省内11所高校的42个项目参赛，其中策划类项目29个，设计类项目13个；评委20余位，包括会展管理机构、会展公司、高校及媒体的相关负责人和专家。

➤ 商务部依托新农村商网组织开展的"2011年冬季农产品网上购销对接会"落下帷幕。对接会在一个月的时间内共收到26个省（区、市）659个县上报的农产品供求信息13.6万条，促成销售85.69万吨，成交额达51.83亿元。

1月8日

宁波市第二十三届大中专毕业生旅游会展行业人才专场招聘会暨首届旅游类大中专院校毕业生推介会在宁波人力资源大厦举行。

1月9日

➤ 中山会展业发展研讨会在市博览中心举行，各界精英及专家聚集一堂，政府支持、吸引专业观众、场馆利用等成为焦点议题。

➢ 北京图书订货会在北京开幕，这是中国书业在 2012 年的首次大会。

➢ 汶川县在成都举行发展振兴规划、文化强县、社会管理创新、会展经济四个课题的专家评审会。会上，《汶川县发展会展经济战略规划》初步形成。

1 月 10 日

➢ 第八届东北亚博览会执委会第一次会议暨长春新闻发布会在省政府召开。

➢ 海南省会展协会第二届会员代表大会举办。

➢ 中粮集团所属三利广告展览有限公司举办第三十八届中国裘皮和皮革制品展览会开幕招待会。商务部贸易发展局、中粮集团、土畜产商会的有关领导出席。

1 月 11 日

第二十七届"医博会"和第七届"制博会"组团展位、广告位拍卖会在济南公共资源交易中心举行。拍卖会吸引了来自北京、深圳和山东本土的 23 家竞拍企业和个人，总成交额为 190.9 万元。

1 月 12 日

➢ 第八届中国会展经济国际合作论坛（CEFCO）在海南举办。

➢ 为优化会展业发展环境，海口海关在系统梳理国家赋予海南相关优惠政策的基础上，结合海南具体实际，制定了 7 项个性化支持措施，海南入境参展展品可获通关便利。

1 月 14 日

黑龙江省贸促系统工作会议在哈尔滨市召开。

1 月 15 日

➢ 天津市发改委举行"天津国家会展项目专家座谈会"。

➢ "2012（第二届）全国年货购物节暨首届郑州精品年货博览会"落下帷幕。此次年博会由中国商业联合会、河南省商务厅、河

南省贸促会主办。本届年博会共有约 70 万人到郑州国际会展中心逛年集、买年货，总销售额超过 12 亿元。

1 月 19 日

财政部出台了《在华举办国际会议费用开支标准和财务管理办法》，通过多项举措严格控制在华举办国际会议的各项开支。这一管理办法已于发布之日正式实施。新办法适用于中央部门与外国有关组织、团体、机构共同在华举办或受其委托承办年会、例会及其他以国际问题为主要内容，且申请中央财政拨款的会议。

1 月 21 日

沈阳市政府常务会议决定将"中国（沈阳）国际现代建筑产业博览会"列为沈阳市政府重点主办展会。

1 月 30 日

《河北省会展业"十二五"发展规划》出炉。按照规划，到 2015 年，全省展览总面积将达 400 万平方米以上，比 2010 年增加一倍以上。为此，河北省将打造以石家庄为核心的"一核五极多点"会展格局，70% 以上的设区市将有专业会展场馆。

1 月 31 日

中国会展经济研究会袁再青会长向商务部主管服务贸易的领导——仇鸿部长助理进行了正式的工作汇报。仇助理表示，陈德铭部长很重视会展工作，强调在中国从制造业大国向服务业大国转变的过程中，会展业能够发挥很大作用。研究会在业界的地位和作用日显重要，并能够逐渐承担商务部交办的相关工作。

2 月

2 月 1 日

➢ 2012 中国·呼和浩特全国医药保健品交易会在内蒙古展览

馆隆重举行。本届药交会有哈药集团、吉林敖东等来自全国 32 个省、市、自治区和特别行政区的 2000 多家知名企业参展，也有内蒙古库伦蒙药等区内知名企业加盟。此次药交会可为内蒙古自治区饭店、旅游、餐饮、交通等相关产业带动经济效益约 1.2 亿元，提供临时就业机会 1.1 万个，会间的成交额约 8 亿元，后续成交额为 80 亿元左右。

➤ 马鞍山市委、市政府出台促进产业转移若干政策通知，大力扶持会展业发展，每项活动最高补助达到 30 万元。

2 月 7 日

➤ 全国第三届大学生艺术展演活动在杭州举行。活动由教育部和浙江省人民政府主办，浙江省教育厅和杭州市人民政府承办。

➤ 宁波市旅游局在北京举行宁波会奖旅游市场开发座谈会，宁波会奖旅游北京推广中心同时成立。这是宁波市在全国设立的首个会奖旅游推广点，下一步将在上海等地开展会奖旅游推广工作。

2 月 10 日

国际展览业协会（UFI）正式确认重庆国际博览中心有限公司成功申请成为 UFI 的正式会员，会员资格将于博览中心 10 月开馆后生效。重庆国际博览中心是一座集展览、会议、餐饮、住宿、活动等多功能于一体的现代化智能场馆。场馆总建筑面积 60 万平方米，室内展厅使用面积 20 万平方米，地面承重 3.5~5 吨，均为全平层无柱式设计，另有室外展场 5.8 万平方米。

2 月 12 日

由中国前外交官联谊会和超艺理想文化学会主办的"世界会展经济·澳门发展"国际学术研讨会举行。澳门经济局局长苏添平表示，该局将设立会展综合业务厅，专责推动、扶持和引导会展业发展，并在人力资源、法规政策、行政服务、市场开拓等方面采取积极政策和措施。

2 月 14 日

西安市发展会展业领导小组会议确定，"十二五"期间西安将不断推进"大会展"格局形成，将会展业作为现代服务业的先导产业，初步建成立足大关中、带动大西北、辐射欧亚的区域性国际会展中心。

2 月 15 日

➢ 上海新国际展览中心（SNIEC）全面落成。随着 9 ~ 12 期扩建工程 N1、N2、N3、N4 展馆的相继建造完成，由上海陆家嘴展览发展有限公司与德国展览集团国际有限公司联合投资建造的 SNIEC 宣布已全面落成。该项目自 1999 年 11 月 4 日正式启动建设以来，历经 10 余年发展，已动用总投资额 44 亿元，该项目也被视为中国展览业与国际展览界进行交流的一个重要窗口，以及中外展览业创造性合作的典范。

➢ 济南日报报业集团和济南舜耕山庄集团在舜耕山庄签署会展领域战略合作协议。双方就如何最大化利用和整合场馆功能、报业集团所属媒体进一步做好对会展业的宣传等事项达成一致。"依托济南日报报业集团'六报一网'媒体资源、济南舜耕山庄集团所辖两大会展中心资源，力促济南会展业更好更快发展"的合作格局已经形成。

2 月 16 日

由北京海峡两岸民间交流促进会、北京市对外文化交流协会、北京市文化局、台北市文化局、台北市文化基金会联合主办的"2012 两岸城市互访系列——北京文化周"活动在台湾举办。本次活动历时半个月，以"共同弘扬中华优秀传统文化"为主题，突出"京腔、京韵、京魂"的鲜明文化特色。

2 月 18 日

➢ 首届京交会倒计时 100 天启动暨战略合作伙伴签约仪式在北

京首都国际机场三号航站楼 4 层出发大厅举行。

➤ 嘉兴市出台会展项目管理实施办法，结合目前嘉兴会展业发展的实际，针对同类会展项目的前后间隔时间、同类小型展会的整合等作出了具体规定。

2 月 20 日

➤ 温州国际会展中心三期项目正式开始动工。预计新修场馆面积将达到 30000 平方米。

➤ 作为全球第二大珠宝类展会的"第 29 届香港国际珠宝展"在香港会议展览中心闭幕。为期五天的展会吸引 3.8 万名买家入场，较上年增加 3%，打破历届纪录。其中来自新兴市场，如"金砖五国"的买家更是年增长 8%。本届汇集来自 48 个国家和地区逾 3110 家参展商，规模为历届之冠。

2 月 21 日

第十届中国国际软件合作洽谈会在成都市拉开帷幕。

2 月 22 日

第七届世界草莓大会在北京昌平落下帷幕。来自 60 多个国家和地区的 1000 多名草莓专家和相关代表参加了这次盛会。会议期间举行了综合展示、学术研讨、产经论坛、技术参观等一系列活动。在 5 天的会期里，20 余万名游客涌进昌平。作为大会主场馆的草莓博览园会后将变为农业休闲公园。

2 月 23 日

UFI 在深圳召开大会。本届研讨会以"龙年的亚洲展览会"为主题，是 UFI 研讨会自 1969 年创办以来首次落户中国大陆。

2 月 24 日

2012 中国（昆山）国际包装印刷产业博览会暨中国（昆山）国际包装印刷创意大赛活动在江苏省昆山市举行。会期四天。

2 月 27 日

新疆会展业协会在乌鲁木齐市成立。

2 月 28 日

➢ 中国政府主导型展会执行单位座谈会在桂林召开。这是全国首个政府主导型展会执行单位会议，旨在促进国内各省区市会展业的交流与合作，提高国内政府主导型展会的整体水平，充分发挥各省区市优势，实现资源共享，优势互补，合作共赢。商务部外贸发展事务局、商务部投资促进事务局、中国对外贸易中心、广西国际博览事务局、吉林省博览事务局、四川博览事务局、宁夏回族自治区博览局、新疆国际博览事务局、中国会展杂志社等单位的负责人及代表参加了会议。

➢ 厦门组建"厦门市会议展览事务局"相关登记获批准。这一机构由中国（厦门）国际投资促进中心（厦门市对台贸易促进中心）变更升格而来，上级单位也由厦门市人民政府办公厅变更为厦门市人民政府。

3 月

3 月 1 日

➢ 为期五天的第二十二届中国华东进出口商品交易会在沪开幕。本届华交会场地面积由上届的 10.35 万平方米扩大至 11.50 万平方米，标准展位 5880 个。本届华交会设立 4 个专业展区（服装、家用纺织品、装饰礼品、日用消费品展区），参展企业 3500 余家，出口总成交额为 31.22 亿美元。

➢ 第二十届广州国际旅游展览会在广州开幕。本届广州旅游展共吸引了来自世界五大洲的 36 个国家和地区的近 700 家展商参展，展览面积达到 2.2 万平方米，规模为历届之最。除国外的旅游机构参展外，国内其他城市的旅游机构也组团参加，特别是广东省内各旅游合作联盟合作吹热游客的旅游热情，带动各地旅游业蓬勃发展。展会期间，斯里兰卡、西班牙、俄罗斯等国家的旅游机构还举办了专场旅游推介会。

3 月 2 日

上海市委常委、市纪委书记董君舒与由驻部监察局局长单记京带领的商务部调研组进行座谈，共商"部市合作"重大工程监督事宜，决定建立国家会展项目监督保障联席会议机制。

3 月 7 日

2012 深圳国际家纺布艺暨家居装饰展览会在深圳会展中心盛大开幕。会聚了国内外 800 多家参展商，10 万平方米的展览规模。

3 月 12 日

商务部与天津市人民政府关于共同建设国家会展项目合作框架协议签约仪式在北京举行。中共中央政治局委员、天津市委书记张高丽，商务部部长陈德铭，天津市委副书记、市长黄兴国等出席了签约仪式。商务部副部长李金早与天津市委常务、常务副市长杨栋梁分别代表双方签署了合作框架协议。

3 月 13 日

➢ 东莞市外事侨务港澳工作会议中确定，2012 年将进一步深化 CEPA（《关于建立更紧密经贸关系的安排》）的合作，成立莞港澳合作促进中心。2012 年莞港澳三地已在产业转型、市场拓展、城市管理、科技旅游等方面形成合作共识，其中，莞澳将重点加强在会展、文化创意产业、市场对接等方面的融合，力求两地合作取得实质性突破。

➢ 中国针织棉品交易会在上海举办。

➢ 商务部服务贸易司在国家会议中心举行 2012 年商务部支持引导的展览会项目专家评审会。

3 月 16 日

东北亚博览会组委会在本届举行发布会介绍 2012 年东北亚博览会筹备情况。

3 月 17 日

由国务院发展研究中心主办，中国发展研究基金会承办的"中国发展高层论坛 2012"年会在北京钓鱼台国宾馆举行。本届论坛会期三天，论坛主题为"中国和世界：宏观经济和结构调整"，围绕宏观经济稳定与结构调整、财政政策与财税体制改革、经济内外均衡、科技创新等议题展开多视角、深层次讨论。出席本年度论坛的境外代表有 200 余位，其中包括 90 多位世界 500 强企业的领导人、国际组织高级官员和国际知名学者，境外代表参会规格之高、阵容之强，为历届论坛之最。与此同时，130 余名来自中国政府、学术界和企业界的最具影响力的政策制定者、研究者、企业领导者将出席论坛。

3 月 18 日

3 月 18～21 日及 27～30 日，"第 29 届中国广州国际家具博览会"在广州琶洲广交会展馆分两期举办，展会总规模扩至 60 多万平方米。

3 月 21 日

上海文化产权交易所与上海九大文化会展承办方在上海图书馆签署战略合作协议。参加此次签约的上海文化会展包括上海国际电影节、上海电视节、上海国际艺术节、"上海之春"国际音乐节、中国国际动漫游戏博览会、中国国际数码互动娱乐产品及技术应用展览会、上海书展、上海艺术博览会和上海春季艺术沙龙。

3 月 23 日

➤ 甘肃省会展业协会正式成立。该协会的成立，标志着甘肃省会展业进入新的发展时期。经过多年培育，甘肃省会展业在兰洽会等节会带动下，行业规模逐步扩大。作为经济社会发展的新型助推器，会展业将提振甘肃省经济发展。

➤ 第八十六届全国糖酒商品交易会在成都拉开帷幕。本届展会为期四天，以"展示、交流、合作、发展"为主题，展览总面积达 13 万平方米，其中，境外参展面积首次达到 2 万平方米。设置葡萄酒及国际烈酒馆、酒类馆、综合馆、食品饮料馆、食品馆、调味品馆、食品机械馆、包装等八大展区。本届交易会商品成交总额为 210.63 亿元，再创新高。

3 月 24 日

为期 10 天的"2012 广州工艺博览会暨 2012 中国茶业博览会"在广州锦汉展览中心闭幕。大部分参展商表示，展会人气不旺，达不到预期效果。

3 月 25 日

➤ VNU 亚洲展览集团——上海万耀企龙展览有限公司与德国慕尼黑展览集团 MMG 全资子公司慕尼黑展览（上海）有限公司在证大喜马拉雅中心正式签订合作协议。自 2012 年起，慕尼黑展览公司将全面助力中国可持续建筑大会绿色建筑展览会。

➤ 2012 中国可持续建筑大会·绿色建筑展览会在上海浦东新国际博览中心举行，会期五天。同期举办三大主题活动，分别为上海世界生态城市论坛、第四届中国房地产科学发展论坛以及生态、未来、城市化——地产综合体开发高峰会及上海国际建筑师大会。

3 月 26 日

2012 澳大利亚商务会奖洽谈会在广州举行，会期三天。17 家来自澳大利亚的商务旅游业界代表齐聚广州，为中国市场带来各具特色的专业会奖旅游产品及服务，展示澳大利亚在承办世界一流商务活动以及作为首选会议奖励旅游目的地的综合能力与实力。

3 月 27 日

按照全国清理和规范庆典研讨会论坛活动工作领导小组办公室《关于调研博览会（展会）举办情况的通知》要求，商务部对部机关各司局、各直属事业单位和各商会、协会、学会举办展会的情况进行摸底，最后确定拟继续主办或参与举办的展会为 45 个，且 2012 年起不再增加主办或参与主办新的展会。

3 月 28 日

➢ 首届"中国领袖力年会"在国家会议中心盛大开幕。大会以"领袖力塑造与传承"为主题，邀请多位企业家现场演讲，深入探讨企业拥有者的战略视野、经营风格、道德品行和胸怀格局等对企业发展传承产生深远影响的问题。

➢ 2012 亚洲公务航空会展在上海虹桥国际机场公务机基地开幕。这是中国内地首次举办这样的航空展，空客、波音、庞巴迪、湾流、塞斯纳等国际知名公务机公司纷纷前来参加，在接下来的 5 年内，会展将在中国定期举办。与车展、画展、时装展等展览不同，这次航空展的门票售价为 3000 元。

4 月

4 月 6 日

➢ 为期四天的第五届长春机床展在长春国际会展中心开幕，展会是由长春市人民政府、中国国际贸易促进委员会长春市分会共同主办，并由长春百瑞国际会展集团有限公司、长春浩创展览服务有限公司承办的一年一届的专业性展览盛会。2012 年长春机床展览面积扩大到 40000 平方米，共设 1000 个标准展位，展会规模比上届扩大一倍。

➢ 浙江国际会议展览业协会在浙江省人民大会堂召开理事扩大会议。

4 月 7 ~ 8 日

中国会展经济研究会第七届年会在成都世纪城国际会议中心举行。本届年会由中国会展经济研究会和成都市博览局共同主办。年会包括中国会展经济研究会理事会、中国会展经济研究会会员代表大会、中国会展经济研究会学术年会暨会展教育论坛、成都会展城市主题推介会、《2012 会展经济蓝皮书》的发布、颁发 "2011 年度中国会展经济研究会优秀人物、优秀院校" 及中国会展经济研究优秀成果奖（此奖项将向商务部全国优秀商务研究成果奖推荐会展研究优秀成果）及考察活动等内容。本次年会延续了中国会展经济研究会一直以来的学术性特点，继续推出每年一期的《中国会展经济研究会学术论文集》，并在年会上发布。届时有来自全国各会展城市的 400 余名代表参加。

4 月 9 日

为期五天的第十六届西洽会落下帷幕。本届西洽会以 "扩大区域合作，促进科学发展" 为主题，会期实现 10 万以上专业客商、4000 多名境外客商参展参会、展期观众流量 70 多万人次；全国各省区市代表团举办的重点系列投资贸易促进活动 48 项；签订项目合同总投资额为 7138.64 亿元，比上届增长 24.9%。

4 月 11 日

英特尔信息技术峰会（IDF）在国家会议中心隆重举行，这是此项久负盛名的信息技术行业峰会连续第三次选址国家会议中心举办，5000 余名 IT 开发者和爱好者齐聚国家会议中心。本届 IDF 以 "未来在我'芯'" 为主题，前瞻 IT 产业的发展与计算体验的变革，共迎个性化计算时代的到来。

4 月 12 日

➢ 商务部以文件形式向全国各省、自治区、直辖市、计划单列市及新疆生产建设兵团商务主管部门下发了《商务部办公厅关于做

好第 18 届中国义乌国际小商品博览会相关工作的通知》。商务部专门就义博会向全国商务系统下发通知，这是义博会举办 17 年来的首次。国务院批复的义乌市国际贸易综合改革试点总体方案明确提出，要把义乌打造成为重要的国家级会展平台。

➢ 西安会展办在曲江国际会议中心召开 2012 西安会展行业年会。

4 月 14 日

上海市政府新闻办公室发布信息，经中共上海市委、上海市政府批准，上海世博局近日正式撤销。上海世博局撤销后，个别未竟事宜将由世博会善后办公室负责处理。

4 月 15 日

➢ 西藏会展中心项目在拉萨市东城区核心商务区开工奠基。总投资约 5.4 亿元的会展中心规划占地 478.8 亩，包括 2 个展馆，1 个室外展场，以及人工湖和音乐喷泉。功能定位为"展览为主、会议为辅"。

➢ 4 月 15 日至 5 月 5 日，2012 年春季第 111 届广交会在广州举办。

4 月 16 日

2012 中国（上海）会议与旅游产业发展论坛在上海举行。

4 月 19 日

作为国家商务部批准举办的中国第一个工业转包展会——2012中国国际工业转包展览会在重庆会展中心举办，本届展会会期三天，参会企业数量同比增幅达到 34%、展会面积突破 1 万平方米、拟采购金额突破 1 亿美元。

4 月 20 日

➢ 第十三届中国（寿光）国际蔬菜科技博览会开幕。本届蔬菜博览会共设 1 个主展区和 13 个分展区，主展区总面积 35 万平方米，设有 8 个展馆（厅）和 4 个高标准规模化种植展厅。会期一个月。

➢ 由市贸促会、市会展办联合南京"三五互联"科技信息公司合作升发的"南京会展官方网站"（网址：http：//www. njce. cn）在南京市贸促会会议室举行开通仪式。开通后的南京会展官方网站对南京市会展方面的新闻、快讯予以及时报道；对政策法规、管理规定、"一站式"服务等程序及市会展业办公室的职能、联系电话都在网上予以公布；提供一定的技术支持，方便社会各界了解南京会展。

4 月 21 日

首届义乌进口商品展、第七届义乌消费品交易会、第九届中国国际五金电器博览会同期在义乌国际博览中心举办。三展同办对接春季广交会。

4 月 23 日

➢ 以创新、合作和可持续发展为基调的中德工商峰会在汉诺威会展中心举行。中国总理温家宝和德国总理默克尔当天出席了中德工商峰会开幕式并发表讲话。约 400 位中德政界和工商界代表参加了峰会交流和讨论。

➢ 第二届北京国际电影节在国家会议中心隆重开幕。本届电影节于 4 月 23~28 日举办，以国家会议中心为主场地，举办开幕式、北京展映、电影魅力·北京论坛、电影洽商、精彩在沃·电影嘉年华、闭幕式暨电影交响音乐会等主题活动。此外，电影企业交流、第十九届北京大学生电影节、第八届北京青少年公益电影节、北京民族展映等相关活动也同期举行。

4 月 25 日

➢ 2012 北京车展在中国国际展览中心（天竺）新馆及中国国际展览中心（静安庄）同期举行。会期八天。

➢ 第六十七届全国药品交易会暨第六十八届中国国际药交会在安徽合肥滨湖国际会展中心举行。会期三天。

4 月 26 日

"中国会议微博论坛"在北京国家会议中心举行。嘉宾和参会代表们共同围绕微博作为新媒体的特点及其发展趋势、微博与会议、微博与 MICE 市场营销、微博与品牌传播等业界普遍关心的问题展开探讨与交流。

4 月 27 日

第三届世界佛教论坛闭幕式。在会议上，无锡灵山被确定为世界佛教论坛永久会址，无锡将在世界佛教文化交流、传统文明弘扬传播上发挥更加积极的作用。

5 月

5 月 4 日

➢ 2012 中国（青岛）国际时装周暨青岛名牌产品展示周、青岛产学研洽谈会、青岛市中小企业"专精特新"成果展在青岛国际会展中心举行。

➢ 哈尔滨市会展人才培训基地揭牌仪式在哈尔滨商业大学举行。

5 月 5 日

➢ 2012 春季第 111 届广交会闭幕。本届广交会累计出口成交额为 360.3 亿美元，比上届下降 4.8%，出口成交额约 1.08 亿美元，与上届 1.07 亿美元基本持平，占总成交额约 0.3%。累计到会采购商近 22 万人，来自 213 个国家和地区，比第 110 届同期增长约 0.23%，与上届同期相比，非洲增长 13.18%，大洋洲增长 10.81%，美洲增长 9.41%，亚洲减少 0.33%，欧洲减少 11.15%。

➢ 新疆国际博览事务局召开专家座谈会，对中国—亚欧博览会及新疆会展业今后的发展进行研讨并提出指导性意见。

5 月 8 日

➢ 国家会展中心项目开工仪式在天津南区项目现场举行。市委书记张高丽会见出席仪式的商务部领导同志并宣布开工。商务部部长陈德铭，市委副书记、市长黄兴国共同为"国家会展中心（天津）有限责任公司"揭牌。商务部副部长李金早，市委常委、常务副市长杨栋梁致辞。市委常委、市委秘书长段春华，副市长熊建平，市政府秘书长袁桐利出席仪式。副市长任学锋主持。中国对外贸易中心（集团）董事长王志平介绍项目有关情况。

➢ 由成都市博览局、成都会展旅游集团主办的成都会展业（上海）推介会在沪举行。在推介会上，驻沪国际组织和领事馆商务参赞、上海市会展行业协会、汉诺威米兰展览（上海）有限公司、点意空间（上海）展览展示有限公司、上海跨国采购中心、上海现代国际展览有限公司等知名会展服务公司及机构代表纷纷就如何拓展西部市场，推动成都会展业发展展开热烈讨论。

5 月 10 日

由韩国旅游发展局主办的韩国 MICE 会展产业宣传推介会在北京中国大饭店举行。韩国旅游发展局邀请了 20 余名来自釜山会议旅游局、济州 ICC、大邱 Bexco、京畿观光公社等相关单位的韩国 MICE 业界人士来到北京参加此次推介会。

5 月 12 日

2012 年世博会在韩国的丽水开幕。"天然的海洋及海岸：资源多样性与可持续发展"是丽水世博会的主题。

5 月 13 日

上海文化产权交易所与上海春季艺术沙龙合办的"首届上海文交所艺术金融高峰论坛暨春季艺术沙龙交易（拍卖）会"在沪举行。这是继 2012 年 3 月 21 日上海文化产权交易所与上海九大文化会展签署战略合作协议后第一个市场化运作的会展活动。

5 月 15 日

历时 5 天的第十九届投资贸易洽谈会暨第八届 PECC 博览会圆满落幕。据天津市商务委统计，本届展会共计吸引 26 个国家和地区、18 个省区直辖市以及 41 个地市的 60 多个经贸团组和 8500 家企业，5 万多客商参展参会。会上签约总额为 1429 亿元，比上届增长 9.9%；商品贸易额为 9.5 亿元，比上届增长 19%，264 名博士、1000 余名高专人才确定或达成工作意向。

5 月 17 日

第十五届中国（重庆）国际投资暨全球采购会在重庆国际会展中心隆重开幕。从本届开始，国际投资暨全球采购会将更名为中国西部国际投资暨进口消费品交易会，不仅展会本身将升级为国家级展会，内容也将进一步深化，体现刺激内需、扩大进口、开放西部等国家战略。

5 月 18 日

➢ 第十届中国畜牧业展览会在南京国际博览中心举行。作为亚洲规模最大的畜牧业品牌展，该展会吸引了全球 30 多个国家和地区的 1000 多家厂商参展，展览面积达 7 万平方米，共计 3000 多个展位。展会期间将举办中国畜牧产品购物节、第二届品牌优质畜产品展销会和首届畜产品安全日等多项活动。

➢ 第七届中部投资贸易博览会在长沙（主会场）、株洲、湘潭、张家界举行。会期三天。湖南省物价局开展市场物价检查，以确保博览会期间宾馆、酒店等场所消费价格的稳定。

➢ 第八届中国（深圳）国际文化产业博览会在深圳开幕。展会为期 4 天。

➢ 经国际大会与会议协会（ICCA）授权，北京市旅游发展委员会发布了 2011 年北京接待国际会议数量的全球排名，北京以接待 111 场国际会议的成绩列居榜单第十位。如今，北京正在通过大型国际会议塑造国际会展之都的形象。

5 月 19 日

第十届徐霞客开游节开幕式暨第五届全国重点城市节庆工作会议在浙江宁波市宁海县开幕，会议由中华文化促进会、浙江省旅游局、宁波市人民政府共同主办。

5 月 22 日

➤ 第十一届亚太旅游研究生论坛及国际会展博览高峰会 2012 在香港举行，来自世界各地逾 250 名学者及业界人士云集香港，探讨亚太旅游及会展业的前景。

➤ 5 月 22 ～ 27 日，第十五届中国北京国际科技产业博览会在北京中国国际展览中心举办。本届博览会主题为"凝聚创新智慧 做强实体经济"。据介绍，博览会将设立 10 个专题展馆（区），同时还将举办 6 场论坛。

➤ 第十五届中国北京国际科技产业博览会在北京中国国际展览中心开幕。

5 月 28 日

➤ 5 月 28 日至 6 月 1 日，首届中国（北京）国际服务贸易交易会（以下简称"京交会"）在国家会议中心举办。京交会由商务部和北京市人民政府共同主办，自 2012 年起每年在北京举行。5 月 28 日，开幕式在国家会议中心四层大会堂隆重举行。中共中央政治局常委、国务院总理温家宝出席开幕式并发表重要讲话。多个国家的首脑、世界贸易组织总干事、经合组织副秘书长等嘉宾出席了开幕式。本届京交会是定位于国家级、国际性、综合型的服务贸易交易会，是目前全球唯一涵盖世界贸易组织界定的十二大类服务贸易领域的综合型交易平台。首届京交会展览面积 5 万平方米，全部安排在国家会议中心；举办了 130 场论坛、洽谈等活动；举办了 5 场权威发布会。京交会是展览与会议并重的高规格、超大型综合性会展项目。本届京交会参展商有 4000 多家，参与报道的媒体记者超过 700 名。

➤ 中国国际陶瓷技术装备及建筑陶瓷卫生洁具产品展览会在中国进出口商品交易会展馆隆重开幕。该展会是已举办的 25 届的"工业展"（Ceramics China）的另一变形，由建材系三个协会，即建材联合会、陶瓷卫浴协会、贸促会建材分会联合举办。至此，历时两三年的"工业展"举办权之争尘埃落定。

5 月 29 日

首届京交会在国家会议中心举行会展业推介洽谈活动。活动由商务部服务贸易与商贸服务业司主办，中国会展经济研究会、北京新展国际文化传媒有限公司和国家会议中心共同承办。在权威信息发布会上，现场发布了 2012 年度会展行业管理部门最新的会展政策和法规，以及"2011 年展会数据分析报告"。

5 月 30 日

国家会展项目党风廉政建设和监督保障联席会议第一次会议在项目所在地上海青浦区召开。联席会议成员单位驻商务部纪检组、监察局，上海市纪委、市监察局，市检察院、市公安局、市建交委、市商务委、青浦区、中国对外贸易中心、东浩公司、上博公司等联席会议成员单位，以及西虹桥商务开发公司参加了会议。

6 月

6 月 1 日

➤ 为期 5 天的第一届中国（北京）国际服务贸易交易会圆满闭幕。首届京交会累计参会人数超过 10 万人次，成交项目 458 个，成交额达 601.1 亿美元。

➤ 第九届世界生物材料大会在成都举办。会期五天。

6 月 6 日

海南省海口市成立以会展业命名的职能单位——海口市会展局。

6 月 9 日

第十七届中国国际口腔设备材料展览会暨技术交流会在北京国家会议中心举行。本届展会吸引来自中国、德国、日本、韩国、美国等 21 个国家和地区的 641 家企业参展,其中德国、日本、韩国以国家展团形式参展。同期,第十八届国际脑成像学会科学年会也在国家会议中心举办,该会议使用国家会议中心四层大会堂,来自世界各国专家学者将举办脑成像的前沿方法与临床应用、脑网络与脑连接组、影像遗传学、脑与认知、脑与社会文化等领域相关的学术报告论坛。

6 月 10 日

第二十届中国昆明进出口商品交易会暨第五届南亚国家商品展在昆明国际会展中心圆满闭幕。本届展会继续以“互联互通　合作共赢”为主题,各项经贸成交额累计达 80.68 亿美元,同比增长 15.9%。有超过 1.2 万人次的高质量参展商和近 2.3 万人次的境内外采购商到会参展和采购,社会各界参观展会的人数逾 10 万,比上年均有所增加。

6 月 13 日

➤ 由国家商务部、上海市人民政府和成都市人民政府主办,成都市博览局、成都市商务局、成都市投资促进委员会和上海跨国采购中心有限公司承办的 2012 中国上海国际跨国采购大会成都分会在蓉隆重揭幕。本次参展的近 40 家跨国企业与采购组织本年度计划在华采购额高达 12 亿美元。

➤ 有“中亚最大石油展”美誉的新疆国际石油天然气技术装备展览会(新疆石油展),正式升级为“中国(克拉玛依)国际石油天然气及石化技术装备展览会”国家级石油展会。

6 月 14 日

《烟台市展会知识产权保护办法》(以下简称《办法》)正式实

269

施。《小法》明确了知识产权管理部门、展会管理部门、展会主办方、参展方的法律地位及法律关系；规定了知识产权投诉机构的设立和职责；规定了展会期间知识产权投诉的程序；规定了展会结束时，相关行政执法的衔接以及严格法律责任、增加对侵权人的处罚等。

6月15日

➤ 2012年北京国际旅游博览会（BITE 2012）拉开序幕，来自80个国家和地区、国内25个省市自治区的929家参展商和220多名特约买家齐聚一堂。展会延续到6月17日。

➤ 中国贸促会系统北方会展联盟第四届会议在哈尔滨举行。来自北京、天津、山东等地区的贸促会代表在会上进行了广泛交流研讨和会展项目推介。该联盟是由中国贸促会支持、中国北方省区市城市的行业贸促会共同发起成立的会展区域合作联盟组织。本届会议以"务实合作——联盟可持续发展"为主题，与会代表就"哈尔滨市如何利用区域优势拓展会展资源"进行了深入探讨和广泛交流。

6月20日

➤ 2012北京国际工业自动化展览会在北京国家会议中心举行。自2012年起，工业自动化展正式成为汉诺威工业自动化全球系列展之一。本届展会将设生产及过程自动化、电气系统、工业机器人、工业自动化信息技术及软件四大板块。此外，2012年还将新增过程和能源自动化展品类别，完整呈现工业自动化覆盖的领域。由于工业机器人在工业生产中得到广泛应用，展会主办方将与德国大众汽车公司再度合作，推出特色机器人学院展区。本次展会会期三天。

➤ 第三十届中国（北京）国际体育用品博览会在北京中国国际展览中心举行。2012北京体育用品展由北京斯图加特国际会展有限公司主承办。会期三天。

6 月 22 日

广东电视台会展频道全新改版开播典礼在广东电视台 800 平方米演播厅隆重举行。新版会展频道以汽车消费、全球以及中国各大会展、文化展览为主要内容，成为中国唯一以专业汽车文化会展为主题的电视频道。新版会展频道同时宣布启动"广东汽车全媒体慈善公益爱心联盟"，目前行动主要包括捐款购买校车、组织公益自驾等。

6 月 27 日

江苏省商务厅和江苏省会议展览业协会在南京组织召开全省会展业统计工作视频会议，全省 13 个省辖市商务局、市会展办、会展行业协会和部分会展企业的领导以及负责会展统计的工作人员 150 多人在全省 13 个分会场参加了视频会议。

6 月 28 日

由工业和信息化部举办的"信息化与工业化融合成果展览会"在国家会议中心隆重开幕，会期三天。中共中央政治局常委、全国人大常委会委员长吴邦国，中共中央政治局常委、全国政协主席贾庆林，中共中央政治局常委李长春，中共中央政治局常委、国务院副总理李克强，28 ~ 29 日分别来到国家会议中心，参观了本次成果展。李源潮、马凯也参观了展览。

7 月

7 月 3 日

北京市旅游委落实了多项措施促进高端旅游业发展，包括发布《北京市旅游发展委员会关于促进会议与奖励旅游发展的若干意见（试行）》及《北京市会奖旅游奖励资金管理办法（试行）》、开设高端旅游资源库、高端旅游网上线及推出特色高端美食线路等。其中，奖励政策将配套总额 2000 万元的预算资金，重点鼓励在京举办商务

会奖活动和国际会议。

7月5日

2012中国国际消费电子博览会（SINOCES）在山东青岛国际会展中心举办。

7月10日

天津市举行国家会展项目设计方案评审会，来自全国会展业及建筑设计和规划方面的一些专家出席了评审会。会议经过一天的工作，在六个设计方案中初选出三个方案准备上报。

7月26日

➤ 厦门市会议展览事务局在湖滨北路振业大厦举行揭牌仪式。

➤ 浦东海关与浦东商务委签订了合作协议，成立"上海浦东国际展览品监管服务中心"，实行国际展览品"统一报关、统一查验、统一仓储"。

7月27日

中国沿黄9省（区）贸促会展联盟联席会议在太原召开，来自青海、宁夏、内蒙古、甘肃、陕西、山西等地区的贸促会代表参加了会议，与会代表就沿黄省（区）贸促会之间展会、商品等信息交流、合作发展方式达成了共识。

8月

8月1日

中国国际商会会展委员会成立大会暨第一次会员代表大会在北京中国贸促会礼堂召开，来自会展委员会100家会员单位的代表共150余人参加了会议。中国贸促会、中国国际商会会长万季飞、副会长张伟出席了会议，会议由中国国际商会秘书长赵晓笛主持。会上审议通过了《中国国际商会会展委员会工作规则》以及确定了会展委员会成员。

8 月 11 日

以海洋为主题的 2012 年韩国丽水世博会展馆评比颁奖典礼在世博大厅举行。经过激烈的角逐，中国馆首次"登上世界顶峰"，从 100 多个参展方中脱颖而出，荣获本届世博会最高奖项——"世博会奖"A 类展馆创意展示金奖。

8 月 20 日

新疆维吾尔自治区住房和城乡建设厅组织编制的《展览布展防火规程》正式开始施行。这是以工程建设标准的形式强化会展消防工作的规程，是自治区发布的首个有关会展消防的地方标准，在全国亦不多见。

8 月 22 日

2012 天津夏季达沃斯论坛保险合作协议签订仪式在梅江会展中心举行。

8 月 23 日

杭州之江新城的核心工程杭州国际金融会展中心开工建设。4 年后，杭州又将崛起一座集会展、金融、文化、商业于一体的超级航母。该项目靠近宋城的东面，之江路的南面，占地 288 亩，总建筑面积 83 万平方米，由会议中心、展览中心、大酒店、金融办公中心、博物馆、大型商业中心等组成。

9 月

9 月 1 日

➤ 第二届中国—亚欧博览会在乌鲁木齐市新疆国际会展中心展馆开幕。

➤ 北京市正式开始实施税改。北京成为继上海之后第二个正式

进行营业税改征增值税（以下简称"营改增"）的城市。会展业作为现代服务业中文化创意服务部分，被列入本次"营改增"范畴。

9 月 6 日

第八届中国吉林·东北亚投资贸易博览会在长春举行，会期六天。国务院批准，从第九届开始，中国吉林·东北亚投资贸易博览会将正式更名为"中国—东北亚博览会"。

9 月 7 日

第二届中国非物质文化遗产博览会在台儿庄古城召开。该会议为期四天，是文化部主办的全国性非物质文化遗产盛会。

9 月 10 日

第二十八届国际名家具（东莞）展览会在厚街镇广东现代国际展览中心闭幕，本次家具盛会汇集了业界七成以上的知名家居品牌，吸引了 10 万人次入场参观。

9 月 11 日

历时四天的第十六届中国国际投资贸易洽谈会在厦门落下帷幕。本届投洽会共签订各类投资项目 485 个，总投资金额为 70.4 亿美元，利用外资 218.3 亿美元。其中，合同项目 355 个，总投资金额为 191.8 亿美元，利用外资 154.2 亿美元，千万美元以上的合同项目 263 个。

9 月 12 日

➢ 马来西亚会展局（Malaysia Convention & Exhibition Bureau, MyCEB）前往中国进行商务活动巡回展，会期为期三天。这是 2011 年首次巡回展之后的第二次，本次巡回展和中国国际商务及会奖旅游展览会（China Incentive, Business Travel and Meetings Exhibition, CIBTM）于中国国家会议中心同期进行。其目标是与当地的行家，尤其是中国会议策划者和奖励旅游代表接洽。

➢ 2012 中国（上海）国际跨国采购大会在上海世贸商城举办。会期为期三天。

9 月 14 日

2012 年 SITE 全球年会在北京举办。为期四天。这是该活动首次登陆中国，这对中国奖励旅游产业来说是一个重要的里程碑。

9 月 15 日

➢ 2012 海峡（福州）渔业周暨第七届海峡（福州）渔业博览会在福州海峡国际会展中心开幕。

➢ 青海省颁布实施了《促进若干经营性服务业加快发展的政策意见》。其中对会展业也制定出了相应的措施：包括引进扶持会展主体举办内展及外展，奖励为会展作出突出贡献的企业和个人。

9 月 16 日

➢ 由山西省人民政府、商务部、科技部和国家能源局联合主办的第四届中国（太原）国际能源产业博览会在太原煤炭交易中心隆重开幕。本届能博会以"绿色能源与转型跨越"为主题，会期三天，展区面积达到 36000 平方米，邀请到国内有关省（自治区、直辖市）政府代表团、境外友好省州、世界 500 强和中国 500 强企业及行业领军企业、中央大型企业、知名民营企业以及专业客商等参展参会。主要活动包括高峰论坛、投资贸易洽谈、签约活动、兄弟省市区政府和国内外重要企业专题推介活动等。

➢ 在第四届能博会期间，中国会展经济研究会与博览会组委会合作举办会展论坛，研讨以太原国际能源博览会为代表的一批政府主导型展会项目的市场化运作转型问题。

➢ 第三届中国·德州太阳能开发利用博览会暨投资贸易洽谈会在中国太阳谷光立方举行。会期三天。

9 月 17 日

第五届中国（东营）国际石油石化装备与技术展览会在东营市开幕。

9 月 18 日

由中国国际贸易促进委员会等机构主办的 2012 年中国国际信息通信展览会在北京中国国际展览中心举行，同期举办 ICT 中国·2012 高层论坛。本届展会为期五天，启用北京中国国际展览中心 8 个展馆共 11 个展厅和部分室外展位，总展出面积超过 4.5 万平方米，是本年度亚洲乃至全球规模最大、最具影响力的国际信息通信类展览会，有来自加拿大、芬兰、法国、德国等 16 个国家和地区的近 500 家企业、机构和展团参展。

9 月 21 日

➤ 中国—东盟博览会开幕，会期为期五天。

➤ 由中华人民共和国商务部、澳门特别行政区政府经济财政司主办，商务部流通产业促进中心等承办的 2012 第三届中国餐饮业博览会在澳门威尼斯人会展中心举办。本届博览会设餐饮业品牌与文化、优秀餐饮设计与装潢、餐饮最新设备与用品、美食佳酿、澳门中小食品与餐饮企业 5 个展区，规划展出面积 3.5 万平方米，设国际标准展位 1500 个。

➤ 国家旅游局新闻发言人表示，国家旅游局取消原定于 9 月 21~24 日组团赴日本东京参加日本 2012 国际旅游博览会（JATA）的计划。据了解，日本国际旅游博览会是亚洲最大的旅游展会，每年到场人数超过 10 万人次。日本政府也把此次博览会作为振兴其旅游业的一次机会。中国展团的缺席成为此次国际博览会的最大遗憾。

9 月 24 日

➤ "2014 年青岛世界园艺博览会" 组委会第一次会议暨青岛世园会会徽、吉祥物发布仪式在北京举行，青岛世园会组委会正式成立。青岛世园会将于 2014 年 4 月 25 日至 10 月 25 日举行，共 184 天，主题是"让生活走进自然"，旨在倡导人与自然和谐相处、绿色生态低碳的发展理念。这是继 2008 年奥帆赛之后，青岛承办的持续时间最长、涉及面最广的一项国际性活动。

➤ 为加速阿坝州对外开放合作的步伐，阿坝州政府与四川博览事务局在成都签署战略合作协议。后者将通过西博会等会展活动形成的集聚效应，帮助阿坝州进一步构建与外界进行经济合作的桥梁，发展旅游会展业，努力将其打造成国内知名会议目的地。

9 月 25 日

➤ 第九届中国—东盟博览会在南宁圆满闭幕。本届博览会参展参会客商 5.2 万人，比上届增长 2.8%。东盟和其他地区使用展位 1300 个，创历史新高。印尼、老挝、马来西亚、缅甸、泰国、越南 6 个东盟国家包馆。

➤ 第十三届中国西部国际博览会在成都举办。会期六天，前 3 天为专业观众日，后 3 天为公众开放日。据悉，本届西博会主展区展览面积 12 万平方米，拟设西部合作馆、国际合作馆、高新技术馆、电子信息馆、装备制造馆、农业产业馆六大展馆。此外，目前已基本确定会议期间将举办第十三届西博会开幕式、第五届中国西部国际合作论坛、中国西部投资说明会暨经济合作项目签约仪式、第二届中印商务论坛、2012 全国知名民营企业家四川行活动、2012 海外高新科技暨高端人才洽谈会、华侨华人商会峰会等多项重大活动和系列专项活动。

➤ 2012 中国国际农业机械展览会在沈阳国际展览中心隆重举行。会期为期三天。本届展会由中国农业机械流通协会、中国农业机械化协会、中国农业机械工业协会、沈阳市人民政府、辽宁省农村经济委员会、辽宁省农业机械化管理局共同主办。

9 月 26 日

湖北会展经济发展促进会在武昌召开第一次会员大会，全省 70 余家会展企业共 200 名代表出席。

9 月 27 日

➤ 首届北京·澳门经贸交流洽谈会在北京举行。本次活动为期四天，是由北京市人民政府和澳门特别行政区政府主办，北京市政府

港澳办、北京市贸促会和澳门贸易投资促进局共同承办。其中，会展领域的合作将成为两地互动热点。

> 由中国食品土畜进出口商会（CFNA）和博闻（UBM）共同举办的 2012 "国际羊绒交易会"从北京移师香港湾仔会议展览中心举行。这次展会为期三天，与展会同期举行的包括享誉国际的"时尚汇集"展览会。

9 月 28 日

中国西部国际博览城作为中国西部国际博览会和中国西部国际合作论坛的永久会址，在成都奠基。该博览城总建筑面积不少于 265 万平方米，预计总投资 200 亿元，将建设成为中国中西部最大的国际会展中心。

10 月

10 月 11 日

桂林市出台《桂林市会展业发展资金使用管理暂行办法》规定，市财政每年安排专项预算资金 1000 万元，扶持桂林市会展业发展，2 万平方米以上展会最高可获 15 万元的资金补助。

10 月 15 日

> 第 112 届广交会在广州琶洲国际会展中心拉开帷幕。

> 广州市政府常务会议通过了《关于支持广交会做大做强的工作意见》。意见提出，要发挥广交会"中国第一展"的龙头带动作用，把广交会培育成全球顶级品牌展会，推动广州成为辐射长三角、环渤海的国际会展中心城市。会议同时审议通过的《广东省展会专利保护办法》开始正式施行。该办法总结和固化了近年来该省在展会专利保护方面的经验和做法，旨在为展会知识产权保护长效机制建设工作提供重要法律保障。

> 澳门特别行政区政府会展业发展委员会召开会议,建议从 2013 年开始,新增两个资助项目,包括会议的宣传和翻译,以及展览的宣传与物流运输费用。

10 月 18 日

亚洲博闻有限公司宣布收购土耳其伊斯坦布尔 EFEM 公司的 70% 股权,成立合资公司 UBM ICC,合力发展 EFEM 的婴儿用品展,并进一步开拓亚洲博闻全球性的婴儿用品产业。

10 月 22 日

2012 第六届中国国际针织博览会在上海新国际博览中心举办。本届针博会为期五天,展期由此前的 8 月调整到 10 月,与中国国际纺织面辅料(秋冬)博览会、中国国际纺织纱线(秋冬)展览会、中国国际产业用纺织品及非织造布展同期同馆举办。

10 月 24 日

海口市政府常务会议审议并原则通过了《海口市鼓励会展业发展专项资金使用管理暂行办法(修正案草案)》,对规模大、社会效益好、有发展潜力的需要重点支持的会议、展览和其他与会展相关的大型活动的培育、补贴或奖励都予以了明确规定。

10 月 25 日

为进一步推动全国会展业统计制度的研究及完善,通过建立基础数据信息平台促进会展行业的健康发展,商务部服贸司在广州召开会展业统计制度专题座谈会。

10 月 26 日

第九届中国国际茶业博览会在北京开幕。

11 月

11 月 2 日

黑龙江会展网开通仪式在哈尔滨市举办。该网站隶属黑龙江省会

展事务局，功能是面向会展企业，免费发布展会排期、展览公司介绍等信息，打造黑龙江省会展业信息交流平台。

11 月 4 日

为期 20 天的第 112 届广交会落下帷幕。本届广交会境外到会采购商人数为 189226 人，来自 211 个国家和地区，与会人数比第 111 届同期减少 10.26%，出口成交额为 326.8 亿美元，比上届下降 9.3%，出现双下滑。

11 月 9 日

绿色创新展在中国进出口商品交易会展馆举行，为期三天。展会以"绿色创新，低碳发展"为主题，集中展示国内外绿色低碳先进技术、产品和服务，旨在贯彻落实中国"十二五"时期节能减排相关规划，促进国内外绿色低碳先进技术、产品、服务与中国和世界节能减排绿色发展巨大市场需求有效对接，展出面积达到 40000 平方米。

11 月 10 日

为期五天的第十四届中国国际工业博览会在上海圆满闭幕。本届工博会共吸引专业观众约 10.29 万人次，实现贸易成交额累计 3.05 亿元，贸易意向签约额累计 2.95 亿元，已成为中外技术合作交流和引进当今世界工业最新技术的桥梁和纽带，成为展示科技突破和应用创新技术成果的窗口和舞台。

11 月 13 日

➤ 由中国商务部主办，中国—东盟博览会秘书处承办的 2012 中国—东盟会展事务高级研修班在南宁开班。该研修班为首次举办，吸引了来自柬埔寨、印度尼西亚、马来西亚、老挝、越南等东盟国家的经贸官员和东盟秘书处官员前来参加。本次研修班授课时间为 11 月 13～26 日。

➤ 四川博览事务局、广安市政府签订合作协议，双方决定建立全面战略合作关系，共同推动广安市建设"环渝城市群首位会展城市"。双方确定，将以会展合作为主题，以参会参展、办会办展、经贸信息、对外交流、贸易合作、招商引资等全方位合作为内容，努力以会展带动广安市文化建设、城市品牌、开放开发和经济发展，使广安市成为环渝城市群中最具发展空间和增长潜力的新型会展城市之一。

11 月 15 日

2012 中国食品博览会开幕，本届食博会首次推出"网上食博会"并同步上线。"网上食博会"是中国会展界第一个依托国家级会展项目发展起来的 O2O（即 Online To Offline）特色食品购物网站。它把线上（Online）的网络购买需求和线下（Offline）庞大的传统生产领域的优质食品资源连接起来，也是食博会"一展双平台"（一个国家级展会，兼有实体展会、网上展会两大平台）的重要组成部分，是食博会办展模式的一次突破，在国内电子商务界也属首创。

11 月 16 日

第十四届中国国际高新技术成果交易会在深圳会展中心举行，为期 6 天。本届高交会以"推进科技创新、提升发展质量"为主题，设有高新技术成果交易、高新技术专业产品展、中国高新技术论坛等六大板块，参展商近 3000 家，展览面积超过 11 万平方米。本届高交会新增设了科技创业型小微企业展，吸纳了中国创新创业大赛深圳赛区 44 家优秀的参赛企业进行展示。

11 月 20 日

澳门会展业发展委员会旗下网站澳门会展网站正式开通。目前，澳门会展网站设有澳门会展发展、支持及鼓励措施、会展推广、业界资讯、新闻信息、会展指南、会展业发展委员会、专题研究和网站链接等 9 个栏目。

12 月

12 月 6 日

首届中国—南亚博览会筹办通报会在京召开。经国务院批准，已成功举办了 5 届的南亚国家商品展 2013 年起将正式更名升格为中国—南亚博览会，由商务部和云南省政府共同主办，首届中国—南亚博览会将于 2013 年 6 月 6 ~ 10 日在云南省昆明市举行，届时将举办商品展销、高峰论坛、投资合作、文化交流等系列活动。

12 月 12 日

洛阳市会展办公布，总投资约 4.3 亿元的洛阳会展中心将于月底投入使用。会展中心位于新区体育馆南侧，主体工程建筑面积 10.2 万平方米，设有展览厅、大型会议中心、同声传译会议中心、学术报告厅、餐饮中心和地下停车场等。

12 月 21 日

2012 首届中国—东盟金融博览会在南宁国际会展中心举办，会期三天。该金融博览会旨在打造广西首个综合性金融专业会展平台。据悉，该金融博览会是第九届中国—东盟商务与投资峰会系列活动之一，由中国商务部、中国国际贸易促进委员会、广西壮族自治区人民政府主办。

12 月 23 日

由《中国会展》杂志举办的 "2012 会展风尚大典" 活动开幕。

12 月 28 日

商务部召开全国商务工作会议，进一步学习贯彻党的十八大精神，总结 2012 年工作部署 2013 年工作。会展工作作为服务贸易和商务服务业中的重要门类，也在总结和部署之中。

征　稿

　　《会展经济蓝皮书：中国会展经济发展报告》（以下简称《报告》）是商务部研究院、中国会展经济研究会共同合作，于 2006 年着手编写的年度性国家会展经济发展报告，迄今已出版了七本，赢得了会展业界的广泛好评，2008 年版已翻译成英文在国外出版，影响已经扩展至海外。

　　为了全面把握中国会展经济发展的规律和运行特点，总结各阶段会展发展的经验与教训，提出中国会展经济发展的趋势与走向，2014 年版的编写工作在即。为了便于各参编单位与专家了解皮书的编写特点和统一编写风格，《报告》总课题组特提出撰稿的基本要求如下。

　　（1）提倡用规范的、定性与定量相结合的研究方法，结合中国宏观经济发展的现状、体制改革的走向以及对于相关政策的研究分析，在对中国会展经济进行宏观审视和综合分析的基础上，提出权威的、指导性的研究观点。

　　（2）《报告》基本框架包括：宏观观察、产业分析（会议、展览、节庆、赛事等）、区域报告、中外比较、案例研究、专家视点、统计分析等。请参与者根据《报告》的框架结合自身的特点选择相应的子课题。

　　（3）《报告》写作，要求观点明晰，论据充足，材料翔实，尤其是数据要注明出处，行文简洁流畅。文字篇幅在 7000～10000 字，文章体例请参见已出版的 2011 年版、2012 年版《报告》。包括论文摘要（中英文）、关键词（中英文）、作者简介。

（4）各子课题的研究报告均未公开发表过，在皮书上将在各相应的章节予以署名。子课题作者须自留底稿，在皮书出版后可自行处理。交稿日期定于 2014 年 1 月 10 日前。

（5）撰稿人将享有如下权利：皮书署名权，即撰稿人可以蓝皮书子课题负责人或相应章节撰稿人身份在皮书上予以署名；报奖立项权，编委会根据撰稿人申请，提供报奖立项证明，共同享有皮书的学术成果；学术活动权，撰稿人在皮书出版后，除了获得赠送的 10 本样书外，还可以参加与蓝皮书相关的其他各种学术研究活动。

联系方式：中华人民共和国商务部研究院科研处

邮编：100710

电子邮件：keyanchu@ caitec. org. cn

传真：010 – 64212175

《会展经济蓝皮书：中国会展经济发展报告》编委会

2013 年 4 月 18 日

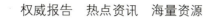
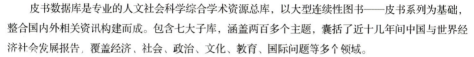

权威报告　热点资讯　海量资源

当代中国与世界发展的高端智库平台

皮书数据库 www.pishu.com.cn

　　皮书数据库是专业的人文社会科学综合学术资源总库，以大型连续性图书——皮书系列为基础，整合国内外相关资讯构建而成。包含七大子库，涵盖两百多个主题，囊括了近十几年间中国与世界经济社会发展报告，覆盖经济、社会、政治、文化、教育、国际问题等多个领域。

　　皮书数据库以篇章为基本单位，方便用户对皮书内容的阅读需求。用户可进行全文检索，也可对文献题目、内容提要、作者名称、作者单位、关键字等基本信息进行检索，还可对检索到的篇章再作二次筛选，进行在线阅读或下载阅读。智能多维度导航，可使用户根据自己熟知的分类标准进行分类导航筛选，使查找和检索更高效、便捷。

　　权威的研究报告，独特的调研数据，前沿的热点资讯，皮书数据库已发展成为国内最具影响力的关于中国与世界现实问题研究的成果库和资讯库。

皮书俱乐部会员服务指南

1. 谁能成为皮书俱乐部会员？

- 皮书作者自动成为皮书俱乐部会员；
- 购买皮书产品（纸质图书、电子书、皮书数据库充值卡）的个人用户。

2. 会员可享受的增值服务：

- 免费获赠该纸质图书的电子书；
- 免费获赠皮书数据库100元充值卡；
- 免费定期获赠皮书电子期刊；
- 优先参与各类皮书学术活动；
- 优先享受皮书产品的最新优惠。

卡号：5571822977764087
密码：

（本卡为图书内容的一部分，不购书刮卡，视为盗书）

3. 如何享受皮书俱乐部会员服务？

（1）如何免费获得整本电子书？

　　购买纸质图书后，将购书信息特别是书后附赠的卡号和密码通过邮件形式发送到 pishu@188.com，我们将验证您的信息，通过验证并成功注册后即可获得该本皮书的电子书。

（2）如何获赠皮书数据库100元充值卡？

　　第1步：刮开附赠卡的密码涂层（左下）；
　　第2步：登录皮书数据库网站（www.pishu.com.cn），注册成为皮书数据库用户，注册时请提供您的真实信息，以便您获得皮书俱乐部会员服务；
　　第3步：注册成功后登录，点击进入"会员中心"；
　　第4步：点击"在线充值"，输入正确的卡号和密码即可使用。

皮书俱乐部会员可享受社会科学文献出版社其他相关免费增值服务

您有任何疑问，均可拨打服务电话：010-59367227　QQ:1924151860

欢迎登录社会科学文献出版社官网(www.ssap.com.cn)和中国皮书网（www.pishu.cn）了解更多信息

法 律 声 明

　　"皮书系列"（含蓝皮书、绿皮书、黄皮书）由社会科学文献出版社最早使用并对外推广，现已成为中国图书市场上流行的品牌，是社会科学文献出版社的品牌图书。社会科学文献出版社拥有该系列图书的专有出版权和网络传播权，其 LOGO（▧）与"经济蓝皮书"、"社会蓝皮书"等皮书名称已在中华人民共和国工商行政管理总局商标局登记注册，社会科学文献出版社合法拥有其商标专用权。

　　未经社会科学文献出版社的授权和许可，任何复制、模仿或以其他方式侵害"皮书系列"和 LOGO（▧）、"经济蓝皮书"、"社会蓝皮书"等皮书名称商标专用权的行为均属于侵权行为，社会科学文献出版社将采取法律手段追究其法律责任，维护合法权益。

　　欢迎社会各界人士对侵犯社会科学文献出版社上述权利的违法行为进行举报。电话：010 - 59367121，电子邮箱：fawubu@ ssap. cn。

社会科学文献出版社